Sustainable Finance

Robert E. Bopp/Max Weber

Sustainable Finance

Auswirkungen des Klimawandels auf das Risikomanagement
der Banken

Schäffer-Poeschel Verlag Stuttgart

Verfasser:

Robert E. Bopp, Director, Financial Services, Ernst & Young GmbH
Wirtschaftsprüfungsgesellschaft, Stuttgart

Dr. Max Weber, Partner, Financial Services, Ernst & Young GmbH
Wirtschaftsprüfungsgesellschaft, Stuttgart

Bibliografische Information der Deutschen Nationalbibliothek

Die Deutsche Nationalbibliothek verzeichnet diese Publikation in der Deutschen
Nationalbibliografie; detaillierte bibliografische Daten sind im Internet über
http://dnb.dnb.de abrufbar.

Print: ISBN 978-3-7910-4615-0 Bestell-Nr. 11030-0001
ePub: ISBN 978-3-7910-4616-7 Bestell-Nr. 11030-0100
ePDF: ISBN 978-3-7910-4617-4 Bestell-Nr. 11030-0150

Robert E. Bopp/Max Weber
Sustainable Finance
1. Auflage, Juni 2020

© 2020 Schäffer-Poeschel Verlag für Wirtschaft · Steuern · Recht GmbH
www.schaeffer-poeschel.de
service@schaeffer-poeschel.de

Bildnachweis (Cover): NCS Production, shutterstock

Lektorat: Isolde Bacher

Schäffer-Poeschel Verlag Stuttgart
Ein Unternehmen der Haufe Group

Vorwort

Der Klimawandel verändert unsere Lebenswelten so tiefgreifend wie vermutlich kaum eine andere Entwicklung seit der industriellen Revolution. Die ökonomischen, ökologischen und sozialen Effekte sind fast überall und jederzeit zu spüren. Den steigenden CO_2-Emissionen werden schmelzende Gletscher, steigende Meeresspiegel, Migrationsbewegungen und Pandemien zugeschrieben. Dieser radikale und rapide Wandel unser Lebenswirklichkeiten fordert die Wirtschaft als Ganzes und Banken im Besonderen heraus.

Der klimatische Wandel birgt ungeahnte Chancen: eine effizientere und effektivere Nutzung knapper Umweltressourcen, innovative Produkte und Dienstleistungen sowie eine breitere gesellschaftliche Partizipation. Den Banken fällt bei diesen fundamentalen Umstrukturierungen eine besondere Rolle zu. Als Finanzintermediär müssen sie die klimabedingten Chancen und Risiken für die Kapitalbereitstellung identifizieren, steuern und überwachen. Als Akteure eines aufsichtlich regulierten Systems obliegt ihnen die Pflicht, in ihrem Handeln verantwortungsbewusst gegenüber den sich ändernden Bedürfnissen ihrer Kunden aufzutreten und gleichzeitig die Stabilität des Finanzmarktsystems durch das Einhalten regulatorischer Vorgaben nicht zu gefährden.

Vor dem Hintergrund einer über 20 Jahre dauernden beruflichen Beschäftigung mit unterschiedlichsten Fragen der Bankenaufsicht, des Risikomanagements und gesamtbanksteuerungsrelevanten Aspekten haben die Autoren mit aufmerksamer Spannung die regulatorischen Entwicklungen zu klimabezogenen Regulierungsansätzen verfolgt. Die Granularität nationaler, europäischer und internationaler Initiativen zu Governance, Strategie, Risiko und Steuerung erlaubt es nun, konkrete Handlungsoptionen für Banken aufzuzeigen. Vorbei ist damit die Zeit, da das Thema Sustainable Finance mit den Worten abgetan werden konnte: »Banken haben keine Schornsteine und daher keine Emissionen.« Vieles hat sich in den letzten Jahren getan.

Wir danken den vielen, die uns in den vergangenen Jahren mit kritischen Anmerkungen und Kommentaren dazu angespornt haben, die Argumente immer tiefer zu durchdringen, um Antworten zu finden, die belegen, dass eine frühzeitige Beschäftigung mit den klimatischen Veränderungen für Banken mehr Chancen als Risiken birgt.

Unser besonderer Dank gilt dabei unseren Kindern. Mit unvoreingenommener Neugier stellen sie Fragen, die uns zeigen, dass der Klimawandel ein komplexes Thema ist, auf das es nicht die eine Antwort gibt. Vielmehr kommt es darauf an, den Umbau der Wirtschafts- und Sozialstrukturen in einer ausgewogenen Balance der drei Dimensionen Environment, Social und Governance anzugehen.

Robert E. Bopp
März 2020 *Max Weber*

Inhaltsverzeichnis

Abkürzungsverzeichnis

$M	Million U.S.-Dollar
2 °C	2 °Celsius
ASC	Accounting Standards Codification
BaFin	Bundesanstalt für Finanzdienstleistungsaufsicht
BAIT	Bankaufsichtliche Anforderungen an die IT
BCBS	Basel Committee for Banking Supervision
CDP	Carbon Disclosure Project
CDSB	Climate Disclosure Standards Board
CO_2	Carbon dioxide
CO_{2e}	Carbon dioxide equivalent
CR	Cash Ratio
CRD	Capital Requirement Directive
CRR	Capital Requirements Regulation
CSR	Corporate Social Responsibility
EBA	European Banking Authority
ECB	European Central Bank
EDTF	Enhanced Disclosure Task Force
EEG	Gesetz zum Ausbau erneuerbarer Energien
EIOPA	European Insurance and Occupational Pensions Authority
ESG	Environment, Social, Governance
ESMA	European Securities and Markets Authority
EU	European Union
EU-Aktionsplan	EU-Aktionsplan: Finanzierung nachhaltigen Wachstums
EZB	Europäische Zentralbank
FASB	Financial Accounting Standards Board
FSB	Financial Stability Board
FTE	Full Time Equivalent
G20	Group of 20
GHG	Greenhouse gas
GICS	Global Industry Classification Standard
GRI	Global Reporting Initiative
IAO	Internationale Arbeitsorganisation
IAS	International Accounting Standard
IASB	International Accounting Standards Board
ICAAP	Internal Capital Adequacy Process
IEA	International Energy Agency
IIRC	International Integrated Reporting Council
ILAAP	Internal Liquidity Adequacy Process
ILO	International Labour Organization
IOS	International Organization for Standardization

IOSCO	International Organization of Securities Commissions
IPCC	Intergovernmental Panel on Climate Change
IT	Informationstechnologie
KWG	Kreditwesengesetz
kWh	Kilowattstunde
LGD	Loss Given Default
MaRisk	Mindestanforderungen an das Risikomanagement
NGFS	Network for Greening the Financial System
NGO	Non-Governmental Organization
OECD	Organization for Economic Co-operation and Development
OpRisk	Operational Risk
PACTA	Paris Agreement Capital Transition Assessment
PD	Probability of Default
PRA	Prudential Regulation Authority
PRB	Principles for Responsible Banking
PRI	Principles for Responsible Investment
RAROC	Risk Adjusted Return on Capital
RoI	Return on Investment
RTF	Risikotragfähigkeit
SASB	Sustainability Accounting Standards Board
SDG	Sustainable Development Goals
SREP	Supervisory Review Evaluation Process
SSM	Single Supervisory Mechanism
TCFD	Task Force on Climate-related Financial Disclosures
TEG	Technical Expert Group
THG	Treibhausgas
TPI	The Transition Pathway Initiative
UN	United Nations
UNEP	United Nations Environment Program
UNEP FI	United Nations Environment Program Finance Initiative
UV	Ultraviolett
WC	Working Capital
WRI	World Resources Institute

Abbildungsverzeichnis

Tabellenverzeichnis

1 Einleitung – Bedeutung des Klimawandels für die Finanzindustrie

Im Januar 2020 fand das 50. Weltwirtschaftsforum in Davos unter dem Motto »Stakeholder for a Cohesive and Sustainable World« statt. Bestimmende Themen des Forums waren der Umgang mit dem Klimawandel und das Streben hin zu einer nachhaltigeren, sozial gerechteren Arbeitswelt. Diese Schwerpunktsetzung trägt der politischen und gesellschaftlichen Diskussion der vergangenen Monate Rechnung, die sich z. B. in den Bemühungen um strengere Klimaschutzgesetze, in dem von der neuen EU-Kommission vorgestellten »Green Deal«, in den »Fridays-for-Future«-Demonstrationen oder in der »Initiative Lieferkettengesetz« zeigt. Ergänzt wird die Diskussion um wissenschaftliche Veröffentlichungen wie z. B. den Special Report on Global Warming of 1,5 °C des Weltklimarats[1]. Gemeinsame Grundlage der Diskussionen und Aktivitäten sind die 17 Ziele für eine nachhaltige Entwicklung (Sustainable Development Goals), die im Mittelpunkt der UN-Agenda 2030 stehen und die 2020 überprüft werden sollen, sowie die Verpflichtungen der Staatengemeinschaft aus dem Pariser Klimaschutzabkommen vom Dezember 2015, die Erderwärmung auf deutlich weniger als 2 °C zu begrenzen. Die Erreichung dieser Ziele setzt einen Umbau der heute bekannten Strukturen in Wirtschaft und Gesellschaft hin zu einer CO_2-neutralen, kreislaufbasierten und ressourcenschonenden Wirtschaft voraus. Das Ziel der Begrenzung der Erderwärmung auf maximal 2 °C bis 2050, bezogen auf die vorindustrielle Zeit[2], erfordert eine drastische Reduktion der CO_2-Emissionen über alle Lebens- und Wirtschaftsbereiche hinweg[3]. Einige Bereiche, wie bspw. Transport und Energie, werden größere Veränderungen erfahren als andere Bereiche. Zudem werden durch künstliche Intelligenz getriebene Innovationen zu Umbrüchen in der Struktur der Realwirtschaft führen.

Im März 2018 hat die EU-Kommission den Aktionsplan: Finanzierung nachhaltigen Wachstums (im Folgenden: EU-Aktionsplan) vorgelegt. Dieser enthält zehn Maßnahmen, die sich primär an die Finanzindustrie richten und insbesondere dazu dienen sollen, die Kapitalflüsse auf nachhaltige Investitionen umzulenken, um ein nachhaltiges und integratives Wachstum zu erreichen. Um die Klimaziele bis 2030 zu verwirklichen, wird nach Berechnungen der EU jährlich ein Investitionsvolumen von 180–250 Mrd. Euro benötigt. Banken und anderen Finanzmarktakteuren kommt bei der Aufbringung und Bereitstellung dieser Mittel und damit der Finanzierung des Umbaus der Wirtschaftsstrukturen aufgrund ihrer Funktionen als Finanzintermediäre,

---

1   Vgl. IPCC (2020).
2   Allgemein wird von dem Ende des ausgehenden 19. Jahrhunderts als Beginn der industriellen Revolution gesprochen. Die um 1850 beginnenden Klimaaufzeichnungen bieten die Grundlage für die Aussage, dass sich das Klima im globalen Mittel seither um 0,85 °C erhöht hat. Nach aktuellem Stand der Diskussion ist ein Anstieg um 2 °C gegenüber der Durchschnittstemperatur kritisch, da bei einem Überschreiten dieses Wertes von katastrophalen Veränderungen der globalen Umwelt ausgegangen wird.
3   Ein »science-based target« ist ein Ziel, das von Unternehmen als angenommen zugrunde gelegt wird, um die Treibhausgas-(GHG-)Emissionen entsprechend dem Grad der Dekarbonisierung zu reduzieren, der erforderlich ist, um den globalen Temperaturanstieg unter 2 °C im Vergleich zu den vorindustriellen Temperaturen zu halten. Weiterführend hierzu die Ausführungen im IPCC (2020) im Special Report on Global Warming of 1,5 °C.

Kapitalsammelstellen und Geber von Risikokapital eine herausragende Rolle zu. Damit Banken dieser Rolle gerecht werden können, bedarf es klarer Regeln und Rahmenbedingungen, z. B. hinsichtlich der Klassifizierung von Wirtschaftsaktivitäten als nachhaltig/nicht nachhaltig oder hinsichtlich Transparenz- und Offenlegungsanforderungen gegenüber den Endkunden der Banken, damit diese entsprechend ihren ESG-Präferenzen bewusste Anlageentscheidungen treffen können. Damit Banken und andere Finanzmarktakteure selbst gegen Risiken aus dem Klimawandel gewappnet sind, enthält der EU-Aktionsplan zudem Maßnahmen, die auf eine Berücksichtigung dieser Risiken im Risikomanagement und in den prudenziellen Aufsichtsvorschriften zielen.

Mit dem EU-Aktionsplan soll insgesamt ein Finanzwesen für eine nachhaltigere Welt geschaffen werden. Zum einen sollen Banken und andere Finanzmarktakteure den erforderlichen Umbau der Wirtschaft hin zu einer ressourcenschonenden, CO_2-neutralen Kreislaufwirtschaft in ihren jeweiligen Funktionen als Intermediär oder Risikokapitalgeber unterstützen. Zum anderen müssen sie die mit dem Klimawandel und anderen Nachhaltigkeitsaspekten einhergehenden Risiken und Chancen in ihren Strategien, ihrer Governance, ihren Prozessen, Verfahren und Methoden und ihren Regelwerken abbilden. Gleichzeitig muss die Aufsicht ihre Normen anpassen, um die Funktionsfähigkeit des Finanzsystems auch in Zukunft unter Berücksichtigung der Risiken aus dem Klimawandel zu gewährleisten[4]. Die Maßnahmen des EU-Aktionsplans sollen dann zu einem nachhaltigen Finanzwesen (Sustainable Finance) führen.

Dass es staatlicher Eingriffe bedarf, um den durch menschliches Handeln verursachten Klimawandel aufzuhalten bzw. dessen Folgen zu begrenzen, hat bereits Marc Carney[5] 2015 in seiner Rede »Breaking the Tragedy of the Horizon« bei dem Versicherungskonzern Lloyds in London betont. Er stellte dabei heraus, dass es für die gegenwärtige Generation im Grunde kaum einen Anreiz gäbe, die Kosten des Klimawandels nicht auf die nächste Generation zu verschieben. Er begründete dies mit den unterschiedlichen Zeithorizonten. Die Folgen des Klimawandels sind zwar bereits spürbar, dramatisch werden sie jedoch erst in den nächsten 10–20 Jahren und später sein. Die üblichen Planungszyklen für die Verantwortlichen in Wirtschaft, Politik und Gesellschaft sind hingegen eher kurzfristig orientiert, sei es aufgrund der Mandatierung für politische Aufgaben, die Bestellung in Institutionen oder die Verantwortung für Business-Pläne. Selten werden hier Verantwortlichkeiten oder Planungen über mehr als drei bis fünf Jahre zugrunde gelegt[6]. Neben dem zeitlichen Auseinanderfallen von Verursachung und Wirkung kommt als weitere Herausforderung hinzu, dass die Auswirkungen klimaschädlichen Verhaltens nicht lokal begrenzt sind und sich nicht allein durch lokale Anstrengungen begrenzen lassen. Das Auseinanderfallen von Verursachung und Wirkung in zeitlicher und örtlicher

---

4   Vgl. hierzu auch Bolton, P. et al. (2020). Ausführlich gehen wir auf die Rolle der Banken- und Wertpapieraufsicht im Zusammenhang mit dem Klimawandel in Kapitel 3 ein.
5   Vgl. Bank of England (2015) sowie auch Bank of England (2016).
6   Vgl. Viehöver, W. (2011).

Hinsicht verstärkt das bei öffentlichen Gütern, und hier im Speziellen bei Umweltgütern[7], beobachtbare Gefangenendilemma oder Freifahrerverhalten[8]. Zum Überwinden des Gefangenendilemmas bieten sich zwar grundsätzlich Verhandlungslösungen an. Aufgrund des langen, mehrere und zukünftige Generationen umfassenden Zeithorizonts fehlt aber der Verhandlungspartner. Insoweit muss hier der Staat Regelungen, z. B. in Form von Klimaschutzgesetzen, die auch Verbote enthalten können, schaffen[9].

Dieses Buch beschäftigt sich mit den Herausforderungen, die sich für Geschäftsbanken durch ein nachhaltiges Finanzwesen ergeben. Es richtet sich primär an Entscheidungsträger und Mitarbeiter in Banken, die im Strategie-, Risiko- und Compliance- oder Nachhaltigkeitsbereich tätig und bereits mit den Grundlagen zum Pariser Klimaschutzabkommen 2015, den Sustainable Development Goals (SDGs) oder den Ansätzen zu Environment, Social and Governance (ESG) vertraut sind. Das Werk ist als Einstiegsleitfaden mit Praxishinweisen und Beispielen für eine Abbildung der Herausforderungen aus dem Klimawandel in den Regelwerken einer Bank zu verstehen. Je nach funktionaler Verantwortlichkeit ist durch den Leser auf die vorgestellten Themen vertiefend einzugehen. Auf die wesentlichen Inhalte des Buches und die Ausgestaltung der Kapitel wird im Folgenden eingegangen.

In Kapitel 2 gehen wir auf die Risiken und Chancen aus dem Klimawandel ein und die Frage, wie diese sich im Speziellen bei Banken auswirken. Die definitorischen Grundlagen zu den Begriffen Risiko und Chance erlauben eine Einschätzung der Relevanz des Klimawandels für Banken. Zugrunde gelegt wird die Ereigniskategorisierung des FSB-TCFD[10] mit der Unterscheidung in physische und transitorische Risiken auf der einen Seite und den klimabedingten Chancen auf der anderen Seite. Die Überleitung der FSB-TCFD-Kategorisierung in die klassischen, bankbetrieblichen Risikokategorien ermöglicht es, die Wirkungen der Risiken aus dem Klimawandel auf die Finanzindustrie und insbesondere auf Banken aufzuzeigen.

Die Vorstellung der bankaufsichtsrechtlichen Entwicklungen der nationalen, europäischen und, soweit relevant, internationalen Ebene führen in Kapitel 3 zu der Frage, wie die Rahmenbedingungen der Banken im Kontext klimabedingter Veränderungen zu definieren sind. Dieser Darstellung geht eine Auseinandersetzung mit der Frage voraus, ob der Klimawandel überhaupt ein Thema für die Bankenaufsicht ist[11]. Hervorgehoben wird die Rolle der Aufsicht: Sicherung der Funktionsfähigkeit des Bankensystems, Gläubigerschutz und Verbraucherschutz. Die Aufsicht hat dabei Eckpunkte für Finanzmarktakteure zu bestimmen und muss gleichzeitig dafür Sorge tragen, dass die Spielregeln eingehalten werden. Auf die grundsätzliche Unterscheidung

---

7   Zum Begriff siehe auch Cansier, D. (1993), S. 18 ff.
8   Vgl. Fathi, K. (2019), auch Cansier, D. (1993).
9   Vgl. Cansier, D. (1993).
10   TCFD steht für Task Force on Climate Change related Financial Disclosure. Auf die Empfehlungen der vom Financial Stability Board (FSB) eingerichteten Task Force gehen wir in Kapitel 4 ausführlich ein.
11   Neben der Bankenaufsicht werden wir uns auch mit den wertpapieraufsichtlichen Regeln beschäftigen, aber nur insoweit, als sie das Wertpapiergeschäft der Banken (Eigengeschäft oder Kundengeschäft) betreffen.

internationaler Standards sowie europäischer Vorgaben, bspw. aus dem EU-Aktionsplan, wird vor dem Hintergrund der Förderung nachhaltiger Investitionen eingegangen.

In Kapitel 4 wird der Handlungsbedarf, der sich aus den klimabedingten Veränderungen ergeben kann, aus Sicht der Banken erläutert. Die Ausführungen unterscheiden die Handlungsfelder für die Banken anhand des vom FSB-TCFB erarbeiteten Konzepts aus Governance, Strategie, Risikomanagement sowie Metriken und Kennzahlen. In jeder dieser vier Handlungsdimensionen stellen wir einleitend die Vorgaben des FSB-TCFD zu den Offenlegungsempfehlungen dar, um dann darauf einzugehen, was bankseitig an Um- und Ausbaumaßnahmen notwendig ist, sodass FSB-TCFD-konform berichtet werden kann. Gleichzeitig werden die in Kapitel 3 dargestellten zukünftigen aufsichtsrechtlichen Anforderungen berücksichtigt, so dass die dargestellten Maßnahmen auch für die Erfüllung dieser Anforderungen Gültigkeit haben. Den Banken wird somit ein Praxisleitfaden an die Hand gegeben, der entlang der Wertschöpfungskette die Auf- und Ablauforganisation einer Bank auf die klimabedingten Veränderungen anpasst und auf die künftigen Erwartungen der Stakeholder vorbereitet.

Dieses Buch befasst sich primär mit den Herausforderungen und Handlungsfeldern für Geschäftsbanken. In Kapitel 5 fassen wir diese zusammen.

Bei der Ausgestaltung eines nachhaltigen Finanzwesens stellt sich aber auch die Frage, welche Rolle Notenbanken, insbesondere die Europäische Zentralbank (EZB), bei der Bekämpfung des Klimawandels spielen (müssen). Der Europäischen Zentralbank wurde bei ihrer Gründung 1998 durch die beteiligten EU-Mitgliedstaaten der Teil staatlicher Souveränitätsrechte übertragen, der die Geldpolitik betrifft. Sie ist eingebunden in das Europäische System der Zentralbanken (ESZB) mit den nationalen Zentralbanken (NZB). Aufgabe der EZB ist vor allem die Gewährleistung der Preisstabilität und der Finanzstabilität im EU-Wirtschaftsraum. Darüber hinaus soll die EZB allgemeine wirtschaftspolitische Maßnahmen in der EU unterstützen, sofern diese nicht mit der Wahrung der Preisstabilität in Konflikt stehen. Im Rahmen der geldpolitischen Maßnahmen stellt sich z. B. die Frage, ob bei den laufenden Ankaufprogrammen oder bei der Hereinnahme von Sicherheiten im Rahmen von Transaktionen mit Geschäftsbanken ein bestimmter Prozentsatz als nachhaltig klassifizierter Vermögenswerte angekauft bzw. hereingenommen werden soll, um dadurch die zur Eindämmung des Klimawandels erforderliche Transformation der Wirtschaft hin zu einer CO_2-neutralen Kreislaufwirtschaft stärker zu fördern und damit die Klimaschutzziele der EU-Kommission (»Green Deal«) zu unterstützen[12]. Eine solche »grüne Geldpolitik« ließe sich dann mit der geldpolitischen Aufgabenstellung der EZB rechtfertigen, wenn es einen Zusammenhang zwischen Preisstabilität einerseits und den Risiken aus dem Klimawandel andererseits gibt[13]. Unkritisch dürfte es hingegen sein, wenn für die Verwaltung

---

12   Vgl. z. B. Zydra, M. (2019); Arnold, M. (2019); Überlegungen zu einer stärkeren Berücksichtigung von Nachhaltigkeitskriterien im Rahmen der Geldpolitik sind auch Bestandteil der Überprüfung der geldpolitischen Strategie der EZB. Vgl. hierzu ECB (2020), Pressemitteilung der EZB vom 23. Januar 2020.
13   Vgl. hierzu und zu möglichen Zusammenhängen zwischen Risiken aus dem Klimawandel und Preisstabilität, Bolton, P. et al. (2020), S. 16.

der eigenen, nicht geldpolitisch motivierten Portfolien einer Notenbank, wie z. B. der eigenen Pensionsfonds, vermehrt »grüne« Vermögenswerte hereingenommen werden[14]. Hier agiert die Notenbank letztlich wie eine Geschäftsbank.

Finanzstabilität kann die EZB durch mikroprudenzielle und makroprudenzielle Maßnahmen sicherstellen. Mikroprudenzielle Maßnahmen setzen bei der Beaufsichtigung der einzelnen Institute im Euroraum an, wobei die EZB für die sog. »significant institutions« die direkte Aufsicht wahrnimmt. Die Berücksichtigung einzelner Risiken in mikroprudenziellen Maßnahmen ist immer dann gerechtfertigt, wenn diese für eine Bank wesentlich sind. Hierauf gehen wir insbesondere in Kapitel 3 ein und zeigen auf, wie eine Integration von Risiken aus dem Klimawandel in mikroprudenzielle Maßnahmen erfolgen kann. Mit makroprudenziellen Maßnahmen soll verhindert werden, dass Risiken sich negativ auf weite Teile des Finanzsystems auswirken oder systemisch werden (Systemrisiken) mit der Folge, dass insbesondere kritische Finanzmarktinfrastrukturen ausfallen. Makroprudenzielle Maßnahmen im Zusammenhang mit Gefahren aus dem Klimawandel wären also dann gerechtfertigt, wenn diese Gefahren das Potenzial haben, ein Systemrisiko oder eine Finanzkrise auszulösen. Es ist zumindest die Aufgabe einer Notenbank, die potenziellen direkten und indirekten Auswirkungen aus dem Klimawandel auf das Finanzsystem und die Finanzstabilität grundlegend zu analysieren und laufend zu überwachen[15]. Hierbei ist zu beachten, dass die Charakteristika von Risiken aus dem Klimawandel, auf die wir in Kapitel 3 näher eingehen, vergleichbar sind mit Risiken aus sog. »black swan events«, also z. B. keine historische Daten mangels vergleichbarer Ereignisse, hohe Unsicherheit hinsichtlich des zeitlichen Eintritts, Nichtlinearität und sehr hohes, aber unsicheres Schadenspotenzial. Aber anders als »black swan events«, die (völlig) unerwartet und plötzlich auftreten, sind bereits Entwicklungen und Folgen des Klimawandels selbst und Gegenmaßnahmen, z. B. die Entwicklung neuer Technologien oder Klimaschutzgesetze, erkennbar. Auch die potenziellen Auswirkungen des Klimawandels und seiner Gegenmaßnahmen sind sowohl in örtlicher als auch in zeitlicher Hinsicht weitreichender und in Teilen irreversibel[16]. Diesen Herausforderungen müssen sich Notenbanken, in Abstimmung mit den Aufsichtsbehörden und der Politik, stellen und sie annehmen.

---

14   Vgl. NGFS (2019), S. 28 f.; European Central Bank (2019).
15   Vgl. NGFS (2019), S. 22 ff.
16   Vgl. Bolton, P. et al. (2020), die in diesem Zusammenhang den Begriff »green swan« einführen.

2 Risiken und Chancen aus dem Klimawandel

2.1 Definitorischer Ansatz

Der Begriff Risiko stammt aus dem Italienischen und wurde bereits im 16. Jahrhundert verwendet, um kaufmännische Wagnisse und Gefahren zu beschreiben, die unerwartet und nicht vorhersehbar eintraten[17]. Von Anfang an war aber wohl schon klar, dass Risiken mit vorausschauendem und klugem Handeln begegnet werden kann und dass sich damit neue Möglichkeiten ergeben können – die Chancen. Seither hat der Risikobegriff in die unterschiedlichsten Disziplinen Eingang gefunden. Im Allgemeinen wird unter Risiko die zufallsbehaftete Möglichkeit einer Veränderung von Ereignissen verstanden, die mit einer möglichen negativen Auswirkung (Gefahr) verknüpft sind. In der Regel sind nicht alle Einflussfaktoren bekannt, d. h., das Risiko ist durch den Zufall mit einem Wagnis verbunden[18]. Sich einer Gefahr bewusst zu sein und ein Wagnis einzugehen, um ein bestimmtes Ergebnis anzustreben, kann auch als das Eingehen eines Risikos bzw. als das Einlassen auf eine risikohaltige Situation ausgedrückt werden[19].

Die Wahrscheinlichkeitstheorie (Stochastik) als auf den Zufall spezialisiertes Teilgebiet der Mathematik beschäftigt sich mit Risiken und deren Berechnung. Sie beschreibt Risiken anhand der mathematischen Grundlagen des Zufalls. Die Statistik, ihrerseits Teilgebiet der Stochastik, versucht, durch die Analyse von Daten über dokumentierte Ereignisse bestimmte Größen wie Eintrittswahrscheinlichkeit, Schadenshöhe und Erwartungswerte zu quantifizieren[20]. Das ist ein Aspekt, der im weiteren Verlauf zum Umgang mit klimabedingten Risiken von Bedeutung sein wird. Grundsätzlich ist daher festzuhalten: Eine Risikosituation zeichnet sich dadurch aus, dass Entscheidungen nur bei unvollständiger Information getroffen werden. Unter der Annahme vollständiger Information würden Handlungsalternativen ohne Risiko verfolgt werden[21].

Definition RISIKO (ISO 31000:2018)

Risiko = Auswirkung von Unsicherheit auf Ziele

Eine Auswirkung stellt dabei eine Zielabweichung sowohl in positiver oder negativer Richtung als auch in beide Richtungen dar. Üblicherweise wird Risiko dargestellt anhand der[22]

---

17 Vgl. Bradler, A. (2004).
18 Vgl. Wälder, K./Wälder, O. (2017), S. 1–3
19 Vgl. Van Asselt, M./Renn, O. (2011).
20 Vgl. Haller, R. (2017).
21 Vgl. Cleff, T. (2019), S. 13 ff.
22 Vgl. ISO (2018), Kapitel 3: Begriffe.

- Risikoursache,
- potenziellen Ereignisse,
- Auswirkungen und
- Wahrscheinlichkeit.

In der Finanzwirtschaft wird in der Regel nicht zwischen positiven und negativen Auswirkungen eines unsicheren Ereignisses unterschieden[23]. Es wird unterstellt, dass unternehmerisches Risiko nicht nur die negativen Verluste, sondern auch die positiven Gewinne im Sinne einer Chance, berücksichtigt.

2.2   Klimawandel als relevantes Ereignis

Die Auseinandersetzung mit den klimabedingten Risiken ist für den Finanzbereich von grundsätzlicher Bedeutung[24]. Als Intermediär zwischen Kapitalgeber und Kapitalnehmer beeinflussen potenzielle klimabedingte Ereignisse bei Banken sowohl die Aufwandsseite, z. B. durch steigende Abschreibungen bei Krediten und Wertpapierpositionen, als auch die Ertragsseite, z. B. durch zusätzliche Erträge bei einer erhöhten Nachfrage nach Investitionsmitteln für klimaneutrale Technologien. Der daraus abgeleiteten Forderung einer harmonisierten Offenlegung und standardisierten Transparenz zu klimabedingten Risiken und Chancen schließen sich immer mehr Finanzmarktakteure an[25]. Diese erwarten, dass die bereitgestellten Informationen zum einen über Branchen und Sektoren hinweg in Umfang und Ziel konsistent und vergleichbar sind. So können Investoren die Vergleichsgruppen (Peers) bewerten und Risiken aggregieren. Zum anderen müssen die Informationen zuverlässig sein, um sicherzustellen, dass Nutzer den Daten vertrauen können. Dazu müssen die Daten so klar präsentiert werden, dass komplexe Informationen verständlich werden. Letztlich geht es aber auch um die Effizienz der Datenbereitstellung, d. h., der Aufwand für die Datenbereitstellung soll minimiert und gleichzeitig der Nutzen maximiert werden. Praktische Beispiele für die Umsetzung dieser Forderung sind der seit August 2015 geltende Artikel 173 des französischen Energiewendegesetzes[26] sowie der »King Code zur Integrierten Berichterstattung«. Letzterer wird in Südafrika bereits seit März 2010 im Rahmen der Corporate Governance zur erweiterten Informationsbereitstellung eingefordert[27].

---

23   Es wäre sachgerecht zu sagen, dass es ein Risiko i. e. S. gibt, das die negative Abweichung beschreibt; demgegenüber steht die Chance als positive Abweichung. Im weiteren Verlauf wird aufgezeigt, dass die FSB-TCFD von Risiko und Opportunität spricht und es vor diesem Hintergrund sinnvoll ist, Opportunität vereinfacht als Chance zu verstehen. Daraus ergibt sich die Notwendigkeit, von Risiko und Chance für den Zweck dieses Buches zu sprechen.
24   Vgl. Acemoglu, D./Ozdaglar, A./Tahbaz-Salehi, A. (2015).
25   Vgl. NGFS (2018).
26   Vgl. Rüdiger, A. (2014), S. 9.
27   Vgl. Siyotula, S. (2019).

Weltweit haben sich unterschiedliche Offenlegungsinitiativen gegründet, die einerseits sehr tief in industriespezifische Details gehen, andererseits sehr breit über alle Branchen anwendbar sind. Für Ersteres steht eine Initiative aus Principles for Responsible Investment (PRI) und United Nations Environment Programme Finance Initiative (UNEP FI): das Montréal Carbon Pledge[28]. Es verfolgt das Ziel, höhere Transparenz beim CO_2-Fußabdruck von Aktienportfolios zu schaffen. Sehr breit sind hingegen die Offenlegungsempfehlungen der Task Force on Climate-related Financial Disclosure (TCFD) des Financial Stability Board (FSB). Diese Empfehlungen der FSB-TCFD sind auf dem Weg, sich als internationaler Standard zu etablieren, obgleich es sich dabei formal um rechtlich nicht bindende Empfehlungen einer Arbeitsgruppe des FSB handelt. So orientiert sich z. B. die EU-Kommission in ihren Leitlinien für die »Nichtfinanzielle Erklärung« im Sinne der CSR-Richtlinie an den TCFD-Standards[29]. Auch nationale Aufsichtsbehörden wie die Bundesanstalt für Finanzdienstleistungsaufsicht (BaFin) oder die britische Prudential Regulation Authority (PRA) nehmen in ihren Veröffentlichungen zum Thema Klimawandel Bezug auf die Begriffsdefinitionen in den TCFD-Empfehlungen[30].

Als Ausgangspunkt der TCFD-Methodik können die von Mark Carney eingeführten Risiken gelten. Er hatte 2015 in seiner Rede »Breaking the Tragedy of the Horizon – climate change and financial stability«[31] bei Lloyd's of London darauf verwiesen, dass es im Wesentlichen drei Risiken gibt, durch die die Stabilität der Finanzmärkte und ihrer Akteure beeinträchtigt werden kann[32]:

- Physische Risiken: Auswirkungen, die sich bereits in der Gegenwart auf Verbindlichkeiten und den Wert finanzieller Vermögenswerte ergeben. Diese ergeben sich durch klima- und wetterbedingte Ereignisse wie bspw. Überschwemmungen oder Stürme und verursachen somit Sachschäden oder beeinflussen den Handel negativ;
- Haftungsrisiken: Auswirkungen, die sich künftig ergeben, wenn Marktteilnehmer durch die Auswirkungen des Klimawandels Verluste oder Schäden erleiden und dann eine Entschädigung von denjenigen verlangen, die sie für die Auswirkungen verantwortlich machen. Solche Ansprüche könnten mit einem Zeitverzug von Jahrzehnten potenziell gegen Kohlenstoffabscheider und -emittenten erhoben werden;
- Übergangsrisiken: finanzielle Risiken, die sich aus dem Anpassungsprozess an eine kohlenstoffärmere Wirtschaft ergeben könnten; Änderungen von Richtlinien, Technologien und physischen Risiken, die zu einer Neubewertung einer Vielzahl von Vermögenswerten führen könnten.

---

28 Montréal Carbon Pledge: »As institutional investors, we have a duty to act in the best long-term interests of our beneficiaries. In this fiduciary role, we believe that there are long-term investment risks associated with greenhouse gas emissions, climate change and carbon regulation. In order to better understand, quantify and manage the carbon and climate change related impacts, risks and opportunities in our investments, it is integral to measure our carbon footprint. Therefore, we commit, as a first step, to measure and disclose the carbon footprint of our investments annually with the aim of using this information to develop an engagement strategy and/or identify and set carbon footprint reduction targets«, https://unfccc.int/news/montreal-carbon-pledge [Zuletzt abgerufen: 30. Januar 2020].

29 Vgl. EU-Kommission (2019a).

30 Vgl. BaFin (2019a), PRA (2019).

31 Die Tragödie besteht laut Carney darin, dass eigentlich unmittelbar heute schon Entscheidungen zu fundamentalen Veränderungen der Wirtschaft, insb. des Finanzmarkts und seiner Akteure, getroffen werden müssten, um überhaupt noch Einfluss auf die klimatischen Veränderungen nehmen zu können. Seiner Meinung wird der zeitliche Zusammenhang aus aktuellem Handlungsbedarf und künftigen Entwicklungen nicht verstanden, nicht ernst genommen oder bewusst ignoriert.

32 Vgl. Bank of England (2015).

Carney hat die Ursachen unmittelbar mit den Wirkungen verbunden, indem er von den Risiken über die Haftung zu dem notwendigen Umbau der Wirtschaft überleitete.

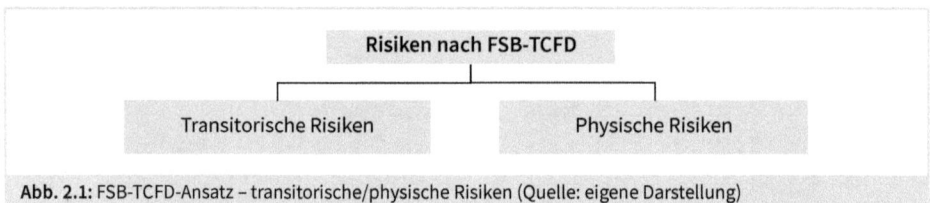

Abb. 2.1: FSB-TCFD-Ansatz – transitorische/physische Risiken (Quelle: eigene Darstellung)

Die FSB-TCFD stellt in ihrer Risikokategorisierung in Anlehnung an Carneys Konzept auf die Ursachen ab und leitet daraus zwei Risikokategorien ab[33]:

- Transitorische Risiken, die aus dem Umbau hin zu einer kohlenstoffarmen Wirtschaft resultieren
- Physische Risiken, die direkt aus den Folgen des Klimawandels resultieren

Auf die Wirkungszusammenhänge geht die FSB-TCFD gesondert im Rahmen von Transmissionskonzepten ein. Nach Auffassung des FSB-TCFD sind diese beiden Risikoarten in allen Bereichen der Wirtschaft vorzufinden.

Vor dem Hintergrund der zunehmenden Bedeutung der Empfehlungen wird im Folgenden tiefer auf die Logik der FSB-TCFD zur Systematisierung von klimabedingten Risiken und Chancen eingegangen. In Kapitel 2.3.1 wird auf die klimabedingten Risiken und ihre Relevanz für Finanzmarktakteure eingegangen.[34] Dabei wird der FSB-TCFD-Logik entsprechend in transitorische Risiken und physische Risiken unterschieden. In Kapitel 2.3.2 werden die Chancen, die sich aus klimabedingten Veränderungen ergeben, dargestellt. Hierbei wird ganz bewusst der Begriff der »Chance« für den von der FSB-TCFD verwendeten Begriff der »Opportunitäten« verwendet[35]. In Kapitel 2.3.3 wird ein Zwischenfazit gezogen, in dem die klimabedingten Risiken und Chancen in den Kontext der banktypischen Risikoarten eingebunden werden. Auf dieser Grundlage werden in Kapitel 2.4 die Wirkungszusammenhänge aufgezeigt, mit denen die klimabedingten Risiken und Chancen auf die Finanzmarktakteure einwirken[36].

---

33   Vgl. TCFD (2017a).
34   Den Begriff Risiko verwenden wir in Verbindung mit negativen Ausprägungen eines Ereignisses, wohingegen wir die positive Ausprägung mit dem Begriff Chance beschreiben. Zur Abgrenzung zwischen den Begriffen Chance und Opportunität siehe Fußnote 35.
35   Die Substitution des Begriffs »Opportunität« durch den Begriff »Chance« erfolgt, um die Lesbarkeit zu erhöhen und dem allgemeinen Sprachgefühl nachzukommen. Das Übergehen der begrifflichen Unterschiede ist u. E. für die Vorstellung des FSB-TCFD-Ansatzes vertretbar. Dass Opportunitäten eher auf »Möglichkeiten« bzw. Handlungsoptionen in der Gegenwart abzielen und Chancen eher auf »Gelegenheiten« abstellen, die mit einer bestimmten Wahrscheinlichkeit als Ereignisse in der Zukunft eintreten, verändert die grundsätzliche Argumentation der FSB-TCFD zu klimabedingten Veränderungen nach Auffassung der Autoren nicht.
36   Vgl. hierzu auch Weeber, J. (2020), S. 9-18.

2.3   Ereigniskategorisierung nach FSB-TCFD

2.3.1   Klimabedingte Risiken

2.3.1.1   Transitorische Risiken

2.3.1.1.1   Überblick über die transitorischen Risiken

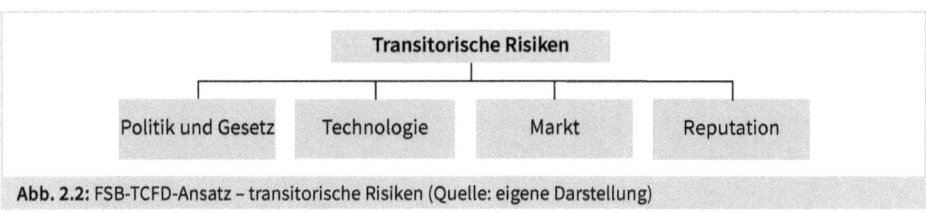

Abb. 2.2: FSB-TCFD-Ansatz – transitorische Risiken (Quelle: eigene Darstellung)

Die transitorischen Risiken werden in vier Risikoarten unterteilt, nämlich in

*   politische- und rechtliche Risiken,
*   technologische Risiken,
*   Marktrisiken und
*   Reputationsrisiken.

Im Folgenden wird jede Risikoart gesondert vorgestellt und bezüglich ihrer Auswirkung auf die Finanzindustrie und im Besonderen Banken beurteilt[37].

2.3.1.1.2   Politische und rechtliche Risiken

Abb. 2.3: FSB-TCFD-Ansatz – transitorische Risiken/Politik und Gesetz (Quelle: eigene Darstellung)

Die Folgen des Klimawandels sind bereits heute für jeden Einzelnen erkennbar. Die Politik muss auf die ökologischen, ökonomischen und gesellschaftlichen Folgen steuernd einwirken[38]. Hierzu muss der gesetzliche Rahmen an die neuen Herausforderungen angepasst werden. Wesentlich ist die Frage, in welchem Zeitraum gesellschaftliche Diskussionen über die Politik in normative Vorgaben überführt werden. Einige Beispiele aus der Vergangenheit haben

---

37   Vgl. TCFD (2017a).
38   Vgl. Kapitel 1.

gezeigt, dass derartige Entwicklungen unerwartet schnell zu Änderungen des gesetzlichen Rahmens führen können und somit unmittelbar Einfluss auf die Marktteilnehmer entwickeln. Prominentes Beispiel ist die Kehrtwende in der deutschen Energiepolitik. Wurde 2010 noch eine Laufzeitverlängerung der deutschen Kernkraftwerke vom Bundeskabinett verabschiedet, wurde 2011 als direkte Folge der Fukushima-Katastrophe das Atomgesetz novelliert und die Laufzeitverlängerung zurückgenommen. Für die betroffenen Unternehmen bedeutete der Ausstieg Deutschlands aus der Atomenergie den Verlust der Betriebserlaubnis der Kraftwerke. Die Unternehmen versuchen seither, mit Regress- und Schadenersatzforderungen gegen den Staat die finanziellen Folgen zu bewältigen[39]. Andere Beispiele finden sich in der Landwirtschaftsindustrie. Hier geben neue Verordnungen zur artgerechten Haltung von Nutztieren oder dem Einsatz von Pestiziden ein verändertes Bewusstsein der Konsumenten wieder. Diese Veränderungen umzusetzen zwingt die Landwirte zu Anpassungen, die möglicherweise zu diesem Zeitpunkt nicht geplant waren und daher außerplanmäßige Investitionen darstellen[40].

Im Finanzbereich führten Geschäfte mit Finanzderivaten oder Cum-Ex-Konstruktionen zu kurzfristigen Änderungen der Gesetzgebung, sodass Geschäftsbereiche umstrukturiert oder abgewickelt werden mussten[41]. Im Bereich Klimawandel sind Veränderungen zu erwarten durch:

- steigende Preise für CO_2-Emissionen (Zertifikatehandel, CO_2-Steuer[42]),
- umfangreichere Anforderungen an die Offenlegung von Treibhausgasemissionen[43],
- eine verstärkte Regulierung von Produkten und Dienstleistungen (Beratung, Kundeninformation/-aufklärung) sowie
- zunehmende gerichtliche Auseinandersetzungen (Produkthaftung, Schadensersatz).

PRAXISHINWEIS

Bedeutung für die Finanzindustrie
Banken und andere Finanzmarktakteure müssen spezifische Monitoring-Systeme aufbauen bzw. die bestehenden Systeme erweitern, um Veränderungen der Gesetzgebung und Entwicklungen im politischen Diskurs zu identifizieren, zu quantifizieren, zu bewerten und zu steuern. Um frühzeitig auf Veränderungen und Neuerungen des aufsichtsrechtlichen Rahmens eingehen zu können, müssen Finanzdienstleister den Compliance-Bereich weiter ausbauen, sowohl unter personellen als auch unter systemtechnischen und prozessualen Gesichtspunkten. Dies führt zu erhöhten operativen Kosten.
Im Rahmen von Wesentlichkeitsanalysen und Stakeholder-Dialogen können politische und rechtliche Risiken frühzeitig berücksichtigt werden. Neue Themen und Regelungsbereiche können identifiziert und Regulatoren sowie Standardsetter bei

---

39   Vgl. Holstenkamp, L./Radtke, J. (2018).
40   Weiterführend hierzu TierSchNutztV (2017).
41   Vgl. Didier, V. C. (2017).
42   Weiterführend hierzu: Beck, M. et al. (2015).
43   Auf die Aspekte zu Scope 1/2/3 der CO_{2e}-Emissionsermittlung gem. GHG-Protokoll wird in Kapitel 4 eingegangen.

dem Monitoring neuer Anforderungen zu klimarelevanten Themen einbezogen werden. Hierzu zählen bspw. die Empfehlungen der Aufsichtsbehörden ebenso wie die indirekt auf den Bankbetrieb Einfluss nehmenden nicht regulatorischen Quellen, die durch die Veröffentlichung neuer Standards zu Themen des Umweltmanagements, der Emissionsberechnung oder des Arbeitsschutzes Relevanz besitzen.

Sich ändernde politische und rechtliche Rahmenbedingungen wirken zudem auf die Vermögens-, Ertrags- und Liquiditätssituation der Kunden, Kreditnehmer, Versicherungsnehmer etc. sowie indirekt auch auf die Preise von Aktien und Anleihen und daraus abgeleiteten Finanzprodukten. Dies hat z. B. zur Folge, dass Vermögensgegenstände (Kredite, Anleihen etc.) neu bewertet, ggf. abgeschrieben oder ausgebucht werden müssen[44]. Gleichzeitig müssen bei der Preisgestaltung von Produkten und Dienstleistungen mögliche Ordnungs- oder Geldstrafen für die Nichteinhaltung der Compliance-Vorgaben berücksichtigt werden.

2.3.1.1.3   Technologische Risiken

Abb. 2.4: FSB-TCFD-Ansatz – transitorische Risiken/Technologie (Quelle: eigene Darstellung)

Die extensive Nutzung von Technologien, die von nicht regenerierbaren Rohstoffen abhängen, ist weithin als Ursache der Klimaerwärmung anerkannt. Vor diesem Hintergrund wird der Umbau hin zu einer emissionsarmen, rohstoffeffizienten Kreislaufwirtschaft angestrebt[45]. Technologische Risiken infolge klimabedingter Veränderungen leiten sich aus zwei Ursachen ab. Einerseits ist die künftige Nutzung bekannter, CO_2-intensiver Technologien begrenzt. Deren Einsatz ist ökologisch, ökonomisch und aus sozialen Erwägungen nicht weiter tragbar. Beispiele hierfür sind

- der Einsatz von Pestiziden zur Ertragsoptimierung bei Monokulturen im Agrarsektor, die mit einer Schädigung der Flora und Fauna einhergehen,
- der deutsche Stein- und Braunkohleabbau, der ohne Subventionen im internationalen Wettbewerb wirtschaftlich keinen Bestand hat, sowie

---

44   Vgl. hierzu Kapitel 2.4.
45   Vgl. TCFD (2017a).

- die Missachtung globaler Menschenrechte[46] sowie der Arbeits- und Lebensbedingungen[47] in arbeitsteilig organisierten Produktionsprozessen, die eine verantwortungsbewusste Gesellschaft nicht länger toleriert.

Andererseits resultieren die klimabedingten, technologischen Risiken aus der Tatsache, dass die zukünftigen Technologien, die die bekannten Technologien ablösen sollen, noch nicht oder nicht in ausreichendem Maße zur Verfügung stehen, zum einen weil sie die Marktreife noch nicht erreicht haben, wie die Diskussionen um Batteriespeicher und Wasserstofftechnologie zeigen, zum anderen weil notwendige Innovationen, zum Beispiel zur Bindung und Speicherung von CO_2, noch nicht realisiert sind. Im Ergebnis müssen diese innovativen, neuartigen Technologien nicht nur effizienter in der Bearbeitung von Prozessen, sondern auch effektiver bei der Nutzung der eingesetzten Rohstoffe sein. Dabei muss der Entwicklungs- und Erfahrungsstand mit CO_2-sensitiven Produkten bei der Industrie und den beteiligten Beschäftigten erst erreicht werden. Hieraus folgt, dass sich technologische Risiken auch aus dem Technologiewechsel selbst herleiten[48]. Aufgrund der i. d. R. fehlenden Erfahrungen und Vergleichswerte besteht zudem ein hohes Investitionsrisiko. Auch ist damit zu rechnen, dass sich Investitionen eventuell nicht oder nur mit hohem zeitlichem Verzug auszahlen.

Insgesamt sind die Kosten für den Wechsel auf emissionsärmere Technologien schwer einzuschätzen. Wirtschaftlich bedeutet dies mögliche Neubewertungen bestehender Vermögensgegenstände sowie eine abnehmende Nachfrage nach klassischen Produkten und Dienstleistungen. Demgegenüber stehen steigende Kosten für die Forschung und Entwicklung neuer bzw. alternativer Technologien sowie die Investitionskosten für die Anpassung und Implementierung neuer Prozesse und Verfahren[49].

PRAXISHINWEIS

Bedeutung für die Finanzindustrie
Die Finanzindustrie benötigt spezifische Expertise zur Beurteilung der bestehenden und zukünftigen Technologien, die den Klimawandel (negativ oder positiv) beeinflussen. Ansonsten werden sie nicht in der Lage sein, ihrer Intermediär- und/oder Transformationsfunktion nachzukommen bzw. aus der technologischen Transformation resultierende Bewertungsrisiken oder Chancen für neue Geschäftsmodelle zu beurteilen. Bezogen auf die bekannten Technologien sind sie gefordert, den Lebenszyklus richtig einzuschätzen, um das Risikoprofil und die Sicherheiten bei bestehenden und neuen Engagements zu bewerten. Insbesondere im Bereich der naturwissenschaftlichen Expertise ist in den kommenden Jahren mit einer intensiven Nachfrage vonsei-

---

46   Vgl. OHCHR (1948).
47   Vgl. ILO (2020).
48   Die Entwicklung der Blockchain-Technologie bietet interessante Aspekte für Risiken aus dem Technologiewechsel. Siehe hierzu auch Condos, J./Sorrell, W. H./Donegan, S. L. (2016).
49   Vgl. EWK (2016).

ten der Finanzindustrie zu rechnen. Es gilt also, frühzeitig Kompetenz entsprechend den individuellen Bedürfnissen aufzubauen.

Die bestehenden Kennzahlensysteme zur Beurteilung von Investitionen oder Kapitalanlagen müssen zur Steuerung und Überwachung der inhärenten Risiken angepasst werden. Wesentliche Steuerungsgrößen werden die Emission von Treibhausgasen und die effiziente Nutzung eingesetzter Rohstoffe sein. Die Bestimmung von Benchmarks unterstützt begleitend die interne Überwachung und Steuerung und dient als Grundlage von Peer-Vergleichen oder der Erfüllung von Offenlegungsanforderungen. Ebenso können auf einer im Vergleich zu heute verbreiterten Datengrundlage differenziertere Szenariomodelle entwickelt und entsprechende Analysen durchgeführt werden

2.3.1.1.4   Marktrisiken

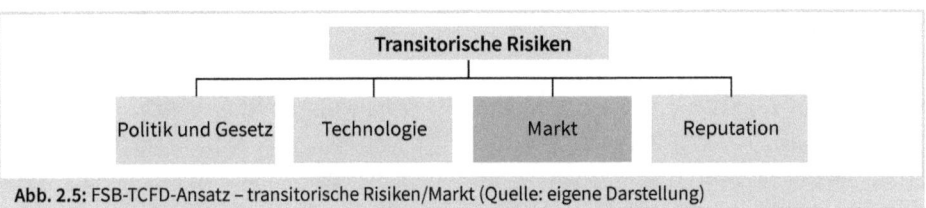

Abb. 2.5: FSB-TCFD-Ansatz – transitorische Risiken/Markt (Quelle: eigene Darstellung)

Neue Märkte und neuartige Produkte haben Einfluss auf das gesamte Marktverhalten. Die klimatischen Veränderungen werden Märkte durch Angebots- und Nachfragestrukturen beeinflussen[50]. Einerseits passen sich die Bedürfnisse der Investoren den neuen Gegebenheiten an, z. B. durch die Nachfrage nach Aktien von Unternehmen, die Kosmetik- und Modeartikel mit integriertem UV-Schutz anbieten. Andererseits müssen auch Finanzmarktakteure ihre angebotenen Produkte und Dienstleistungen an den Veränderungen aus dem Klimawandel ausrichten, z. B. indem sie mehr ESG-Fonds oder sog. Green Bonds auflegen. Im digitalen Raum sind die Entwicklungen beim Energiehandel, bspw. mit Smart- oder Micro-Grids zur Stromverteilung, anzuführen[51]. Auf der anderen Seite werden möglicherweise Märkte an Bedeutung verlieren, die auf den Handel CO_2-intensiver Rohstoffe und Produkte, wie bspw. Fleisch oder Ölheizungen[52], spezialisiert sind[53].

Die Marktteilnehmer müssen die veränderten Marktsignale angemessen deuten, da die finanziellen Implikationen vielfältige Ursachen haben. Auf der Angebotsseite haben insbesondere

---

50   Vgl. TCFD (2017a).
51   Vgl. Schwarz, H. (2019).
52   Vgl. Thomas, S. (2019).
53   Rein logisch ist auch das Gegenteil vorstellbar. Wenn bestimmte umweltkritische Rohstoffe nur noch an sehr wenigen Märkten gehandelt werden, dann steigt die relative Bedeutung dieser Märkte natürlich – auch wenn die absolute Bedeutung abnimmt.

die unmittelbaren und schwer voraussehbaren Energiekosten einen gravierenden Einfluss auf Unternehmen und Privathaushalte. Je energieintensiver Produktionsverfahren sind, desto mehr steigen dadurch die Produktionskosten. Zum anderen steigen die Kosten auf der Output-Seite, bspw. durch Gewährleistungs- und Garantievorgaben zur Produktrücknahme und den damit einhergehenden Bestimmungen zum Abfallmanagement oder zu den Müllentsorgungskosten. Auf der Nachfrageseite werden Produkte deutlich weniger nachgefragt werden, die einen negativen Einfluss auf das Klima haben, bspw. aufgrund ihrer Energie- oder Rohstoffintensität. Gleichzeitig wird sich die Nachfrage nach Produkten mit positivem Einfluss auf Umwelt, Gesellschaft und Soziales verstärken. In der Folge müssen Unternehmen ihre Vermögensgegenstände, z.B. Rohstoffquellen oder Lieferketten, neu bewerten und das Geschäftsmodell mit Produkten und Dienstleistungen entlang der Klimaentwicklung neu ausrichten[54].

> PRAXISHINWEIS
>
> **Bedeutung für die Finanzindustrie**
> Ein verändertes Angebots- und Nachfrageverhalten in der Realwirtschaft hat auch Rückwirkungen auf die Produkt- und Dienstleistungsportfolien der Banken und anderer Finanzdienstleister. Zum einen müssen z.B. bestehende Kreditengagements neu bewertet werden, wenn Produkte von Kreditnehmern nicht mehr nachgefragt werden und deren Solvenz in der Folge sinkt. Gegebenenfalls müssen gesamte Branchen neu bewertet werden. Als Folge ist mit erhöhten Kreditausfällen oder Wertverlusten in Wertpapierportfolien zu rechnen. Zum anderen – und das führt zu möglicherweise wesentlich weitreichenderen und strategischen Veränderungen – müssen die Finanzmarktakteure neue Produkte und Dienstleistungen entwickeln und einsetzen, um die Chancen aus der marktbedingten Transformation zu nutzen und Risiken aus dieser zu bewältigen.

2.3.1.1.5   Reputationsrisiken

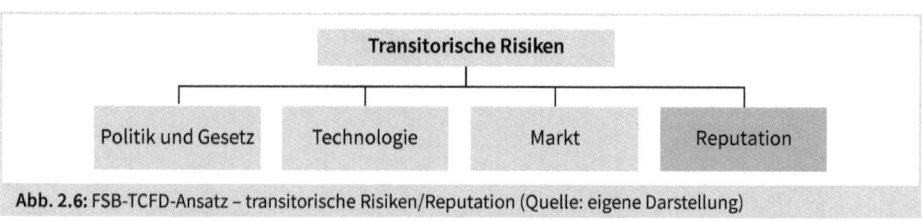

Abb. 2.6: FSB-TCFD-Ansatz – transitorische Risiken/Reputation (Quelle: eigene Darstellung)

Das allgemeine Bewusstsein für ökologische, ökonomische und soziale Themen verändert sich infolge des Klimawandels gravierend. Individuelles oder unternehmerisches Verhalten,

---

54   Vgl. Weeber, J (2019).

das einen negativen Einfluss auf einen oder mehrere dieser Bereich hat, wird gesellschaftlich zunehmend weniger toleriert oder gar nicht mehr akzeptiert. Die Definition eines Fehlverhaltens wird dabei als Abweichung zwischen Anspruch und Wirklichkeit festgelegt[55]. Hierbei ist die Messlatte der Anspruch, den ein Akteur implizit oder explizit als Grundlage seines Handelns angibt. An diesem wird er von anderen Marktakteuren beurteilt. Als Messkriterien dienen Vertrauen, Glaubwürdigkeit und Integrität. Wird eines dieser Kriterien verletzt, so schadet es der Reputation des Akteurs. Kritisch ist dabei die Tatsache, dass im Hinblick auf die Schädigung der Reputation sowohl objektive als auch subjektive Aspekte einfließen können und dass der Akteur von sich aus nur sehr begrenzt darauf Einfluss nehmen kann, wie er von anderen Marktteilnehmern wahrgenommen wird. Dieser sog. reflektierende Charakter des Reputationsrisikos stellt eine besondere Herausforderung dar, wenn es darum geht, den eigenen Anspruch zu kommunizieren[56].

Als Sprachrohr eines klimasensibilisierten gesellschaftlichen Bewusstseins, das die Abweichung zwischen Anspruch und Wirklichkeit zu ermitteln versucht, treten neben den direkt involvierten Parteien aus Anbietern und Nachfragern zunehmend auch organisierte Stakeholder-Gruppen als indirekt involvierte Parteien auf, z. B. NGOs oder gesellschaftliche Bewegungen wie »Fridays for Future«[57] oder »Extinction Rebellion«[58]. Art und Umfang der Aufdeckung von klimabezogenem Fehlverhalten bestimmen die Auswirkungen eines eingetretenen Reputationsrisikos für einen Akteur. Reputationsrisiken werden daher im Rahmen der FSB-TCFD-Offenlegungsempfehlungen als eigenständige Risikoart benannt. Zu der definitorischen Abgrenzung von anderen Risikoarten gibt es kein einheitliches Verständnis. Im Kern werden Risiken für die Reputation eines Unternehmens hergeleitet aus sich ändernden Verbraucherpräferenzen, die in der Folge auch zu einer Stigmatisierung ganzer Wirtschaftssektoren führen können. Ursache dafür sind unter anderem auch Bedenken von Stakeholder-Gruppen oder deren offene Kritik an einem Unternehmen[59].

Die Reputationsrisiken wirken sich auch auf die finanzielle Situation eines Unternehmens aus. Eine sinkende Nachfrage nach Produkten, bspw. geschlossenen Fonds für Flugzeuge mit hohem Kerosinverbrauch, und Dienstleistungen reduziert die Erträge. Diese sinken ggf. auch infolge sich verändernder Produktionskapazitäten, da Lieferketten unterbrochen sind oder sich Produktionsfreigaben verzögern. Reputationsrisiken können auch die Attraktivität des Arbeitsplatzes und damit die Verfügbarkeit geeigneter Mitarbeiter negativ beeinflussen. Stellen können nicht besetzt werden und Kapazitäten liegen brach. Reputation bestimmt ebenso den Zugang zu Kapital, wie die Renditeentwicklungen für Anleihen von Staaten mit einer schwachen Finanzmarktreputation zeigen.

---

55   Vgl. Suchanek, A. (2019).
56   Vgl. Schwaiger, M./Raithel, S. (2014).
57   Vgl. Wahlström, M. et al. (2019).
58   Vgl. Shah, D. (2019).
59   Vgl. TCFD (2017a).

Abschließend ist festzustellen, dass Reputationsrisiken als Risikoart nicht neu sind. Neu ist im Kontext klimabedingter Risiken die methodische umfassende Integration von Reputationsrisiken in das bestehende Risikomanagement. Neben der Anpassung der Prozesse sind insbesondere bereits existierende Modelle anzupassen oder neue Modelle und Methoden zu entwickeln[60].

PRAXISHINWEIS

Bedeutung für die Finanzindustrie
Banken und andere Finanzdienstleister müssen ein klares Bild davon haben, was sie welchem Stakeholder, z. B. Kunden, Mitarbeitern oder der Gesellschaft im Allgemeinen, in welcher Form an Zusagen gemacht haben; hierzu gehören verbindliche Produktinformationen, vertragliche Zusagen, freiwillige Selbstverpflichtungen oder sonstige »Versprechen«. Dabei ist zu klären, ob diese Zusagen und Versprechen von den Empfängern der Nachrichten so verstanden wurden wie beabsichtigt oder ob diese Aussagen ggf. anders interpretiert werden können. Ferner müssen Banken sicherstellen, dass sie sich auch entsprechend den eingegangenen (Selbst-)Verpflichtungen verhalten. Um Missverständnisse zu vermeiden, müssen Banken ihre Geschäftsstrategien, und damit einhergehend die Unternehmenskommunikation und das Produkt- und Dienstleistungsmarketing, klar, eindeutig und transparent formulieren. Es muss deutlich werden, was sie zu leisten beabsichtigen und wie weit sie in der Garantie dieser Leistungen gehen können, um Integritäts-, Vertrauens- und Glaubwürdigkeitsverluste zu vermeiden, zu reduzieren oder zu kompensieren[61]. Banken und andere Finanzmarktakteure müssen für das Management von Reputationsrisiken entsprechende Methoden und Verfahren einführen, sodass mögliche Schäden aus der Reputation in der Risikotragfähigkeit berücksichtigt werden können. Hierzu muss auf der Basis von Wesentlichkeitsanalysen bestimmt werden, wie, in welchem Umfang und in welchen Berichtsformaten für wen Informationen zu reputationsrelevanten Themen offengelegt werden. Eine Methode zur Prävention von Reputationsrisiken ist die Etablierung umfassender Stakeholder-Dialoge. So kann frühzeitig Fehlinterpretationen vorgebeugt und ein zielgerichtetes Erwartungsmanagement betrieben werden. Voraussetzung hierfür ist u. a. die Bestimmung der für die Bank relevanten Stakeholder.

---

60   Vgl. Bopp, R./Weber, M. (2019b).
61   Vgl. Suchanek, A. (2007), S. 118 ff.

2.3.1.2   Physische Risiken

2.3.1.2.1   Überblick über die physischen Risiken

Den transitorischen Risiken aus dem Klimawandel stehen die physischen Risiken gegenüber. Beide Risikoarten bedingen sich gegenseitig. Je schneller die Transformation der Wirtschaft hin zu einer CO_2-neutralen Kreislaufwirtschaft gelingt, desto größer und disruptiver sind zwar die transitorischen Risiken; die physischen Risiken aus dem Klimawandel werden dann aber voraussichtlich in ihrer Bedeutung abnehmen. Die relative Gewichtung zueinander verschiebt sich somit[62].

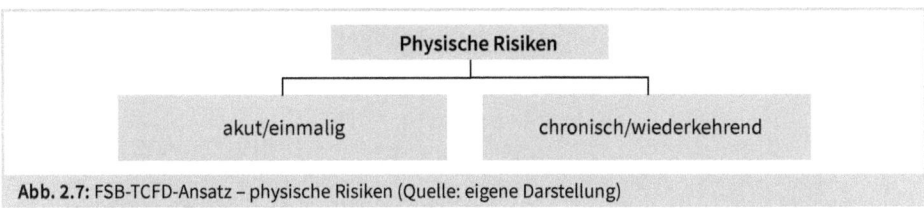

Abb. 2.7: FSB-TCFD-Ansatz – physische Risiken (Quelle: eigene Darstellung)

Es können zwei Arten physischer Risiken unterschieden werden: akute Risiken und chronische Risiken. Nach Auffassung des FSB-TCFD sind diese beiden Risikoarten in allen Bereichen der Wirtschaft vorzufinden. In der konkreten Ausprägung unterscheiden sich die beiden Risikoarten je nach Wirtschaftsbereich voneinander. Dies bedeutet, dass die beiden Risikoarten je nach Wirtschaftsbereich unterschiedliche finanzielle Auswirkungen haben[63].

Im Folgenden werden einige grundlegende Aspekte erörtert. Auf die detaillierte Darstellung der umfangreichen naturwissenschaftlichen Zusammenhänge wird an dieser Stelle mit dem Verweis auf die Sachstands- und Sonderberichte des Intergovernmental Panel on Climate Change (IPCC), auf Deutsch: Weltklimarat, verzichtet[64].

---

62   Vgl. BaFin (2019b).

63   Vgl. TCFD (2017a).

64   IPCC-Sachstandsberichte erscheinen ca. alle sechs Jahre. Dazwischen werden Sonderberichte zu spezifischen Themen veröffentlicht. Im aktuellen (sechsten) IPCC-Bewertungszyklus werden drei Sonderberichte veröffentlicht: 1) 1,5 °C globale Erwärmung, 2) Klimawandel und Landnutzung, 3) Ozean und Kryosphäre in einem sich verändernden Klima. An den IPCC-Berichten arbeiten drei Arbeitsgruppen: 1) Arbeitsgruppe I: Vergangene und mögliche zukünftige Veränderungen des Klimasystems und des Kohlenstoffkreislaufs (»Die physikalischen Grundlagen«), 2) Arbeitsgruppe II: Vergangene und zukünftige Folgen des Klimawandels und mögliche Anpassungen (»Folgen, Anpassung, Verwundbarkeit«), 3) Arbeitsgruppe III: Möglichkeiten zur Reduzierung der Treibhausgasemissionen (»Minderung des Klimawandels«).

2.3.1.2.2   Akute Risiken

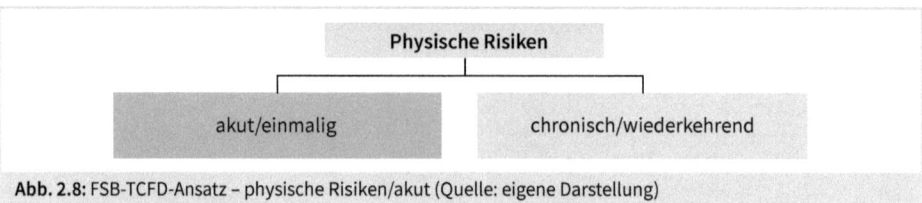

Abb. 2.8: FSB-TCFD-Ansatz – physische Risiken/akut (Quelle: eigene Darstellung)

Akute physische Risiken sind ursächlich ökologisch bedingt und ergeben sich aus der zunehmenden Häufigkeit und der steigenden Intensität unvorhersehbarer extremer Wetterereignisse, z. B. Stürme und Überflutungen. Als mögliche Ursachen physischer Risiken wird
u. a. die regional unterschiedliche Erhöhung der mittleren Oberflächentemperatur der Erde
angesehen[65].

Einmalige Extremwetterereignisse können zu gravierenden Schäden an der Infrastruktur einer
Region oder zu einer Vernichtung von Produktionsmitteln von Unternehmen oder von noch
nicht verkauften Produkten führen. Dies wirkt sich nicht nur auf die Unternehmen und Kommu-
nen aus, sondern auch auf die Privathaushalte in den betroffenen Gebieten. Durch eine Vernichtung von Produktionsstätten gehen möglicherweise Arbeitsplätze verloren und das Vermögen
der Privathaushalte z. B. in Form von Immobilien wird zerstört oder doch erheblich gemindert.

PRAXISHINWEIS

Bedeutung für die Finanzindustrie
Finanzdienstleister müssen in der Lage sein, die Kernthesen der naturwissenschaftlichen Diskussion zum Klimawandel zu verfolgen, um eine Risikoabschätzung für das
eigene Geschäftsmodell, die Produkte und Dienstleistungen sowie den operativen
Betrieb abzuleiten. Banken müssen aus der Vielzahl der möglichen Klimaszenarien
diejenigen identifizieren, die für ihr Geschäftsmodell relevant sind. Die Diskussion
zur Häufung von Stürmen ist evtl. nur dann von Interesse, wenn ein wesentlicher Teil
der Kreditnehmer oder der angenommen Sicherheiten in Regionen beheimatet oder
belegen ist, die besonders von starken Stürmen betroffen sind, oder wenn die Bank
selbst Standorte in diesen Regionen unterhält.

---

65   Vgl. IPCC (2019).

2.3.1.2.3   Chronische Risiken

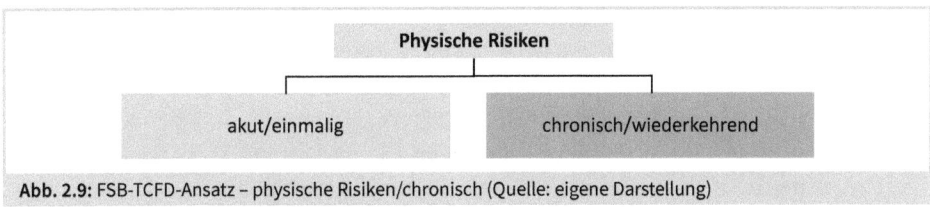

Abb. 2.9: FSB-TCFD-Ansatz – physische Risiken/chronisch (Quelle: eigene Darstellung)

In Abgrenzung zu akuten Risiken ergeben sich die chronischen physischen Risiken aus der dauerhaften Veränderung des Klimageschehens, d. h. dass sich das Klima entlang bestimmter Muster wie bspw. steigender Durchschnittstemperaturen oder steigender Meeresspiegel verändert[66]. Eine mögliche Ursache hierfür ist der beschleunigte und intensiver gewordene globale Wasserkreislauf. Dabei werden Trockengebiete[67], wie bspw. die Sahelzone in Afrika oder der Aralsee in Usbekistan, aufgrund der zunehmenden Verdunstung trockener und feuchte Gebiete werden feuchter. Parallel dazu steigt der Meeresspiegel, da Gletscher und Eisschilde schmelzen und weil sich die wärmer werdenden Ozeane ausdehnen[68].

Die mittel- bis langfristigen Auswirkungen chronischer physischer Risiken auf Unternehmen und Privathaushalte sind vielfältig und mit hohen Unsicherheiten belegt. Heute bewohnte Gebiete können aufgrund eines steigenden Meeresspiegels unbewohnbar werden mit gravierenden Auswirkungen z. B. auf die Immobilienpreise und die dort ansässigen Unternehmen und Privathaushalte. In anderen Regionen verändern sich aufgrund der sich ändernden Umweltbedingungen über Jahrhunderte gefestigte Wirtschaftsstrukturen. Tradierte Geschäftsgrundlagen können entfallen und neue Geschäftsmöglichkeiten ergeben sich. Auch für den regionalen Arbeitsmarkt kann dies wesentlich Auswirkungen haben, mit Folgen z. B. für das Vermögen der Privathaushalte und deren Zahlungsfähigkeit.

PRAXISHINWEIS

Bedeutung für die Finanzindustrie
Banken und andere Finanzmarktteilnehmer müssen in der Lage sein, zu verstehen und zu beurteilen, inwiefern sie selbst unmittelbar von chronischen Risiken betroffen sind, wenn veränderte Klimamuster, z. B. regelmäßige Überflutungen, zu Sachschäden an Bankgebäuden führen oder Räumlichkeiten nicht mehr genutzt werden können und Ausweicharbeitsplätze gesucht werden müssen. Hierzu müssen Notfallpläne aufgestellt bzw. derartige Szenarien in das bestehende Notfallmanagement integriert werden. Die Banken müssen darüber hinaus einschätzen können,

---

66   Vgl. Ranke, U. (2019), S. 29 ff..
67   In diesem Zusammenhang steigt die Bedeutung geopolitischer Implikationen. Hierzu Schäfer, P. (2016), S. 81 ff.
68   Vgl. IPCC (2019).

wie sie mittelbar von den Risiken betroffen sind. Banken, die Immobilien finanzieren oder als Sicherheiten annehmen, müssen beurteilen können, ob die finanzierten und als Sicherheiten hereingenommenen Immobilien aufgrund einer klimabedingt kritischen Lage neu bewertet werden müssen. Im Bereich Unternehmenskredite muss beurteilt werden, wie die Bonität einzelner Kreditnehmer oder Kreditnehmergruppen (regionale Cluster) durch in der Zukunft ggf. vermehrt auftretende physische Risiken beeinflusst wird. Grundsätzlich ist die Exposition gegenüber allen Formen der physischen Risiken in der Geschäfts- und Risikostrategie aufzunehmen und mit entsprechenden personellen Ressourcen umzusetzen, um den Risiken sachgerecht zu begegnen.

2.3.1.3   Kritische Würdigung der Risiken

Die klimabedingten transitorischen und physischen Risiken stellen Banken und andere Finanzmarktakteure vor große Herausforderungen. Diese müssen einerseits die Ursachen der möglichen Risiken verstehen, um die potenziellen Ereignisse erkennen zu können, und sie müssen andererseits die konkreten Auswirkungen ermitteln, die sich mit einer zu bestimmenden Eintrittswahrscheinlichkeit ergeben. Banken müssen das erforderliche Know-how aufbauen, um beurteilen zu können, welche Risiken sich aus den Ereignissen für das aktuelle oder künftige Geschäftsmodell ergeben[69]. Sie müssen z. B. sowohl personell als auch methodisch in der Lage sein, für bestehende Kreditportfolien zu analysieren, welche klimabedingten Risiken sich in den Portfolien befinden. Insbesondere im Immobilienbereich sind Gutachten und Bewertungen einer kritischen Durchsicht zu unterziehen[70]. Im Ergebnis kann dies für bestehende Engagements zu Neubewertungen mit erheblichem Abschreibungspotenzial führen und eine veränderte Sicherheitenstellung durch den Kunden nach sich ziehen.

Für künftige Engagements müssen Banken bei der Entwicklung neuer Produkte und Dienstleistungen die klimabedingten Risiken als eigenständige Kostenkomponente kalkulieren und in die Preisgestaltung für den Kunden transparent einfließen lassen. Dies wird insbesondere sowohl im operativen Kreditgeschäft als auch im Risikomanagement, auf das im Kapitel 4.4 eingegangen wird, wesentliche Anpassungen erforderlich machen.

---

69   Vgl. Serafimova, K./Vellacott, T. (2016).

70   Die PRA hat in ihrem Supervisory Statement SS3/19 »Enhancing banks' and insurers' approaches to managing the financial risks from climate change« bereits einen Anforderungskatalog für die von ihr beaufsichtigten Unternehmen vorgelegt, um die Risiken als Finanzrisiken zu berücksichtigen. In die gleiche Richtung gehen die Vorstellungen der EBA bzgl. der Erfassung von Umweltrisiken in die Architektur bestehender Risikomanagementsysteme. Dass die EBA sich überhaupt damit beschäftigt, geht auf die Aufgaben zurück, die der EBA durch den EU-Aktionsplan »Finanzierung nachhaltigen Wachstums« zugewiesen worden sind.

2.3.2   Klimabedingte Chancen

2.3.2.1   Überblick über die Chancen

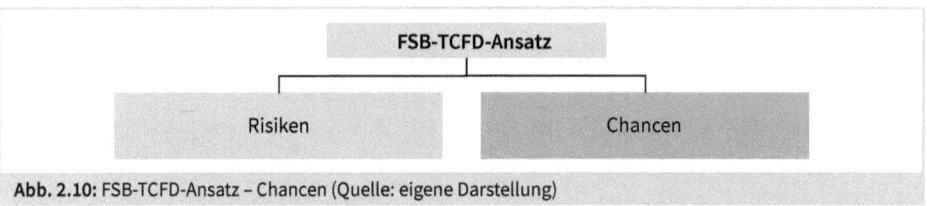

Abb. 2.10: FSB-TCFD-Ansatz – Chancen (Quelle: eigene Darstellung)

Die FSB-TCFD unterscheidet zwischen klimabedingten Risiken und klimabedingten Opportunitäten. Wie bereits oben ausgeführt, wird für die folgenden Ausführungen der Begriff der Opportunität durch den Begriff der Chance ersetzt. Für die Chancen gilt analog zu den Risiken, dass es eine Ursache geben muss, die zu einem potenziellen Ereignis führt.

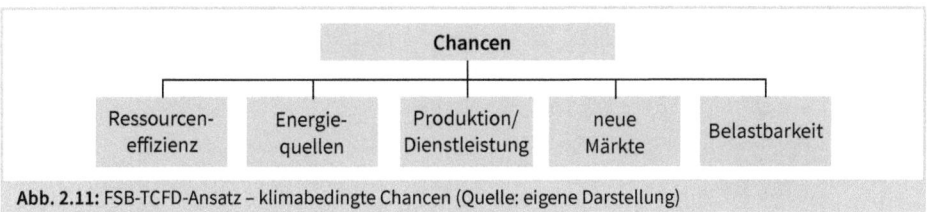

Abb. 2.11: FSB-TCFD-Ansatz – klimabedingte Chancen (Quelle: eigene Darstellung)

Hinsichtlich der Chancen hat das FSB in den TCFD-Empfehlungen fünf Ursachen definiert[71]:
- Effiziente Nutzung der Ressourcen
- Einführung emissionsarmer Energiequellen
- Entwicklung neuer Produkte und Dienstleistungen
- Erschließung neuer Märkte
- Stärkung der Belastbarkeit der Lieferketten

Diese ergeben sich branchenübergreifend aus dem Klimawandel und sind daher auch für die Finanzindustrie zu betrachten.

---

71   Vgl. TCFD (2017a) sowie TCFD (2017b).

2.3.2.2   Ressourceneffizienz

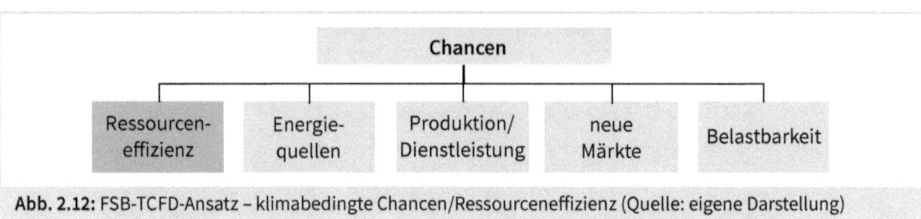

Abb. 2.12: FSB-TCFD-Ansatz – klimabedingte Chancen/Ressourceneffizienz (Quelle: eigene Darstellung)

Unter einer effizienten Nutzung der Ressourcen ist der schonende Umgang mit natürlichen Ressourcen zu verstehen, z. B. in Form einer Senkung des Energie-, Material- und Wasserverbrauchs[72]. Chancen ergeben sich hierbei aus dem Umstieg auf effizientere Verfahren in der Produktion und bei der Erbringung von Dienstleistungen. Hierzu gehören auch ressourcenschonende Vertriebs- und Transportprozesse. Ein anschauliches Beispiel hierfür ist die Einbeziehung von Recyclingprodukten und die mehrfache Nutzung von wertvollen Rohstoffen. Die Gewinnung von Rohstoffen aus dem Recycling ist in der Regel weniger energieintensiv als die erstmalige Gewinnung der Rohstoffe. Vor dem Hintergrund steigender Energiekosten wird dieser Aspekt für die Kostenbetrachtung an Bedeutung gewinnen. Neben der Rohstoffgewinnung stellt sich zunehmend die Frage des Rohstoffeinsatzes, d. h., welcher Rohstoff künftig für welchen Einsatzzweck unter ökologischen, ökonomischen und sozialen Aspekten optimal ist. Einflüsse aus dem Klimawandel auf die Preisentwicklung für Rohstoffe und Energie werden z. B. die Kosten-/Nutzen-Bilanz im Immobilienbereich beeinflussen. Die einmaligen Erstellungskosten, bei denen künftig die CO_2-Bilanz von Zement mit Holz verglichen wird, werden den langfristigen Bewirtschaftungskosten vor allem unter Berücksichtigung des Energie- und Wasserverbrauchs gegenübergestellt. Wirtschaftlich wirkt sich dies durch eine Reduzierung der operativen Betriebskosten oder der Abrisskosten nach der Nutzung des Objekts aus. Gleichzeitig können höhere Mietpreise und geringere Leerstandsquoten durch die verbesserten Produkteigenschaften der Immobilie und die damit verbundene Nachfragesteigerung realisiert werden. Vermögensgegenstände, die die klimabezogenen Chancen derart abbilden, erfahren z. B. eine höhere Bewertung durch Banken, wenn sie als Sicherheiten gestellt werden[73].

Sofern man Menschen in ihrer Funktion als Mitarbeiter eines Unternehmens als Ressource verstehen möchte, treffen die Überlegungen zu einer effizienteren Nutzung der Ressource auch hier zu[74]. Die Investition in ressourcenschonende Prozesse, bspw. in Form von Fort- und Weiterbildungsprogrammen, Work-Life-Balance-Programmen, Gesundheitsprogrammen und Zeitkontenprogrammen, wird sich positiv auf die Ressource Mitarbeiter auswirken. In der Praxis zeigt sich, dass in der Folge derartiger Programme die krankheitsbedingten Fehlzeiten sinken, die Produktivität und Arbeitssicherheit steigt und die Mitarbeiterzufriedenheit zunimmt. Auf

---

72   Vgl. Bach, V. et al. (2014).
73   Vgl. Fürst, F. (2017).
74   Vgl. Freudenthaler-Mayrhofer, D./Sposato, T. (2017), S. 61 ff.

der anderen Seite nimmt die Mitarbeiterfluktuation ab und teure und zeitaufwendige Rüstzeiten für die Eingliederung neuer Mitarbeiter werden reduziert. Rein wirtschaftlich betrachtet können die Prozesse daher ressourceneffizienter und kostengeringer gestaltet werden.

PRAXISHINWEIS

Bedeutung für die Finanzindustrie

Banken und andere Finanzdienstleister müssen sich, wie jedes andere Unternehmen auch, Gedanken über den Ressourceneinsatz im eigenen Betrieb machen und analysieren, ob es einen alternativen und effizienteren Ressourcenmix gibt. Ansatzpunkte bestehen hier insbesondere im Bereich Gebäude, wenn es zum Beispiel um das Heizen oder Kühlen der Geschäftsräume geht. Aber auch der ressourceneffiziente Einsatz von IT und innovativen, digitalen Verfahren ist zu untersuchen. Es ist weitergehend zu analysieren, ob der aktuelle Ressourceneinsatz unter ökologischen, ökonomischen und sozialen Aspekten aktuell und künftig mit den bankeigenen Zielen bzgl. ihres Beitrags zum klimaverträglichen Umbau der Wirtschaft vertretbar ist. Andererseits bieten sich Chancen in einzelnen Geschäftsfeldern. Im Bereich der Immobilienfinanzierung können Kreditprogramme speziell für ressourcenschonendes Bauen aufgelegt werden; ggf. kann hier sogar die Dienstleistungspalette erweitert werden, indem Privatkunden Dienstleistungen rund um ressourceneffizientes Bauen angeboten werden, was zu zusätzlichen Provisionseinnahmen führt. Gleiches gilt für die Finanzierung mittelständischer Unternehmen, die ihren Betrieb auf ressourceneffiziente Produktionsverfahren umstellen müssen, um wettbewerbsfähig zu bleiben.

2.3.2.3   Energiequellen

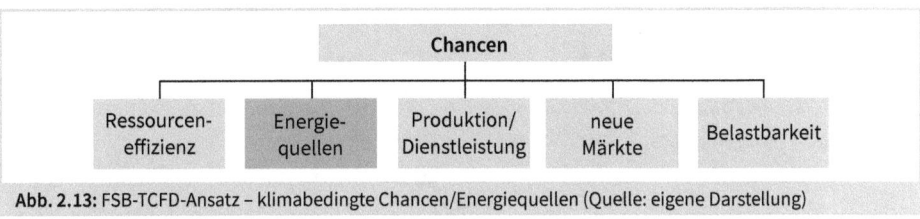

Abb. 2.13: FSB-TCFD-Ansatz – klimabedingte Chancen/Energiequellen (Quelle: eigene Darstellung)

Emissionsarme Energiequellen werden an Bedeutung gewinnen. Die Nutzung emissionsarmer Energiequellen trägt dazu bei, das politische Ziel aus dem Pariser Klimaabkommen zu erreichen, d.h. die CO_2-Emissionen deutlich zu reduzieren, um eine Erderwärmung von 2 °C oder weniger bis 2050 zu erreichen. Voraussetzung für die Nutzung ist allerdings, dass diese Energiequellen zur Verfügung stehen. Das Abstellen auf die heute bekannten Energiequellen, die i.W. auf regenerative Energieformen wie Sonne, Wind, Wasser oder Biomasse abstellen, wird nach heutigem Kenntnisstand nicht ausreichen[75]. Dementsprechend werden Forschung und Entwicklung zu neuen Technologien große Chancen mit sich bringen. Neue, emissionsarme Technologien werden mit politischen Anreizen in Form von Subventionen, Investitionsanreizen oder Steuermodellen unterstützt. Die Entscheidung der Bundesregierung, (neue) Ölheizungen nur noch mit Ausnahmeregelungen zu gestatten und regenerative, alternative Heizsysteme durch staatliche Zuschüsse zu fördern, ist ein Beispiel.

Eine Chance bietet schon heute die Teilnahme am CO_2-Handel und an der Erschließung von Geschäftsfeldern bei einer dezentral organisierten Energiegewinnung und -verteilung, z. B. Micro-/Small-Grid-Konzepte[76]. Finanzielle Auswirkungen aus den klimabedingten Chancen ergeben sich durch reduzierte operative Kosten, eine verringerte Abhängigkeit von Preissteigerungen bzw. Preisschwankungen bei fossilen Brennstoffen oder von GHG-Emissionen bzw. von Preisen für CO_2-Emissionen. Umgekehrt erhöht sich durch diese geringeren Abhängigkeiten die Rendite auf die getätigten Investitionen, es vereinfacht sich der Zugang zu Kapital und durch die Bereitstellung entsprechender Produkte und Dienstleistungen kann die eigene Reputation positiv beeinflusst werden.

PRAXISHINWEIS

Bedeutung für die Finanzmarktindustrie

Banken und andere Finanzmarktakteure müssen im Rahmen einer Wettbewerbsanalyse identifizieren, wie sie sich im Vergleich zu den Marktbegleitern in dem Thema »Einführung emissionsarmer Energiequellen« positioniert haben. Darauf aufbauend muss die eigene Strategie angepasst und festgelegt werden. Ähnlich wie die Chance der Ressourceneffizienz beeinflussen auch die Energiequellen den Bankbetrieb einerseits und die Bankgeschäfte andererseits. Im Bankbetrieb stellt sich u. a. die Frage, mit welchen Fahrzeugen der Fuhrpark zukünftig ausgestattet werden soll und welche Mitarbeiterprogramme für die Anschaffung von emissionsarmen Fahrzeugen oder innovativen Mobilitätskonzepten aufgelegt werden sollen.

Bei den Bankgeschäften bieten sich vielfältige Chancen, den Umstieg auf emissionsarme Energiequellen in den Unternehmen, Privathaushalten und der gesamten Volkswirtschaft zu unterstützen. Neue Geschäftsmodelle und Unternehmen entstehen, die Eigen- und Fremdkapital benötigen. Bereits bestehende Unternehmen und Privathaushalte benötigen Kapital zur Umstellung auf emissionsarme Energiequellen.

Um die Chancen zu nutzen, muss sich die Finanzindustrie Zugang zu entsprechendem Fachwissen im technologischen und energiewirtschaftlichen Bereich verschaffen. Das kann durch die Aus- und Weiterbildung vorhandener oder durch die Einstellung neuer Mitarbeiter mit dem entsprechenden Profil erfolgen. Alternativ oder ergänzend können Kooperationen mit Spezialanbietern aus dem Energiesegment

---

75 Vgl. Häuser, W. (2019).
76 Zu den wichtigsten technischen, wirtschaftlichen, sozialen und regulatorischen Herausforderungen und Bedrohungen für die Umsetzung von Micro Grids: Herenčić, L. (2019).

eingegangen werden. Grundsätzlich aber ist es erforderlich, die eigenen Arbeitsanweisungen und Prozesse auf die energierelevanten Produkte und die energiesensitiven Kunden hin auszurichten[77].

2.3.2.4   Produkte und Dienstleistungen

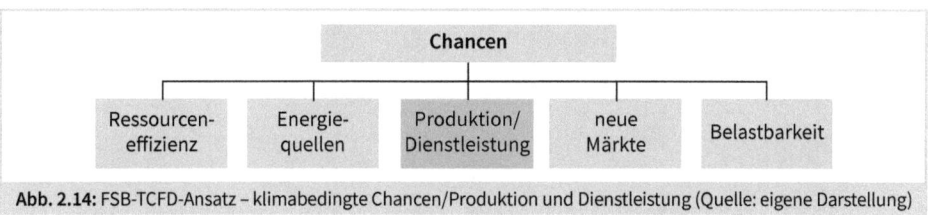

Abb. 2.14: FSB-TCFD-Ansatz – klimabedingte Chancen/Produktion und Dienstleistung (Quelle: eigene Darstellung)

Die Entwicklung neuer Produkte und Dienstleistungen wird die nächsten Jahre prägen. Solche Neuentwicklungen beziehen die veränderten Kundenbedürfnisse als Folge der Klimaveränderungen ein und stellen somit klimabedingte Opportunitäten dar. Neu wird an diesen Produkten die explizite Ausrichtung an ökologischen, ökonomischen und sozialen Aspekten sein, um den Nutzen bzw. den Mehrwert einer Dienstleistung oder eines Produkts für den Kunden zu bestimmen[78]. Bestehende Produkte und Dienstleistungen können durch neue Produkte und Dienstleistungen vollständig substituiert werden oder sie werden durch neue Produkte und Dienstleistungen komplementär erweitert. Dies kann insbesondere im Kreditgeschäft der Fall sein, wenn bestehende Finanzierungsangebote durch neue, klimarelevante Zusatzbausteine ergänzt werden. Im Bereich der KfZ-Finanzierung sind Verträge denkbar, die den den CO_2-Ausstoß dergestalt berücksichtigen, dass die Konditionen oder eine Prämie von den gefahrenen Kilometern, dem Motorentyp und dem Verbrauch abhängt. Bei den Konsumentenkrediten ist eine Kopplung der Konditionen an den individuellen CO_2-Fußabdruck denkbar.

In sehr preissensitiven Segmenten ist davon auszugehen, dass sich der Wettbewerb durch das Aufkommen neuer Produkte verschärfen wird. Diese Entwicklungen werden bei den Unternehmen zu einer Diversifizierung der Geschäftstätigkeiten führen. Insbesondere vor dem Hintergrund der kapitalintensiven Forschung und Entwicklung werden Innovationen diese

---

77   Vgl. Stibbe, R. (2019), S. 5 ff.
78   Vgl. Bueren, E. (2019).

Veränderungen vorantreiben. Dabei spielt die Besicherung klimabedingter Risiken, wie oben beschrieben, eine besondere Rolle bei der Entwicklung neuer Produkte und Dienstleistungen. Die wirtschaftlichen Auswirkungen werden bei den Erträgen deutlich. Die Nachfrage nach emissionsärmeren oder emissionssensitiven Produkten und Dienstleistungen verbessert die Wettbewerbssituation für Anbieter[79].

PRAXISHINWEIS

Bedeutung für die Finanzindustrie
Für die Unternehmen der Finanzbranche bedeutet die Entwicklung neuer Produkte und Dienstleistungen vor dem Hintergrund des Klimawandels und anderer Nachhaltigkeitsaspekte, dass sowohl auf Einzelproduktebene als auch auf Produktgruppenebene Rentabilitätsrechnungen und Marktpotenzialanalysen durchgeführt werden müssen, um die Profitabilität und das Risikoprofil einzelner Positionen bestimmen zu können. Auf dieser Grundlage müssen die Produkte und Dienstleistungen an den ökologischen, ökonomischen und sozialen Erwartungen der Kunden ausgerichtet werden. Die seit Jahren zu beobachtende Zunahme an Produkten im Bereich Green Finance, Impact Finance, Ethical Finance etc. vermittelt einen Eindruck künftiger Produktangebote[80]. Banken müssen bei der Entwicklung neuer Dienstleistungen noch stärker als bereits heute darauf achten, dass die angebotenen Produkte und Dienstleistungen auch tatsächlich den Erwartungen und Vorstellungen des Kunden angemessen und geeignet entsprechen. Dies muss durch eine transparente Dokumentation der Kundenberatung belegbar nachgehalten werden[81]. Die Finanzindustrie wird bei der Ausgestaltung der Produkte und Dienstleistungen einerseits die Bedürfnisse der Kunden vollumfänglich einbeziehen und andererseits sicherstellen, dass die Produkte und Dienstleistungen den klimapolitischen Vorgaben entsprechen oder sie bestenfalls positiv unterstützen – ihnen aber keinesfalls widersprechen. Hierfür ist ein komplexes Erwartungsmanagement der Schlüssel zum Erfolg. Dabei können auch gänzlich neue Finanzprodukte entwickelt werden. Im klassischen Bankgeschäft können Kredite oder Einlagen mit ESG-verhaltensabhängiger Verzinsung angeboten werden. Auf der Basis von neu in die Regulierung eingeführter CO_2-Benchmarks[82] können Finanzderivate auf diese Benchmarks entwickelt und Kunden zur Absicherung von klimainduzierten Risikopositionen angeboten werden.

---

79   Vgl. Kuna, W. (2019).
80   Vgl. FNG (2019).
81   Vgl. BaFin (2017a).
82   Zu CO_2-Benchmarks vgl. unten Kapitel 3.2.3.1.2.

2.3.2.5   Neue Märkte

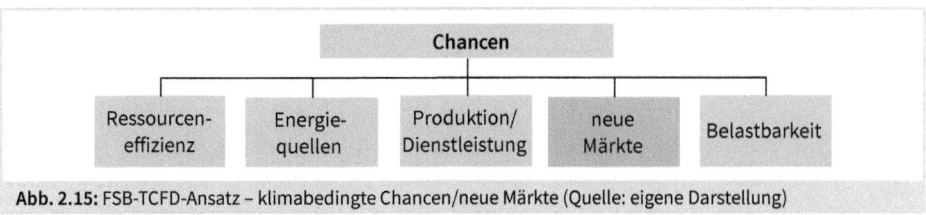

Abb. 2.15: FSB-TCFD-Ansatz – klimabedingte Chancen/neue Märkte (Quelle: eigene Darstellung)

Die Erschließung neuer Märkte ist ein weiterer wesentlicher Aspekt der möglichen Chancen aus dem Klimawandel. Der Austausch von Produkten und Dienstleistungen, die die klimabedingten Veränderungen berücksichtigen, wird sowohl auf den etablierten als auch auf neuen Märkten stattfinden. Es ist davon auszugehen, dass der Handel auf den Märkten zunehmend technologisch betrieben wird, wie die Entwicklungen in den Bereichen Blockchain-Technologie und Crypto-Currency-Handel zeigen[83]. Der traditionelle Markt mit der physischen Präsenz der Marktteilnehmer wird im Vergleich zu den unterschiedlichen Formen virtuell bestimmter Märkte an Bedeutung verlieren. Die mit dem Wandel einhergehende Transparenz zu Produkt- und Preiseigenschaften durch die Bereitstellung von Informationen auf Vergleichsportalen im Internet wird zur Herausbildung neuer, erweiterter Entscheidungsparameter wie bspw. zu dem positiven Beitrag eines Investments auf die Reduzierung oder Kompensation von CO_2-Emissionen führen.

In einer globalisierten Wirtschaftswelt wird die Frage der Regulierung der Märkte durch nationale, multinationale, internationale oder gar supranationale Organisationen und Institutionen neue Formen des Transfers nach sich ziehen. Dabei spielt die Einbeziehung öffentlicher Mittel, die als Anreiz für klimabezogene, aber auch gesellschaftliche Investitionen eingesetzt werden, eine herausragende Rolle. Die Auswirkungen des Energieeinspeisegesetzes (EEG)[84] für den Auf- und Ausbau regenerativer Energien in Deutschland kann hier exemplarisch angeführt werden.

Die finanziellen Auswirkungen einer Marktzugangsbeschränkung in Form von ökologischen, ökonomischen und sozialen Vorgaben können sich positiv in steigenden Erträgen und in einer Diversifikation der Vermögenswerte niederschlagen. Die Bildung internationaler Konsortien zur Finanzierung von Infrastrukturprojekten oder Green Bonds sind hier exemplarisch zu nennen.

---

83   Vgl. Howson, P. (2019).
84   Vgl. BMWi (2018).

PRAXISHINWEIS

Bedeutung für die Finanzindustrie

Banken und andere Finanzmarktakteure müssen analysieren, auf welchen Märkten sie mit welchen Produkten welche Kunden ansprechen. Hier ergibt sich neben der traditionellen Finanzierung auf etablierten Märkten auch die Chance, neue Märkte durch das Bereitstellen von Plattformen zu unterstützen, um klimaneutrale Produkte zu finanzieren und Investitionsmöglichkeiten für Anleger bereitzustellen. Das könnte z. B. in Form von multilateralen Handelsplattformen für Green- und Social Bonds erfolgen oder durch das bewusste Positionieren als Market Maker für eben solche Produkte. Die internen Prozesse und die IT-Infrastrukturen müssen dann entlang der ökologischen, ökonomischen und sozialen Rahmenbedingungen der neuen Märkte konzipiert werden. Gleichzeitig werden sich einzelne Finanzmarktakteure ggf. von Märkten zurückziehen, die ihrer klimapolitisch motivierten Strategie zuwiderlaufen. Voraussetzung dafür, dass solche Marktchancen genutzt werden können, sind funktionierende und auf die veränderten Marktgegebenheiten ausgerichtete Compliance-Strukturen und Marktfolgeprozesse.

2.3.2.6   Chance – Belastbarkeit

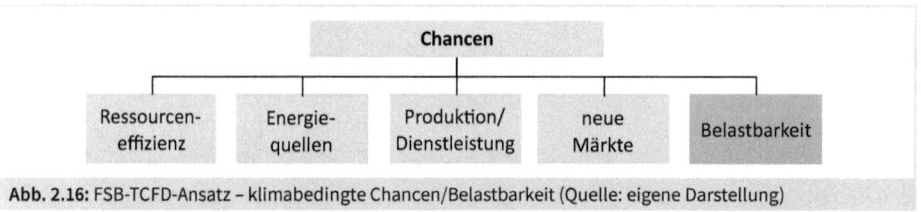

Abb. 2.16: FSB-TCFD-Ansatz – klimabedingte Chancen/Belastbarkeit (Quelle: eigene Darstellung)

Eine Stärkung der Liefer- und Wertschöpfungsketten steht für das produzierende Gewerbe als Chance aus den Klimaveränderungen im Vordergrund. Jedes einzelne Glied innerhalb einer Lieferkette wird durch die steigenden Anforderungen an die Transparenz verpflichtet sein, nachzuweisen, dass der eigene Beitrag innerhalb der Lieferkette ohne negativen Einfluss auf ökologische, ökonomische und soziale Aspekte erfolgt[85]. Es ist davon auszugehen, dass hierdurch Lieferketten widerstandsfähiger und belastbarer werden und die Gefahr intern verursachter Störungen, bspw. durch Unfälle[86], reduziert werden. Ebenso werden die Folgen exter-

---

85   Beispiele für entsprechende Umweltzeichen sind der Blaue Engel, ein in Deutschland seit 1978 zunächst vom Bundesministerium des Innern, dann vom Bundesumweltministerium vergebenes Umweltzeichen für besonders umweltschonende Produkte und Dienstleistungen oder die von Umweltorganisationen nach eigenen Standards vergebenen Label. Am bekanntesten sind die Fair-Trade-Label, die in Zusammenarbeit mit der Dachorganisation emittierender Umweltkennzeichen, der 1997 gegründeten Fairtrade Labelling Organizations International (FLO), vergeben werden.
86   Ein prominentes Beispiel ist die Situation der Arbeitsbedingungen bei dem Zulieferer von Apple, Foxconn. Vgl. hierzu auch Deutschlandfunk (2017).

ner Störungen, bspw. durch soziale Unruhen[87], reduziert. In der Folge ist ein verminderter Ressourcenverbrauch zu erwarten, der zu Effizienzgewinnen führt, die sich auch finanziell positiv niederschlagen. Dies wird begleitet von einer Diversifikation und Substitution der bisher eingesetzten Ressourcen durch neuartige Produktionsmittel. Die Entwicklung und Nutzung entsprechender CO_2-Berechnungsmethoden wird die Lieferkettenstabilität durch eine gesteigerte Transparenz zudem erhöhen. Zugleich ist davon auszugehen, dass sich die widerstandsfähigeren und belastbareren Lieferketten positiv in den Marktbewertungen der Unternehmen widerspiegeln und die Fähigkeit eines Unternehmens, auch unter den sich ändernden Klimaaspekten effizient und erfolgreich wirtschaften zu können, honoriert wird[88].

PRAXISHINWEIS

Bedeutung für die Finanzindustrie
Banken und andere Finanzdienstleister müssen sowohl für die Betriebsbereiche als auch für die Geschäftsbereiche ermitteln, mit welchen Unternehmen und Vertragspartnern sie zusammenarbeiten wollen und was sie von der jeweiligen Vertragspartei beziehen bzw. in welcher Beziehung sie zu Vertragsparteien stehen (wollen). Bezüglich des Bankbetriebs kommen hier bspw. Energie- und Abfall-, aber auch IT-Unternehmen und Immobilien-/Facility-Manager in Betracht. In den Geschäftsbereichen sind es bspw. Gutachter, Sachverständige, Prüfer oder Konsortialpartner aus dem öffentlich-rechtlichen wie dem privatwirtschaftlichen Bereich. Die Banken müssen bei dem Bezug von Produkten und Dienstleistungen für den Bankbetrieb die Produktspezifikationen (ESG-Ratings, Labels, Standards etc.) kritisch durchsehen und ggf. auf die klimabezogenen Vorgaben der eigenen Strategie hin anpassen. Weitergehend müssen sie bei dem Bezug von Produkten, die sie ihrerseits weitervermitteln, kritisch analysieren, ob die Produkte sachlich und inhaltlich mit der eigenen Strategie zum Vertrieb von Produkten und Dienstleistungen und mit den Anlagezielen der Kunden übereinstimmen und ob die Informationen, die die Kunden als Endabnehmer zu dem Produkt haben möchten, bereitgestellt werden (Zielmarktdefinition und Produktinformationen nach MiFID II müssen ggf. angepasst werden). Abschließend sind für die Abnahme der Produkte und Dienstleistungen Verfahren und Vorgaben zu erarbeiten und zu implementieren, sodass mögliche Verstöße gegen die Liefervereinbarungen (Energiemix, Kohlenstoffemission etc.) umgehend identifiziert werden können. Maßnahmen zur Schadensvermeidung, -reduktion oder -kompensation müssen erarbeitet und implementiert werden. Mittelbar bergen die Belastbarkeit und die Veränderungen in den Lieferketten auch Chancen für das Bankgeschäft. Es entstehen möglicherweise neue Unternehmen oder bestehende Unternehmen modifizieren ihr Geschäftsmodell bzw. ihre Produktionsverfahren. Dadurch ergeben sich neue Finanzierungsmöglichkeiten mit neuen Ertragsquellen, die zugleich die Reputation einer Bank als Finanzierer ESG-konformer Lieferkettenmodelle erhöhen.

---

87   Ein Beispiel für soziale Unruhen sind die Proteste in Chile 2019.
88   Vgl. Ademmer, M. et al. (2019).

2.3.2.7   Kritische Würdigung der Chancen

Die klimabedingten Chancen bieten der Finanzindustrie die Möglichkeit, ihre Erfahrungen aus den bestehenden Geschäftsmodellen, den etablierten Produkten und den angestammten Kundenbeziehungen in den Transformationsprozess hin zu einer CO_2-neutralen Wirtschaft einzubringen. Als Finanzintermediäre können sie für die Marktteilnehmer relevant bleiben, wenn sie deutlich machen, worin ihr Mehrwert im Rahmen des Transformationsprozesses besteht. Einerseits wird es darauf ankommen, die Erwartungen der Stakeholder-Gruppen zu den Themen Ressourceneffizienz, Energiequellen, Produktion und Dienstleistung, neue Märkte und Belastbarkeit aufzunehmen und die eigene Strategie anzupassen, andererseits wird eine spezifische Expertise für die Entwicklung und den Vertrieb klimarelevanter Produkte notwendig sein, um Prozesse und Verfahren anzupassen[89].

2.3.3   Einordnung der klimabedingten Risiken in die bankbetrieblichen Kategorien

In der Folge ist zu klären, ob und wie sich die oben beschriebenen Risiken aus dem Klimawandel den gängigen bankbetrieblichen Risiken zuordnen lassen oder ob es sich aus Sicht der Banken um gänzlich neuartige Risiken handelt.

PRAXISHINWEIS

Klimabedingte Risiken versus Umweltrisiken
Das Network for Greening the Financial System (NGFS) beschäftigt sich ebenfalls mit der Frage der Zuordnung der Risiken und einer Risikokategorisierung. Es unterscheidet dabei zwischen Klima- und Umweltrisiken[90].

Umweltrisiken	Klimabedingte Risiken
Risiken (Kredit-, Markt-, operative und rechtliche Risiken), die für Finanzmarktakteure aus der Exposition gegenüber potenziellen Umweltschäden resultieren, z. B. Luftverschmutzung, Wasserverschmutzung und Knappheit von Süßwasser, Land- und Bodenkontamination, verminderte Biodiversität und Entwaldung	Risiken, die sich für Finanzmarktakteure aus den Klimaveränderungen in Form von physischen oder transitorischen Risiken ergeben, z. B. Schäden durch extreme Wetterereignisse oder ein Rückgang des Vermögenswerts in kohlenstoffintensiven Sektoren

Tab. 1: Umwelt- und klimabedingte Risiken (Quelle: eigene Darstellung in Anlehnung an NGFS)

Umweltrisiken werden dabei als Risiken definiert, die sich aus negativen Umweltgegebenheiten herleiten. Hierzu zählen die Folgen der Luftverschmutzung, der Wasser-

---

89   Vgl. Weeber, J. (2020), S. 5 ff.
90   Vgl. NGFS (2019).

verschmutzung und -knappheit, der Bodenverschmutzung, der sich verringernden Biodiversität und Abholzung. Demgegenüber werden die Klimarisiken als negativer Einfluss definiert, dem Finanzmarktakteure in der Folge der bereits vorgestellten transitorischen oder physischen Risiken ausgesetzt sind.

Umweltrisiken, wie sie das NGFS abgrenzt, sind lokal begrenzt und stellen kein neues Phänomen dar. Banken, die besonderen Umweltrisiken ausgesetzt sind, berücksichtigen diese bereits heute in ihren Risikoinventuren. Hingegen sind die aus dem Klimawandel resultierenden physischen Risiken, vor allem aber die transitorischen Risiken, für die Finanzindustrie neuartige Risikoereignisse. Zudem wirken sie global, was zusätzliche Herausforderungen, insbesondere für große, global operierende Banken, mit sich bringt.

In der bankwissenschaftlichen Literatur findet sich zumeist die Unterscheidung zwischen liquiditätsmäßig-finanziellen Risiken einerseits und den technisch-organisatorischen Risiken andererseits[91]. Bei den liquiditätsmäßig-finanziellen Risiken handelt es sich um Risiken, die die Bestands- und Strömungsgrößen aus dem externen Leistungsabsatz, also den Geschäften einer Bank, negativ beeinflussen. Hingegen sind die technisch-organisatorischen Risiken solche Ereignisse, die den Betriebsbereich einer Bank betreffen. Auf der Basis dieses bankwissenschaftlichen Erklärungsansatzes bankbetrieblicher Risiken haben sich in der bankbetrieblichen und der bankaufsichtlichen Praxis die nachfolgend aufgeführten Risikoarten als für eine Bank üblicherweise wesentlich herauskristallisiert[92].

PRAXISHINWEIS

Bankbetriebliche Risikoarten
Wesentliche Risiken in der bankbetrieblichen und bankaufsichtlichen Praxis:
- Adressenausfallrisiken
- Marktpreisrisiken
- Liquiditätsrisiken
- Operationelle Risiken
- Strategische und geschäftspolitische Risiken
- Reputationsrisiken

Es bleibt abzuwarten, inwiefern dieses Klassifikationsschema durch die neuen Herausforderungen im Zusammenhang mit den Risiken aus dem Klimawandel und mit anderen Nachhaltigkeitsrisiken einer Anpassung unterzogen wird. Auf der Basis der aktuellen Erfahrungen spricht jedoch einiges dafür, die klimabedingten Risiken vorerst nicht als eigene Risikoart oder nach Risikoarten ausdifferenziert zu berücksichtigen. Die methodisch konzeptionellen

---

91   Vgl. Büschgen, H.-E. (1999), S. 868 ff.
92   Vgl. hierzu MaRisk, AT 2.2; vgl. auch Siegl, J./Weber, M. (2018).

Herausforderungen einer Erweiterung der bestehenden Risikoarten würden schon an der Frage des Referenzpunkts enorme gestalterische Energie bündeln. Es würde sich die Frage stellen, ob die Risiken an ökonomischen, ökologischen oder sozialen Aspekten, sprich am ESG-Konzept, zu verorten sind, oder ob sich die Risiken bspw. an den Sustainable Development Goals (SDG) orientieren müssten.

Der aktuelle Ansatz der Aufsichtsbehörden[93] und Standardsetzer[94] verfolgt das Ziel, klimabe-dingte Risiken in die bestehenden Risikokategorien zu integrieren. Es wird unterstellt, dass die mit dem Klimawandel verbundenen physischen und transitorischen Risiken als unsichere Ereignisse weitestgehend schon in den bestehenden Risikoarten berücksichtigt sind oder die-sen konsistent als Risikotreiber zugeordnet werden können und daher künftig nur transparent systematisiert und dokumentiert werden müssen (vgl. Abb. 2.17). Eine zwingende Vorausset-zung hierfür ist das Vorhandensein eines gemeinsamen Verständnisses der Frage, was klimabe-dingte Ereignisse sind und wie sie sich ggf. international und sektor- sowie industrieübergrei-fend klassifizieren lassen. Dem steht nicht entgegen, dass die physischen und transitorischen Risiken auf einer zweiten oder dritten Ebene explizit in institutsspezifischen Risikotaxonomien aufgeführt werden, vor allem dann, wenn sie für ein Institut aufgrund seiner Risikoexponierung wesentlich sind. Der Umgang mit dem Thema Reputationsrisiko mag hier zur Orientierung die-nen[95]. War auch dieses Risiko in der Vergangenheit eher als immanent ohnehin berücksichtig-tes Risiko betrachtet worden, so hat es sich in den vergangenen Jahren zunehmend ein eigenes Profil erarbeitet. Dennoch findet man es in zahlreichen Risikotaxonomien (noch) als Unterri-siko der operationellen Risiken. Insbesondere im Hinblick auf Sustainable Finance und die poli-tischen und gesellschaftlichen Erwartungen an Banken und andere Finanzmarktintermediäre gewinnt das Reputationsrisiko aber erheblich an Bedeutung. Dies macht eine eigenständige, vom operationellen Risiko losgelöste Betrachtung erforderlich[96]. Das Reputationsrisiko wird auch in den Erläuterungen zu AT 2.2, Tz. 2 der MaRisk sowie in dem BaFin-Merkblatt zu Nachhal-tigkeitsrisiken herausgestellt.

In dem folgenden Kapitel 2.4 versuchen wir mithilfe von Wirkungsketten aufzuzeigen, wie die physischen und transitorischen Risiken als Ereignisse auf die oben dargestellten bankbetrieb-lichen Risiken wirken.

---

93 Vgl. BaFin (2019a).
94 Vgl. RNE (2019).
95 Vgl. Eisenegger, M./Küstle, D. (2003).
96 Vgl. Schierenbeck, H./Grüter, M./Kunz, M. (2004).

Wirkungs-zusammenhänge	Physische Risiken	Transitorische Risiken
Adressenausfall-risiken	Kredite und andere Vermögenswerte fallen aus, da Schuldner durch klimabedingte Ereignisse geschädigt werden und Verpflichtungen nicht mehr nachkommen können.	Kredite und andere Assets fallen aus, da Schuldner Transformationsprozesse nicht geschafft haben und in der Folge die Verpflichtungen nicht bedienen können.
Marktpreis-risiken	Klimatische Ereignisse führen zu hoher Volatilität mit Zinsanstieg und Verwerfungen auf den Kapitalmärkten, bspw. steigen Preise für Aktien, Währungen, Immobilien, Rohstoffe.	Der Umbau zu kohlenstoffarmer bzw. energieeffizienter Wirtschaft führt zu Veränderungen der Angebots-/Nachfrage-situation, bspw. auf Kapitalmarkt, Rohstoffmärkten.
Liquiditäts-risiken	Signifikante Abzüge von Einlagen als Folge von Klimakatastrophen (klimabedingter Bankenrun); erhöhte Inanspruchnahme von Kreditzusagen	Refinanzierungsmöglichkeiten sinken für Banken mit traditionellem Portfolio; erhöhte ausfallbedingte Liquiditätsrisiken.
Operationelle Risiken	Beeinträchtigung und Zerstörung von Betriebsstätten, Systemen etc. aufgrund klimabedingter Ereignisse (Extremwetter, Überschwemmungen etc.)	Verluste aufgrund veralteter Technologien und Verfahren und/oder aufgrund mangelnder interner Verfahren und Prozesse zur Nutzung innovativer Technologien
Strategische Risiken	Unzureichende Berücksichtigung der Auswirkungen klimabedingter Ereignisse auf die Standortsstrategie oder IT-Strategie	Unzureichende Ausrichtung der Strategie auf Produkte und Kunden, die die Transformation fördern
Reputations-risiken	Das Leistungsversprechen der Bank und die Leistungserwartung der Kunden unterscheiden sich bspw. bzgl. des Umgangs mit klimabedingten Ereignissen.	Die Bank wird mit ihrem Leistungsversprechen von den Stakeholdern nicht als transformationsbereit und klimawandelförderlich wahrgenommen.

Abb. 2.17: Wirkungszusammenhänge – physische und transitorische Risiken (Quelle: eigene Darstellung)

2.4   Auswirkungen der Risiken auf das Finanzsystem und dessen Akteure

2.4.1   Wirkungszusammenhänge bei physischen Risiken

Die oben dargestellten klimabedingten Risiken werden sich negativ auf die Realwirtschaft und das Finanzsystem als Ganzes sowie auf die einzelnen Finanzmarktakteure auswirken. Um auf diese Risiken angemessen reagieren zu können, müssen die Wirkungszusammenhänge transparent sein (vgl. Abb. 2.18). In der Detailbetrachtung ist festzustellen, dass es bei den physischen Risiken keinen Unterschied für die Wirkungszusammenhänge macht, ob das Ereignis durch akute, unsystematisch auftretende Wetterereignisse oder durch chronische, einem Muster entsprechende Klimaveränderungen verursacht ist[97].

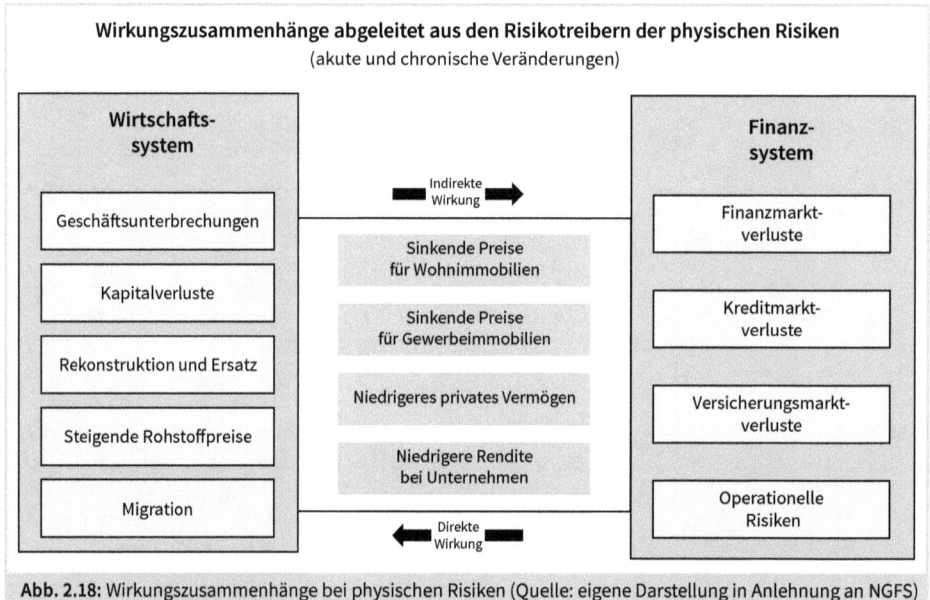

Abb. 2.18: Wirkungszusammenhänge bei physischen Risiken (Quelle: eigene Darstellung in Anlehnung an NGFS)

In jedem Fall begründen diese Risiken spezielle Effekte. Das können u. a. sein[98]:

* kritische Betriebsunterbrechungen,
* Vernichtung von Anlagekapital,
* Rekonstruktion und Ersatz von Investitionsgütern,
* steigende Preise für Waren aller Art und im schlimmsten Fall
* Migrationsbewegungen aufgrund von steigenden Meeresspiegeln oder andauernden Dürreperioden.

---

97   Vgl. NGFS (2019).
98   Vgl. NGFS (2019).

Betrachtet man die oben genannten Effekte aus den Wirkungszusammenhängen vor dem Hintergrund bankbetrieblicher Risikokategorien (Abb. 2.17), so wird offensichtlich, dass klimabedingte physische Risiken einen nicht zu unterschätzenden Einfluss auf die Vermögens-, Ertrags- und Liquiditätslage einer Bank haben können. Es steigen bspw. die Adressenausfallrisiken, wenn die Kreditnehmer durch den Verlust ihrer Vermögenswerte nicht mehr in der Lage sind, ihren Verpflichtungen nachzukommen, oder wenn Immobiliensicherheiten an Wert verlieren oder gänzlich zerstört werden. Physische Risiken beeinträchtigen potenziell auch die Refinanzierungsoptionen der Banken und damit das Liquiditätsrisiko, wenn nach dem Eintreten akuter Wetterereignisse die Nachfrage nach Liquidität ansteigt, z. B. um ausbleibende Kundenzahlungen zu kompensieren oder um kurzfristig Kredite zur Verfügung zu stellen, die für die Beseitigung von Schäden benötigt werden. Diese Verwerfungen führen ihrerseits zu Marktpreisrisiken. Der steigende Kapitalbedarf und die veränderte Risikoposition führen zu einem Zinsanstieg; Rohstoffpreise steigen, weil Produzenten ausfallen oder nicht liefern können. Aktienpreise können fallen, weil Unternehmen signifikanten Betriebsunterbrechungen ausgesetzt sind; Immobilienpreise sinken, wenn die Objekte in Gebieten liegen, die den Klimaveränderungen in besonderem Maße ausgesetzt sind.

Banken, die auf diese möglichen Entwicklungen nicht ausreichend vorbereitet sind, setzen sich nicht nur liquiditätsmäßig-finanziellen Risiken aus dem laufenden Geschäftsbetrieb, sondern auch operationellen Risiken aus, die den laufenden Betrieb beeinflussen können, weil etwa Bürogebäude nach wetterbedingten Ereignissen oder Überschwemmungen aufgrund eines Anstiegs des Meeresspiegels nicht mehr nutzbar sind. Ferner ergeben sich strategische Risiken, weil die strategisch langfristigen Vorgaben zur Ausgestaltung interner Verfahren und Systeme akute und chronische Klimaveränderungen nicht ausreichend berücksichtigen. Ein solches Versäumnis ist letztlich nicht nur ein nach innen gerichtetes, geschäftspolitisches Versagen, sondern wirkt auch negativ durch die Außenwirkung auf die Reputation der Bank.

2.4.2   Wirkungszusammenhänge bei transitorischen Risiken

Die Wirkungszusammenhänge bei den transitorischen Risiken (vgl. Abb. 2.19) unterscheiden nicht, ob das Ereignis durch Risiken im Zusammenhang mit klimapolitischen Initiativen, technologischen Entwicklungen oder Kundenpräferenzen eintritt.

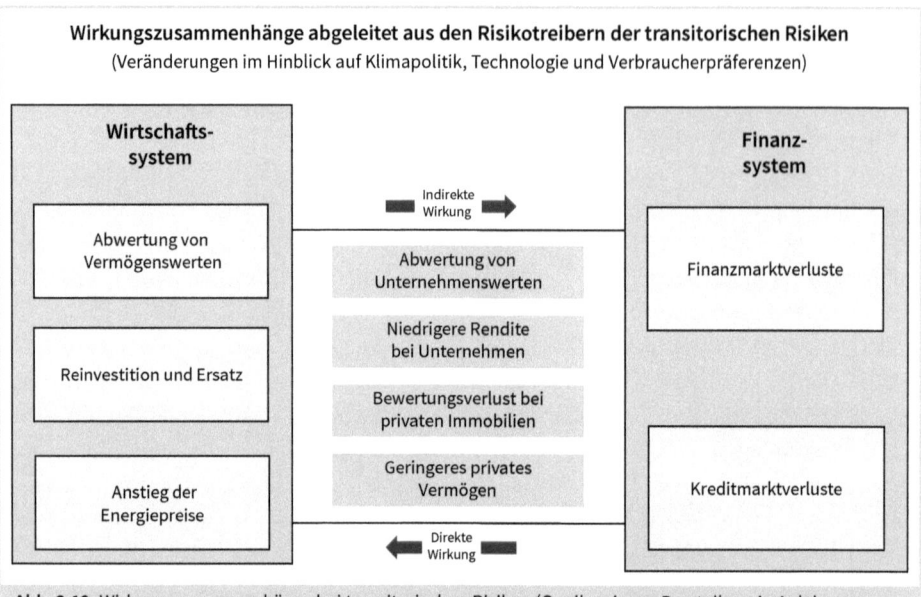

Abb. 2.19: Wirkungszusammenhänge bei transitorischen Risiken (Quelle: eigene Darstellung in Anlehnung an NGFS)

Im Fall der transitorischen Risiken können die Ursache-Wirkungs-Zusammenhänge wirtschaftlich gravierende Effekte haben. Dies zeigen die folgenden Beispiele:[99]

- Vermögenswerte, z.B. fossile Brennstoffe, klimaexponierte Immobilien, Infrastrukturelemente mit negativer Auswirkung auf das Klima oder klimaschädliche Verkehrsmittel, werden abgewertet (Stranded Assets);
- Re- oder Ersatzinvestitionen in erheblichem Umfang, z.B. im Automobilbau der Umbau von Verbrennungsmotorfabriken auf Elektromotormontage, werden notwendig;
- Energiepreise werden steigen, z.B. durch die Umlage von Infrastrukturkosten.

Betrachtet man die oben genannten Effekte aus den Wirkungszusammenhängen vor dem Hintergrund bankbetrieblicher Risikokategorien (Abb. 2.17), wird offensichtlich, dass klimabedingte transitorische Risiken einen nicht zu unterschätzenden Einfluss auf die Vermögens-, Ertrags- und Liquiditätslage einer Bank haben können. Durch die realwirtschaftlichen Effekte ist mit erhöhten Adressenausfallrisiken zu rechnen, z.B. bei der Finanzierung von Unternehmen, deren Geschäftsmodell keinen klaren Bezug zum Transformationsprozess hin zu einer kohlenstoffarmen bzw. energieeffizienten Wirtschaft aufweist. Gleichzeitig können die Liquiditätsrisiken für Banken steigen, wenn durch eine sinkende Unternehmensrentabilität Zins- und Tilgungsleistungen ausbleiben. Gleiches gilt für den Privatkundenbereich, wenn z.B. aufgrund sinkender Werte für Wohnimmobilien mit einem erhöhten Energieverbrauch das Vermögen der Immobilienbesitzer sinkt und dadurch mit Leistungsunterbrechungen zu rechnen ist[100] oder

---

99 Vgl. Schweizer, P. J./Renn, O. (2019).
100 Vgl. Mallinckrodt, J. von (2019).

über Sekundäreffekte die Arbeitslosigkeit in bestimmten Industriezweigen oder Regionen zunimmt und Kreditnehmer nicht mehr in der Lage sind, ihren Kreditverpflichtungen nachzukommen, oder Kundengruppen wegbrechen.

Neben Adressenausfallrisiken ist mit erhöhten Marktpreisrisiken zu rechnen. Banken, die Aktien oder Anleihen von Unternehmen halten, die von der Transformation betroffen sind oder die sich in ihren Geschäftsmodellen nicht an die geänderten Rahmenbedingungen anpassen (können), müssen mit Kursverlusten rechnen. Eine erhöhte Nachfrage nach Investitionskapital, staatliche Maßnahmen zur Stützung einzelner Industriezweige und stabilisierende Maßnahmen der Notenbanken können zu erhöhten Zinsänderungsrisiken führen. Auch Wechselkursrisiken sind nicht auszuschließen, wenn einzelne Staaten oder Währungsgebiete stärker von den transformatorischen Effekten betroffen sind als andere.

Erhöhte Liquiditätsrisiken können sich ergeben, wenn Kunden vermehrt und unerwartet Kreditlinien in Anspruch nehmen, z. B. um ansteigende Rohstoffpreise bezahlen zu können oder um Ersatzinvestitionen zu tätigen. Auf der Passivseite der Banken kann es zu vermehrten und unerwarteten Einlagenabzügen kommen, wenn z. B. Privatkunden energetisch bedingte Ersatzinvestitionen an ihrem Wohneigentum tätigen müssen.

Die transitorischen Risiken wirken sich auch auf die technisch-organisatorischen Risiken aus. Banken sind ebenso wie Unternehmen der Realwirtschaft von steigenden Energiepreisen betroffen und müssen ggf. Ersatzinvestitionen in ihren Betriebsstätten vornehmen, damit diese energetischen Vorgaben und Standards entsprechen. Dies führt zu höheren operativen Kosten, die wiederum die Ertragslage der Banken beeinflussen können.

Transitorische Risiken können darüber hinaus auf die Reputation wirken. Banken, die in ihren Kreditportfolien oder Kapitalmarktportfolien solche Unternehmen oder Industrien haben, die einen hohen CO_2-Fußabdruck aufweisen, gelten als unglaubwürdig in ihren Bemühungen, einen positiven Beitrag zum Klimaschutz zu leisten. Auf der anderen Seite hilft eine noch so »grüne« Produktpalette nicht, wenn in den Betriebsbereichen der technologische Anschluss beim Thema regenerative Energien versäumt wird, der Fuhrpark der leitenden Angestellten einen hohen Schadstoffausstoß aufweist oder Programme für eine umweltfreundliche Mobilität fehlen. In den genannten Fällen sind Banken nicht mehr in der Lage, ihre (Leistungs-)Versprechen und die (Leistungs-)Erwartungen der Kunden zu erfüllen, und werden Schaden an ihrer Reputation erleiden[101]; in der Folge werden Kunden diese Banken abstrafen und zu leistungsfähigeren und glaubwürdigeren Mitbewerbern abwandern.

---

101 Vgl. Schuster, H./Hastenteufel, J. (2019).

2.5   Kritische Würdigung klimabedingter Veränderungen

Die Betrachtung klimabedingter Risiken zeigt, dass diese einen substanziellen Einfluss auf die Vermögens-, Ertrags- und Liquiditätslage der Unternehmen der Finanzindustrie haben können. Die Ursachen dieser Risiken leiten sich aus den Folgen des globalen Klimawandels ab und betreffen das gesamte Finanz- und Wirtschaftssystem. Dabei reicht die Spanne der Ereignisse von unmittelbaren Zerstörungen durch Wetterereignisse bis hin zu mittelbaren Wertminderungen bei fossilen Rohstoffen, deren Nutzung aufgrund hoher CO_2-Emissionen begrenzt wird. Für die Einwertung konkreter Auswirkungen auf die Finanzindustrie müssen die unterschiedlichen Ansätze zur Risikobetrachtung aufeinander abgestimmt werden. Einerseits haben sich naturwissenschaftlich begründete Unterscheidungen nach globalen Klima- und lokalen Umweltrisiken herausgebildet. Andererseits finden sich betriebswirtschaftlich und aufsichtsrechtlich etablierte Risikokategorisierungen wie Adressenausfall- oder Liquiditätsrisiken, die sich an der Wirkung auf die individuelle Vermögens-, Ertrags- und Liquiditätslage einer Bank orientieren. Für die Transmission des einen Risikoverständnisses in den Wirkungsbereich des anderen Verständnisses werden Ursache-Wirkungs-Zusammenhänge über Risiken und Opportunitäten herangezogen.

Darüber hinaus wurde, den Unterschied zwischen Gelegenheit und Möglichkeit außer Acht lassend, auf die Chancen aus den klimabedingten Veränderungen eingegangen. Es konnte gezeigt werden, dass klimabedingte Veränderungen nicht per se negative Auswirkungen auf die Finanzindustrie haben. Vielmehr kommt es für die Finanzmarktakteure darauf an, Chancen aus der Transformation hin zu einer ressourcenschonenden und CO_2-neutralen Kreislaufwirtschaft zu nutzen. Hierfür sind Anpassungen in der strategischen Ausrichtung, den Geschäftsbereichen und den Betriebsbereichen notwendig, um mit Produkten und Dienstleistungen auf die veränderten ESG-bezogenen Bedürfnisstrukturen der unterschiedlichen Stakeholder zu reagieren.

3 Klimawandel und Bankenaufsicht

3.1 Klimawandel als Aufgabe der Aufsicht

Ziele der Bankenaufsicht[102] sind nach herrschender Meinung die Sicherung der Funktionsfähigkeit des Bankensektors (»Funktionssicherungsziel«) und die Gewährleistung des Gläubigerschutzes (»Gläubigerschutz«)[103]. Durch die Bedeutung des Kapitalmarkts für ein gut funktionierendes Bankensystem und die zahlreichen Schnittstellen zwischen Bankgeschäft bzw. Bankdienstleistungen einerseits und Wertpapierdienstleistungen bzw. ursprünglich nicht oder allenfalls durch die Gewerbeaufsicht regulierten Finanzdienstleistungen andererseits haben sich im Laufe der Zeit als weitere Aufgaben die Sicherung der Funktionsfähigkeit des Kapitalmarkts und der Schutz der Anleger, insbesondere der Kleinanleger oder Privatkunden, entwickelt. Gemäß § 6 Abs. 2 KWG hat die Bundesanstalt für Finanzdienstleistungsaufsicht (BaFin) als für die Banken- und Wertpapieraufsicht zuständige Behörde Missständen im Kredit- und Finanzdienstleistungswesen entgegenzuwirken, welche die Sicherheit der den Instituten anvertrauten Vermögenswerte gefährden, die ordnungsgemäße Durchführung der Bankgeschäfte oder Finanzdienstleistungen beeinträchtigen oder erhebliche Nachteile für die Gesamtwirtschaft herbeiführen können. Ferner hat die BaFin gemäß § 6 Abs. 1 WpHG Missständen entgegenzuwirken, welche die ordnungsgemäße Durchführung des Handels mit Finanzinstrumenten oder von Wertpapierdienstleistungen gefährden oder erhebliche Nachteile für den Finanzmarkt bewirken können. Vergleichbare Aufgabenstellungen lassen sich auch der SSM-Verordnung über den Einheitlichen Aufsichtsmechanismus (Single-Supervisory-Mechanism-Verordnung (EU) Nr. 1024/2013) als Grundlage für die Aufsichtstätigkeit der EZB (vgl. Art. 1 SSM-Verordnung) und Art. 1 Abs. 5 der Verordnung (EU) Nr. 1093/2010 sowie Art. 1 Abs. 5 der Verordnung (EU) Nr. 1095/2010 zur Errichtung der Europäischen Aufsichtsbehörde als Grundlage für die Tätigkeiten der Europäischen Bankenaufsichtsbehörde (EBA) bzw. der Europäischen Wertpapier- und Marktaufsichtsbehörde (ESMA) entnehmen. Vor diesem Hintergrund ist es zunächst unbestritten, dass es Aufgabe der Banken- und Wertpapieraufsicht[104] ist, mit Regelungen darauf hinzuwirken, Risiken aus dem Klimawandel, die sich negativ auf die Vermögens-, Ertrags- und Liquiditätslage der Banken auswirken oder die zu einer Gefährdung der ihnen anvertrauten Vermögenswerte führen können, zu begrenzen. Gleiches gilt für die Wertpapieraufsicht und klimawandelbezogene Risiken, die sich ggf. nachteilig auf den Anlegerschutz oder die Erbringung von Wertpapierdienstleistungen auswirken.

---

102 Im Folgenden soll der Begriff Bankenaufsicht weit gefasst werden und nicht nur die Überwachungsmaßnahmen von Aufsichtsbehörden beinhalten, sondern auch das gesetzliche Regelwerk, dem Banken und Wertpapierdienstleister gegenüberstehen und dessen Einhaltung durch die Aufsichtsbehörden überwacht werden soll. Zur Unterscheidung in Bankenaufsicht und Bankenregulierung vgl. z.B. Fey, G. (2006), S. 79. In der (aufsichtlichen) Praxis vermischen sich (staatliche) Regulierung und (behördliche) Aufsicht oft miteinander, was sich z.B. darin zeigt, dass die für die Aufsicht zuständigen Behörden oder Institutionen selbst Verordnungen oder »quasi-gesetzliche« Regelungen erlassen können.

103 Vgl. m.w.N. Weber, M. (1999), S. 43 ff., Büschgen, H.-E. (1999), S. 271 ff.

104 In der Folge werden wir der Einfachheit halber von »Bankenaufsicht« oder »bankaufsichtlichen Maßnahmen« sprechen, was grundsätzlich auch die Wertpapieraufsicht bzw. deren Maßnahmen umfassen soll.

Fraglich ist allerdings, ob es auch Aufgabe der Bankenaufsicht ist, mit Regeln darauf hinzuwirken, dass finanzielle Mittel in bestimmte Sektoren oder Anlageformen gelenkt werden. Gewiss, die Politik kann die Bankenaufsicht in die Pflicht nehmen, beschlossene Lenkungsmaßnahmen zu »überwachen«. Fraglich ist dann jedoch, wie die Aufsicht mit Zielkonflikten umgeht, die sich möglicherweise zwischen staatlicher Lenkung finanzieller Mittel einerseits und Funktionssicherung andererseits ergeben können. Ein anschauliches Beispiel ist der sog. Green Supporting Factor. Vereinfacht dargestellt, sollen Kredite an Unternehmen, die als »nachhaltig« klassifiziert werden oder die die bereitgestellten Mittel für entsprechende Investitionen verwenden, mit weniger Eigenmittel unterlegt werden, als Kredite an andere Unternehmen. Unter Risikogesichtspunkten, die bei der Eigenmittelunterlegung im Vordergrund stehen sollten, ist dieser Faktor jedoch nicht ohne Weiteres zu rechtfertigen. Es müsste erst der Nachweis erbracht werden, dass derartige Kreditengagements oder Anlagen eine geringere Ausfallwahrscheinlichkeit haben als andere; die EBA hat im Rahmen der überarbeiteten Capital Requirement Regulation (Art. 501c Verordnung (EU) 2019/876) den Auftrag erhalten, hierzu entsprechende Untersuchungen vorzunehmen[105].

Auf der anderen Seite lässt sich die Subsumierung der Überwachung von Maßnahmen aus dem EU-Aktionsplan zur Finanzierung nachhaltigen Wachstums (im Folgenden EU-Aktionsplan)[106] unter die Aufgaben der Bankenaufsicht bzw. der Wertpapieraufsicht und der Versicherungsaufsicht dadurch rechtfertigen, dass der Klimawandel, werden die Maßnahmen nicht umgesetzt und wird deren Einhaltung nicht entsprechend überwacht, systemische Risiken für die Finanzmärkte und die Preisstabilität und damit in der Folge für die Akteure auf den Finanzmärkten, u. a. die Banken, birgt[107]. Hier sind zunächst ganz offensichtlich die physischen Risiken zu sehen. Diese können Institute zum einen direkt treffen, wenn durch Klimakatastrophen z. B. Gebäudekomplexe mit für das Institut kritischen Infrastrukturen zerstört werden. Risiken dieser Art können der Gruppe der operationellen Risiken zugeordnet werden. Physische Risiken können aber auch Adressenausfallrisiken verstärken oder Marktpreisrisiken beeinflussen: Klimakatastrophen können Kreditnehmer zahlungsunfähig werden lassen oder die Werte von Sicherheiten stark reduzieren (vgl. zu den Auswirkungen der aus dem Klimawandel resultierenden Risiken auf die bankbetrieblichen Risiken ausführlich Kapitel 2.3.3). Gewiss gibt es Möglichkeiten, sich gegen solche (Ausfall-)Risiken abzusichern. Aus Sicht des einzelnen Finanzmarktakteurs ist eine solche Versicherung aber sehr teuer und würde die Ertragslage des Versicherungsnehmers stark belasten. Hinzu kommt, dass die Finanzaufsicht auch die Versicherungsunternehmen im Blick hat und mit entsprechenden Maßnahmen sicherstellen muss, dass Risiken, die Versicherungsunternehmen eingehen, wenn sie solche Versicherungen anbieten, auch tragen können, und zwar auch dann, wenn diese ggf. kumuliert auftreten.

---

105 Vgl. hierzu auch EBA (2019a).
106 Vgl. EU-Kommission (2018a). Weitere Ausführungen zum EU-Aktionsplan folgen unter Kapitel 3.2.3. Vgl. ferner die Studie von Lamperti, F. et al. (2019).
107 Vgl. Bank of England (2015); NGFS (2019), S. 12 ff.

Die möglicherweise größeren Herausforderungen für Institute stellen die transitorischen Risiken bzw. Übergangsrisiken dar[108]. Im Prinzip sind Übergangsrisiken nichts Neues für Institute, denn sie ergeben sich immer dann, wenn sich z. B. Technologien ändern und damit ganze Industriezweige verschwinden bzw. neue Industriezweige entstehen. Im Vergleich zu früheren »Übergängen« gibt es bei dem jetzt anstehenden Übergang hin zu einer CO_2-neutralen Wirtschaft, die zugleich andere Nachhaltigkeitsziele wie z. B. Biodiversität und Achtung sozialer Standards in den Arbeitsbedingungen berücksichtigt bzw. berücksichtigen muss, aber eine Reihe von Herausforderungen, die es bei früheren »Übergängen« – ggf. abgesehen von Übergängen, die aufgrund von Krieg oder abruptem politischen Systemwandel erforderlich waren – in dieser Form nicht gab:

1. Um die Pariser Klimaschutzziele zu erreichen, müssen sich gleichzeitig viele Wirtschaftszweige wandeln bzw. anpassen, insbesondere der Verkehrssektor, der Energiesektor und der Landwirtschaftssektor. Gleichzeitig sind weitere Wirtschaftssektoren und die Privathaushalte betroffen, z. B. im gesamten Bereich der Immobilienwirtschaft. Der Wandel ist nicht regional oder sektoral begrenzt, sondern übergreifend und komplex[109].
2. Der erforderliche Übergang muss, um die Ziele zu erreichen, sehr schnell erfolgen. Das kann zu temporär negativen Effekten führen, wie z. B. dem Verlust von Arbeitsplätzen in den betroffenen Sektoren mit der möglichen Folge von Kreditausfällen im Bereich von Retailkrediten.
3. Die Politik und insbesondere die Zivilgesellschaft verstärken den Druck auf die Wirtschaft, einen entsprechenden Wandel hin zu einem CO_2-neutralen Wirtschaftssystem zu vollziehen. Welche Auswirkungen hat es z. B. auf das Ausfallrisiko eines Kreditnehmers, wenn ein politisch gefundener Kompromiss, den Kohleausstieg bis 2038 herbeizuführen, aufgrund eines starken und übergreifenden gesellschaftlichen Drucks korrigiert wird und der Kohleausstieg nun bis 2030 erfolgen wird?
4. Die Finanzwirtschaft ist wesentlich vernetzter als bei früheren vergleichbaren Übergängen. Das lässt die Gefahr von Ansteckungen und damit Finanzkrisen, die sich schnell global auswirken und auf andere Sektoren überspringen können, ansteigen.

Die transitorischen Risiken stellen zugleich auch strategische oder geschäftsmodellimmanente Risiken dar. Institute, die bei der Fortentwicklung ihres Geschäftsmodells die Aspekte Klimawandel und Umweltschutz, aber genauso soziale und ethische Aspekte nicht angemessen berücksichtigen, werden es möglicherweise schwerer haben, Investoren und Kunden oder motivierte Mitarbeiter zu finden[110]. Das heißt, ihr Geschäftsmodell wird selbst nicht bestehen können und die mit dem Klimawandel verbundenen physischen und transitorischen Risiken drücken auf die Profitabilität. Spätestens hier kommt dann wieder die Bankenaufsicht ins Spiel, da die Nachhaltigkeit und Profitabilität von Geschäftsmodellen ein wesentlicher Faktor im Rahmen des aufsichtlichen Überprüfungsprozesses ist[111]. Nicht nachhaltige und unwirtschaftliche Geschäftsmodelle können zu zusätzlichen Kapitalanforderungen führen.

---

108 Vgl. zu diesen Risiken Kapitel 2.3.1.1.
109 Vgl. hierzu auch NGFS (2019), S. 12, rechte Spalte.
110 Vgl. Röseler, R. (2019), S. 21.
111 Vgl. hierzu EBA (2014).

Auch das Network for Greening the Financial Sector (NGFS), bestehend aus Aufsichtsbehörden und Notenbanken, empfiehlt in seinem im April 2019 veröffentlichten Bericht, dass die physischen und transitorischen Risiken aus dem Klimawandel in die bestehenden Mandate der Aufsichtsbehörden und Zentralbanken einbezogen werden müssen. Begründet wird dies damit, dass die klimawandelbedingten Risiken eine Ursache für finanzielle Risiken darstellen und die physischen und transitorischen Risiken sich negativ auf die Stabilität des Finanzsystems auswirken können. Insbesondere geht das NGFS davon aus, dass klimawandelbedingte Risiken nicht vollumfänglich in den Bewertungen von Vermögenswerten enthalten sind[112].

Aus den in den einschlägigen deutschen Gesetzen und europäischen Verordnungen festgelegten Aufgaben der Bankenaufsicht und aus den potenziellen Effekten klimawandelbedingter Risiken auf die Vermögens-, Ertrags- und Liquiditätslage der Banken und damit potenziell auf die Stabilität des Finanzsystems als Ganzes lässt sich ableiten, dass der Klimawandel durchaus bankaufsichtliche Maßnahmen rechtfertigt. Die Argumentation ist vergleichbar mit der, weshalb die Bekämpfung von Geldwäsche und Terrorismusfinanzierung aufsichtliche Maßnahmen rechtfertigt. Zunächst sind die Bekämpfung und die Vermeidung krimineller Handlungen zuvörderst eine kriminalpolizeiliche Aufgabe. Allerdings besteht die Gefahr, dass einzelne Banken von kriminellen Strukturen unterwandert werden, mit der Folge möglicher systemischer Risiken, was dann wiederum bankaufsichtliche Maßnahmen rechtfertigt. Unabhängig davon kann ein gesellschaftlicher und in der Folge politischer Wandel und damit einhergehend ein Wandel in der (gesellschaftlichen) Bedeutung von Banken neuartige Regulierungsansätze und bankaufsichtliche Maßnahmen hervorrufen. Hat es sich die Politik zur Aufgabe gemacht, durch Regelungen Banken dazu anzuhalten, Kapital in CO_2-neutrale oder andere ESG-konforme Wirtschaftssegmente umzuleiten, braucht es eine Instanz, die überwacht, ob sich Banken entsprechend regelkonform verhalten. Diese Aufgabe kann eine Regierung der Bankenaufsicht zuweisen. In der Folge kann sich dann auch die Zielfunktion der Bankenaufsicht ändern. In einer marktwirtschaftlichen Ordnung wäre es jedoch möglicherweise sachgerecht, wenn Banken (und andere Finanzmarktakteure) die »Sache« für sich selbst als Chance betrachten und die Realwirtschaft proaktiv und nicht nur reaktiv in ihrer Transformation begleiten würden; hierfür kann die Politik entsprechende Anreize setzen. Banken, die diese Chance erkennen und aktiv aufnehmen, sind ihrerseits widerstandsfähiger und daher mit einem nachhaltigen Geschäftsmodell rentabler aufgestellt als Banken, die nur reagieren. Letzteres wiederum muss die Bankenaufsicht im Rahmen ihrer Prüfungen und der Festlegung von möglichen zusätzlichen Kapitalpuffern oder sonstigen Maßnahmen gegenüber den betroffenen Banken berücksichtigen.

---

112 Vgl. NGFS (2018), S. 4.

3.2   Bankaufsichtliche Maßnahmen zur Berücksichtigung von Nachhaltigkeitsaspekten

3.2.1   Grundsätzliche Unterscheidung bankaufsichtlicher Maßnahmen

In der wissenschaftlichen Literatur finden sich, u. a. abhängig von der Begründung staatlichen Aufsichtshandelns, verschiedene Ansätze zur Unterteilung oder Klassifizierung bankaufsichtlicher Maßnahmen. Einen Überblick geben z. B. Neus[113] und Fey[114]. Ausgehend von den oben skizzierten kodifizierten Zielen der (Banken-)Aufsicht und unter Berücksichtigung der tatsächlichen bankaufsichtlichen Normen und Ansätze, insbesondere auch der Ansatzpunkte im EU-Aktionsplan, können die aufsichtlichen Maßnahmen grundsätzlich wie folgt eingeteilt werden, wobei im Einzelfall eine eindeutige Zuordnung nicht immer möglich sein wird:

- Maßnahmen, die auf die Begrenzung von Risiken im Finanzsektor und die Aufrechterhaltung der Funktionsfähigkeit der Banken bzw. des Bankensystems abzielen. Sie werden auch als »prudenzielle Maßnahmen« bezeichnet. Unterschieden werden mikroprudenzielle, auf eine einzelne Bank oder bestimmte Gruppe von Banken abzielende Maßnahmen oder Regeln einerseits und makroprudenzielle, auf den Bankensektor als Ganzes abstellende Maßnahmen oder Regeln andererseits.
- Maßnahmen, die die Beziehung »Bank – Kunde« regulieren und damit im Speziellen auf den Schutz der Kunden respektive der Konsumenten abstellen (Verbraucherschutz). Die Maßnahmen beinhalten zum einen Regeln für (die Ausgestaltung) einzelne(r) Geschäftsarten oder Dienstleistungen (z. B. Kreditgeschäft, Einlagengeschäft, Wertpapiergeschäft, Zahlungsverkehr usw.), zum anderen spezielle Verhaltensregeln gegenüber den Kunden und Konsumenten (z. B. den Umgang mit Beschwerden).
- Maßnahmen, die die Funktionsfähigkeit der Finanzmärkte sicherstellen sollen. Das sind allen voran Transparenz- und Offenlegungsvorschriften, aber auch Regelungen für konkrete Finanzprodukte, wie z. B. die mit EMIR eingeführten Clearingvorschriften für Derivate oder Regelungen in Bezug auf bestimmte Fonds-Kategorien wie der Europäische Fonds für Soziales Unternehmertum.

In der Folge werden wir grundsätzlich nicht danach unterscheiden, ob eine aufsichtliche Maßnahme immer auch mit einer verpflichtend einzuhaltenden Regelung, einem Gesetz oder einer Verordnung, verbunden ist. Gerade im Bereich der Banken- und Wertpapieraufsicht werden internationale Standards, z. B. durch den Baseler Ausschuss für Bankenaufsicht oder das Financial Stability Board, entwickelt, die zwar zunächst nicht verpflichtend sind, entweder

---

113 Vgl. Neus, W. (2015), Tz. 35 ff.
114 Vgl. Fey, G. (2006), S. 79 ff.

aber in die bankaufsichtliche Praxis einzelner Länder übernommen[115] oder von gesetz- oder verordnungsgebenden Instanzen aufgenommen und in verbindliche Regelungen transformiert werden[116].

3.2.2   Internationale Standards

Auf globaler Ebene sind es insbesondere das Financial Stability Board (FSB; deutsch: Finanzstabilitätsrat), der Baseler Ausschuss für Bankenaufsicht (BCBS) und die Internationale Organisation für Wertpapieraufsichtsbehörden (IOSCO), die Standards für die Beaufsichtigung von Banken, Wertpapierfirmen und Wertpapiermärkten bzw. Empfehlungen für Aufsichtsbehörden entwickeln. Neben diesen primärsektoralen oder finanzmarktfokussierten Institutionen und Organisationen sind für das Thema Sustainable Finance weitere globale Standardsetzer zu berücksichtigen, wie z. B. die Global Reporting Initiative (GRI) oder das United Nations Environment Programme Finance Initiative (UNEP FI).

Auf globaler Ebene wurde von verschiedenen Institutionen zunächst damit begonnen, sog. Transparenzstandards zu entwickeln. Diese zielen darauf ab, dass Unternehmen veröffentlichen, wie sie das Thema Nachhaltigkeit und vor allem klimabezogene Aspekte, aber auch soziale Aspekte wie z. B. den Umgang mit und die Einhaltung von Menschenrechten intern umgesetzt haben. Diese Standards enthalten grundsätzlich keine verpflichtenden Vorgaben, wie Nachhaltigkeitsaspekte im Unternehmen zu verankern sind, sie setzen vielmehr einen Rahmen für eine transparente Berichterstattung. Unternehmen können innerhalb dieses Rahmens darstellen, wie sie mit Nachhaltigkeitsaspekten umgehen. Diese auf Freiwilligkeit basierenden Transparenzanforderungen ohne konkrete Vorgaben scheinen zunächst ein »schwaches« Instrument zu sein im Hinblick auf das Ziel, Unternehmen und insbesondere Banken dazu anzuhalten, die politischen und gesellschaftlichen Forderungen, mehr für eine nachhaltige Wirtschaft zu tun[117], umzusetzen. In einer marktwirtschaftlichen und primär liberal geprägten Wirtschaftsordnung können Transparenzanforderungen allerdings ein probates Mittel darstellen: Unternehmen, die nicht nach den einschlägigen Standards berichten, werden möglicherweise als »nicht nachhaltig« und damit als »nicht die Werte der Gesellschaft förderlich« eingestuft, vorausgesetzt es besteht eine entsprechende gesellschaftliche und politische Erwartung bzw. Wertevorstellung. Wichtig dabei ist, dass die Berichterstattung normenbasiert und objektiv überprüfbar ist und auch effektiv überprüft wird. Dann können Politik, Gesellschaft und letztlich jeder Einzelne sich ein Urteil über den Beitrag eines Unternehmens zum Umweltschutz, zu den Menschenrechten, zur Erreichung der Klimaschutzziele usw. bilden.

---

115 Ein Beispiel hierfür sind die Mindestanforderungen an das Risikomanagement der BaFin, in denen in AT 1, Tz. 3 auf die grundsätzliche Berücksichtigung der einschlägigen Standards des FSB und des BCBS hingewiesen wird.

116 Hier sei als Beispiel die Umsetzung der Eigenmittel- und Liquiditätsstandards des BCBS im Rahmen von EU-Richtlinien und Verordnungen genannt.

117 Vgl. hierzu Kapitel 1.

Die international wohl bekanntesten Reporting Standards im Bereich Nachhaltigkeit und Klimaschutz sind die von der Task Force on Climate-related Financial Disclosure (TCFD) veröffentlichten Offenlegungsempfehlungen. Die Task Force wurde 2015 vom Financial Stability Board gegründet. Auf diese Empfehlungen gehen wir in Kapitel 4 näher ein und beschreiben den Handlungsbedarf für Banken entlang der einzelnen Reporting-Ebenen.

Neben Transparenz- und Offenlegungsstandards gibt es eine Reihe weiterer, sog. »principle-based« Veröffentlichungen auf internationaler Ebene, die sich zum einen an die Aufsichtsbehörden, zum anderen direkt an die Banken und Wertpapierfirmen richten. Hier sind z.B. die Principles for Responsible Banking (PRB) oder die Principles for Responsible Investment (PRI) des UNEP FI zu nennen. Diese richten sich mit Prinzipien verantwortungsbewusster und nachhaltiger Unternehmensführung (Banking und Investment) direkt an die Banken bzw. Investmentgesellschaften. Die Prinzipien sollen die Strategien, Portfolien und Transaktionen von Banken an den Zielen ausrichten, die in den SDGs (Sustainable Development Goals) und dem Pariser Klimaschutzabkommen verabschiedet wurden. Mit der Unterzeichnung der PRB gehen Banken eine Selbstverpflichtung ein, diese einzuhalten und auch über die Einhaltung zu berichten. Abbildung 3.1 gibt einen Überblick über die Principles for Responsible Banking.

Principle 1 Alignment	• Anpassung der Geschäftsstrategie an die Ziele und Bedürfnisse der Gesellschaft • Ausrichtung der Strategie an den SDGs, dem Paris Climate Agreement und anderen gesellschaftlichen Zielen
Principle 2 Impact & Target Setting	• Kontinuierliche Steigerung des positiven/Reduzierung des negativen Einflusses der Geschäftsaktivitäten auf die gesellschaftlichen Ziele • Festlegung und Veröffentlichung klarer Vermeidungs- und Optimierungsziele
Principle 3 Clients & Customers	• Verantwortungsvolle Zusammenarbeit mit Kunden • Förderung von nachhaltigen Geschäftsmodellen und ökonomischen Aktivitäten, die den Wohlstand der heutigen und zukünftigen Generationen sichern
Principle 4 Stakeholders	• Proaktiver und kontinuierlicher Dialog und Zusammenarbeit mit Stakeholdern/Interessengruppen, um die gesellschaftlichen Ziele (globale, lokale Agenda) zu erreichen
Principle 5 Governance & Culture	• Berücksichtigung von Nachhaltigkeitsaspekten in der Unternehmensführung • Berücksichtigung von Nachhaltigkeitsaspekten in der Unternehmens- und Risikokultur und Förderung nachhaltigen Handelns im Unternehmen
Principle 6 Transparency & Accountability	• Periodische Überprüfung der Einhaltung der Standards • Transparenz über den positiven und negativen Beitrag zur Erreichung der gesellschaftlichen Ziele

Abb. 3.1: Principles for Responsible Banking (Quelle: eigene Darstellung in Anlehnung an PRB)

Neben den Principles for Responsible Banking hat die UNEP FI einen Guide to Banking and Sustainability herausgebracht. Dieser enthält für einzelne Geschäfts- bzw. Marktbereiche und Betriebsbereiche bzw. Backoffice-Funktionalitäten Empfehlungen, wie Nachhaltigkeitsaspekte berücksichtigt werden können[118].

Das NGFS hat in seinem im April 2019 vorgelegten First Comprehensive Report sechs Empfehlungen formuliert (Abb. 3.2), die sich zum einen an die Aufsichtsbehörden und Notenbanken selbst, zum anderen an die Politik, aber auch an die beaufsichtigten Institute richten[119].

Recommendation 1 Integrating climate-related risks into financial stability monitoring and micro-supervision	• Bewertung klimabedingter finanzieller Risiken im Finanzsystem, u.a. Überwachung der Risiken mit KRIs, Entwicklung von Szenarioanalysen • Integration klimawandelbedingter Risiken in prudenzielle Aufsichtsnormen (Governance, Strategie, Reporting, ...)
Recommendation 2 Integrating sustainability into own-portfolio management	• Berücksichtigung von ESG-Faktoren in den Anlageportfolien der Notenbanken • Analyse/Bewertung der Zusammenhänge zwischen klimabedingten finanziellen Risiken und dem geldpolitischen Mandat der Notenbanken
Recommendation 3 Bridging data gaps	• Öffentliche Behörden und Institutionen sollen vorhandene Daten, die für die Beurteilung von klimabedingten Risiken relevant sind, öffentlich zugänglich machen.
Recommendation 4 Building awareness and intellectual capacity and encouraging assistance and knowledge sharing	• Notenbanken, Aufseher und Banken müssen eigene Ressourcen und Kapazitäten aufbauen, um die Risiken und den Umgang damit zu verstehen. • Alle Parteien sollen beim Wissensaufbau zusammenarbeiten und diesen unterstützen.
Recommendation 5 Achieving robust and internationally consistent climate and environmental-related disclosure	• Empfehlung, klimabedingte finanzielle Risiken und den Umgang mit ihnen entlang der TCFD zu veröffentlichen
Recommendation 6 Supporting the development of a taxonomy of economic activities	• Periodische Überprüfung der Einhaltung der Standards • Transparenz hinsichtlich des positiven und negativen Beitrags zur Erreichung der gesellschaftlichen Ziele

Abb. 3.2: Die Empfehlungen des NGFS (Quelle: eigene Darstellung in Anlehnung an NGFS)

Es ist davon auszugehen, dass die o. g. globalen Institutionen bzw. Initiativen in den nächsten Jahren weitere, umfangreichere und auch konkretere Standards für die Berücksichtigung klimawandelbedingter Risiken und anderer Nachhaltigkeitsrisiken in der Bankenaufsicht im Allgemeinen und für eine Integration dieser Risiken in das Risikomanagement und in die Governance der beaufsichtigten Unternehmen im Besonderen festlegen und veröffentlichen werden.

---

118 Vgl. UNEP FI (2016).
119 Vgl. NGFS (2019).

3.2.3 Europäische Standards und Vorgaben

3.2.3.1 Der EU-Aktionsplan zur Finanzierung nachhaltigen Wachstums

3.2.3.1.1 Entwicklung und Einordnung des EU-Aktionsplans

Im Frühjahr 2018 hat die EU-Kommission den EU-Aktionsplan zur Finanzierung nachhaltigen Wachstums veröffentlicht[120]. Grundlage des EU-Aktionsplans ist der Abschlussbericht einer hochrangigen Sachverständigengruppe für ein nachhaltiges Finanzwesen, der High Level Expert Group (HLEG) on Sustainable Finance[121]. Die beiden wesentlichen bzw. dringendsten Forderungen, die die Expertengruppe vorgetragen hat, sind[122]:

- Verbesserung des Beitrags des Finanzsektors zu nachhaltigem und integrativem Wachstum durch Finanzierung der langfristigen Bedürfnisse der Gesellschaft;
- Stärkung der Finanzstabilität durch Berücksichtigung der ESG-Faktoren bei Investitionsentscheidungen.

Der EU-Aktionsplan »ist Teil umfassender Bemühungen, Finanzfragen und die spezifischen Erfordernisse der europäischen und der globalen Wirtschaft zum Nutzen des Planeten und unserer Gesellschaft miteinander zu verknüpfen«[123]. Er gliedert sich in die von internationalen Standardsetzern definierten Handlungsfelder (siehe oben Kapitel 3.2.2) ein und zielt insbesondere darauf ab,

- die Kapitalflüsse auf nachhaltige Investitionen umzulenken, um ein nachhaltiges und integratives Wachstum zu erreichen;
- finanzielle Risiken, die sich aus dem Klimawandel, der Ressourcenknappheit, der Umweltzerstörung und sozialen Problemen ergeben, zu bewältigen;
- Transparenz und Langfristigkeit in der Finanz- und Wirtschaftstätigkeit zu fördern.

Für die Bearbeitung der genannten Handlungsfelder wurden insgesamt zehn Maßnahmen festgelegt. Im Zuge der Umsetzung dieser Maßnahmen wird es zu Anpassungen bestehender EU-Rechtsnormen sowie zur Entwicklung gänzlich neuer Regelungen kommen. Eine zentrale Rolle kommt dabei den Europäischen Aufsichtsbehörden (ESAs: European Supervisory Authorities) zu, die im Rahmen des EU-Aktionsplans und der EU-Rechtsnormen entsprechende Mandate erhalten, um Regulatorische Standards (RTS: Regulatory Technical Standards), Implementierungsstandards (IST: Implementing Technical Standards) und Leitlinien (Guidelines) zu entwickeln bzw. anzupassen, um die Maßnahmen zu verankern und sowohl den nationalen Aufsichtsbehörden als auch den beaufsichtigten Unternehmen entsprechende Orientierungshilfen für eine Anwendung und Umsetzung der notwendigen Maßnahmen zu geben. Eine von

---

120 Vgl. EU-Kommission (2018a).
121 Vgl. EU HLEG (2018).
122 Vgl. EU-Kommission (2018a), S. 2.
123 Vgl. EU-Kommission (2018a), S. 2.

der EU-Kommission eingesetzte Technical Expert Group on Sustainable Finance (TEG) unterstützt die EU-Kommission dabei, bestimmte Elemente des EU-Aktionsplans umzusetzen:

- die Taxonomie (vgl. unten Maßnahme 1);
- den EU Green Bond Standard (vgl. unten Maßnahme 2);
- die EU Climate Benchmarks (vgl. unten Maßnahme 5);
- die Veröffentlichungspflichten in Bezug auf klimarelevante Informationen (vgl. unten Maßnahme 9).

In der Folge stellen wir die zehn Maßnahmen mit Bezug zu den drei übergeordneten Zielen des EU-Aktionsplans dar.

3.2.3.1.2 Neuausrichtung der Kapitalflüsse

Für das Handlungsfeld Neuausrichtung der Kapitalflüsse sieht der Aktionsplan insgesamt fünf Maßnahmen vor.

Grundlagen

Maßnahme 1: Einführung eines EU-Klassifizierungssystems für nachhaltige Tätigkeiten – »Taxonomie«

- Mithilfe eines EU-Klassifikationsschemas (Taxonomie) soll ein einheitliches Verständnis dafür entwickelt werden, welche Tätigkeiten bzw. Wirtschaftsaktivitäten als »nachhaltig« angesehen werden.
- Hierzu werden Evaluierungskriterien, Schwellenwerte und Parameter entwickelt, mit denen detaillierte Informationen über einzelne Branchen und Tätigkeiten bzgl. Nachhaltigkeit zur Verfügung gestellt werden.
- Die Taxonomie soll den Anlegern eine Orientierungshilfe geben und den Kapitalfluss in nachhaltige Sektoren mit Finanzierungsbedarf leiten.
- Die Taxonomie ist die Grundlage für die Schaffung weiterer Regelungen und Instrumente zur Förderung einer Neuausrichtung der Kapitalflüsse, wie z. B. nachhaltige Benchmarks, Transparenz gegenüber Anlegern (Transparenzverordnung)[124], RWA-Unterstützungsfaktoren im Rahmen der Eigenmittelunterlegung, Fonds-Label etc.

Im Mai 2018 hat die EU-Kommission einen Vorschlag für eine Verordnung über die Einrichtung eines Rahmens zur Erleichterung nachhaltiger Investitionen vorgelegt. Der Vorschlag wurde am 28. März 2019 mit Änderungen vom Europäischen Parlament angenommen und dem Europäischen Rat zur Stellungnahme vorgelegt. Dieser hat wiederum Mitte September 2019 einen Vorschlag an das Parlament geschickt. Die Verhandlungen zwischen Rat, Kommission und Parlament wurden bis Ende 2019 abgeschlossen[125].

---

124 Vgl. hierzu unten Kapitel 3.2.3.2.3.
125 Am 17. Dezember 2019 hat die Ratspräsidentschaft den finalen Kompromissentwurf veröffentlicht.

Bei der Verordnung handelt es sich um eine Rahmenverordnung, die sich auf die EU-Umwelt-ziele bezieht und entlang dieser Ziele Kriterien definiert, mit deren Hilfe dann der Grad der ökologischen Nachhaltigkeit einer Investition gem. Taxonomie beurteilt werden kann[126]. Bei den Erläuterungen der einzelnen Bestimmungen des Vorschlags unterstreicht die Kommission, dass es nicht Zielsetzung der Verordnung ist, mit den genannten Kriterien ganze Unternehmen oder einzelne Vermögenswerte als ökologisch nachhaltig zu klassifizieren, sondern auf der Ebene des Einzelinvestments eine Beurteilung zu ermöglichen[127].

Art. 5 des Verordnungsvorschlags nennt die sechs Umweltziele der EU:

- Klimaschutz;
- Anpassung an den Klimawandel;
- nachhaltige Nutzung und Schutz von Wasser- und Meeresressourcen;
- Übergang zu einer Kreislaufwirtschaft, Abfallvermeidung und Recycling;
- Vermeidung und Verminderung von Umweltverschmutzung;
- Schutz gesunder Ökosysteme und Biodiversität.

Art. 13 des Verordnungsvorschlags nennt zudem als soziales Ziel (Mindestschutz) die Gewähr-leistung der Erklärung der Internationalen Arbeitsorganisation (IAO)[128] über grundlegende Prin-zipien und Rechte bei der Arbeit. Eine Wirtschaftätigkeit soll dann als ökologisch nachhaltig gelten (vgl. Art. 3 des Verordnungsvorschlags), wenn sie wesentlich zur Verwirklichung eines oder mehrerer der oben genannten Umweltziele beiträgt und zu keinen erheblichen Beein-trächtigungen der anderen Umweltziele führt, sog. DNSH-Ansatz (Do Not Significantly Harm). Bei der Ausübung der Wirtschaftätigkeit muss zudem das in Art. 13 festgelegte soziale Ziel eingehalten werden. Die Art. 6 bis 11 des Verordnungsvorschlags legen für die sechs Umwelt-ziele jeweils Kriterien für einen wesentlichen Beitrag zur Zielerreichung fest. Art. 12 legt fest, wonach beurteilt werden soll, ob eine Wirtschaftätigkeit zu erheblichen Beeinträchtigungen der Umweltziele führt.

Auf der Basis dieser Rahmenverordnung soll die EU-Kommission ermächtigt werden, zu den ein-zelnen Umweltzielen sog. technische Evaluierungskriterien festzulegen. Diese sollen einerseits die in den Art. 6 bis 11 aufgeführten Kriterien zur Bestimmung des wesentlichen Beitrags zu den Umweltzielen, andererseits die in Art. 12 aufgeführten Kriterien zur Feststellung einer erhebli-chen Beeinträchtigung der Umweltziele durch eine Wirtschaftätigkeit ergänzen. Die Rahmen-verordnung sieht vor, dass diese technischen Evaluierungskriterien von der EU-Kommission im

---

126 Vgl. EU-Kommission (2018b), Art. 1.
127 Vgl. EU-Kommission (2018b).
128 Die Internationale Arbeitsorganisation (IAO; engl. ILO: International Labour Organization) ist eine Sonderorganisation der Vereinten Nationen. Die Erklärung besteht aus den acht Kernforderungen der IAO: das Recht, keiner Zwangsar-beit unterworfen zu werden; die Vereinigungsfreiheit; das Recht der Arbeitnehmer, sich zu organisieren; das Recht auf Tarifverhandlungen; gleiche Entlohnung für männliche und weibliche Arbeitnehmer für gleichwertige Arbeit; Nichtdiskriminierung und Gleichbehandlung in Beschäftigung und Beruf; das Recht, keiner Kinderarbeit unterworfen zu werden.

Rahmen delegierter Rechtsakte erlassen werden (Art. 16 des Verordnungsvorschlags). Die von der EU-Kommission eingerichtete Technical Expert Group (TEG) hat im Juni 2019 einen mehr als 400 Seiten umfassenden Technical Report zur Taxonomie veröffentlicht[129]. Dieser enthält Evaluierungskriterien für die beiden Ziele »Klimaschutz« (»climate change mitigation«) und »Anpassung an den Klimawandel« (»climate change adaption«) für einzelne Sektoren bzw. Wirtschaftsaktivitäten in den Sektoren. Gleichzeitig werden Kriterien formuliert, anhand derer sich beurteilen lässt, inwieweit die untersuchten Aktivitäten die anderen Umweltziele des Art. 5 des Verordnungsvorschlags möglicherweise beeinträchtigen. Der Report enthält darüber hinaus eine praktische Anleitung, wie der Kriterienkatalog von den potenziellen Nutzern der Taxonomie angewendet werden sollte. Die Vorschläge der TEG sind die Basis für die nach Art. 6 bis 11 des Verordnungsvorschlags zu erlassenden delegierten Verordnungen.

Der Verordnungsvorschlag sieht ferner die Einrichtung einer »Sustainable Finance Platform« (Art. 15 des Verordnungsvorschlags) vor. Diese Plattform soll die EU Kommission u. a. in Bezug auf die Festlegung und Fortschreibung der technischen Evaluierungskriterien beraten, die Auswirkungen dieser Kriterien analysieren, die EU-Kommission dabei unterstützen, Anfragen von Interessengruppen für eine Anpassung der Kriterien zu analysieren sowie die Kapitalströme hin zu mehr nachhaltigen Investitionen überwachen und der Kommission darüber Bericht erstatten. Die Plattform soll sich u. a. aus den Europäischen Aufsichtsbehörden, der Europäischen Investitionsbank und weiteren Europäischen Behörden sowie weiteren Expertengruppen zusammensetzen. Die Sustainable-Finance-Plattform soll die Aufgaben der TEG übernehmen, wenn deren Mandat ausgelaufen ist.

Grundlagen

Maßnahme 2: Normen und Kennzeichen für umweltfreundliche Finanzprodukte
- Auf der Basis der Taxonomie sollen Normen und Kennzeichen für nachhaltige Finanzprodukte entwickelt bzw. definiert werden.
- Diese Kennzeichen sollen die Integrität des Finanzmarktes für nachhaltige bzw. »grüne« Finanzprodukte wie Green Bonds stärken und insbesondere Kleinanlegern die Möglichkeit geben, bewusst in derartige Produkte zu investieren, ohne aufwendige Recherchen durchführen zu müssen.

Bezogen auf die Maßnahme 2 hat die von der EU-Kommission eingesetzte Technical Expert Group on Sustainable Finance im Juni 2019 einen Vorschlag für einen EU Green Bond Standard vorgelegt[130]. Hierin formuliert die TEG zehn Empfehlungen an die EU-Kommission. Zentrale Empfehlung ist die Einführung eines freiwilligen Green Bond Standard, der klare und verpflichtende Vorgaben für die Emittenten von grünen Anleihen enthält, insbesondere klare und an der Taxonomie-Verordnung ausgerichtete Anforderungen an die mit grünen Anleihen zu finanzierenden Projekte (»green projects«) und strenge Reporting-Anforderungen. Eine weitere

---

129 Vgl. EU TEG (2019a), S. 18. Nach Fertigstellung des Buchmanuskripts hat die TEG im März 2020 ihren finalen Bericht zur Taxonomie vorgelegt.
130 Vgl. EU TEG (2019c).

zentrale Empfehlung ist, dass die grünen Anleihen durch einen unabhängigen Dritten (»accredited verifier«) zertifiziert werden müssen.

Grundlagen

Maßnahme 3: Förderung von Investitionen in nachhaltige Produkte
- Aufbauend auf den laufenden Bemühungen zur Entwicklung nachhaltiger Infrastrukturprojekte sollen weitere Maßnahmen ergriffen werden, um die Instrumente zur Förderung nachhaltiger Investitionen in der EU und in Partnerländern[131] effizienter und wirksamer zu gestalten.
- Wesentliche Maßnahmen zur Förderung von Investitionen in nachhaltige Projekte sind der Europäische Fonds für Strategische Investitionen (EFSI) und die Europäische Plattform für Investitionsberatung.

Maßnahme 3 dient der Lenkung von Investitionen in nachhaltige Projekte. Bankaufsichtliche Maßnahmen lassen sich hieraus nicht ableiten.

Grundlagen

Maßnahme 4: Berücksichtigung der Nachhaltigkeit in der Finanzberatung
- Wertpapierfirmen und Versicherungsvertreter sollen eine zentrale Rolle spielen, um privates Kapital in nachhaltige Investments zu lenken und das Finanzsystem auf Nachhaltigkeit auszurichten.
- Wertpapierfirmen und Versicherungsvertreter sollen sich nach den individuellen Präferenzen ihrer Kunden in Bezug auf ESG-Faktoren in der Kapitalanlage erkundigen und diese dann bei Empfehlungen entsprechend berücksichtigen.

Grundlagen

Maßnahme 5: Entwicklung von Nachhaltigkeitsbenchmarks
- Benchmarks sollen eine zentrale Rolle bei der Kursbildung von Finanzinstrumenten spielen.
- Die Entwicklung von EU-Benchmarks soll transparente und solide ESG-Indizes sicherstellen und damit die Gefahr von sog. »Greenwashing« verringern.
- Insbesondere sollen Methoden zur Definition von Low-Carbon-Benchmarks entwickelt und veröffentlicht werden.

Zu den Maßnahmen 4 und 5 haben EU-Kommission sowie ESMA und EIOPA Vorschläge unterbreitet, bestehende Richtlinien und Verordnungen, wie die Finanzmarktrichtlinie II (MiFID II), die Versicherungsvertriebsrichtlinie oder die Benchmark-Verordnung anzupassen. Auf die sich hieraus ableitenden bankaufsichtlichen Maßnahmen gehen wir unter Kapitel 3.2.3.2 näher ein.

---

131 Als Partnerländer nennt der EU-Aktionsplan Afrika und EU-Nachbarstaaten, vgl. EU-Kommission (2018a), S. 7.

3.2.3.1.3   Berücksichtigung im Risikomanagement und in prudenziellen Aufsichtsmaßnahmen

Für das Handlungsfeld Einbettung der Nachhaltigkeit in das Risikomanagement sieht der Aktionsplan die folgenden drei Maßnahmen 6, 7 und 8 vor.

Grundlagen

Maßnahme 6: Bessere Berücksichtigung der Nachhaltigkeit in Ratings und Marktanalysen

- Ratings und Marktanalysen spielen eine wichtige Rolle bei der Allokation von Kapital auf Finanzmärkten und sind ein wichtiges Element für gut funktionierende Finanzmärkte.
- Insoweit muss geprüft werden, inwieweit Nachhaltigkeitsaspekte in Ratings und Marktanalysen bereits derzeit berücksichtigt werden und wie eine Berücksichtigung erfolgen sollte, damit diese Instrumente zur Umlenkung von Kapital in nachhaltige Investitionen beitragen bzw. den Anlegern und Investoren entsprechende risikoorientierte Signale geben können.
- Darüber hinaus soll untersucht werden, inwieweit es Regeln speziell für Anbieter von Nachhaltigkeitsratings und Nachhaltigkeitsanalysen geben sollte

Grundlagen

Maßnahme 7: Klärung der Pflichten institutioneller Anleger und Vermögensverwalter

- Institutionelle Anleger und Vermögensverwalter müssen stets im Interesse ihrer Kunden (Anleger, Begünstigte etc.) handeln.
- Es muss zukünftig sichergestellt werden, dass institutionelle Anleger und Vermögensverwalter bei ihren treuhänderischen Pflichten (Anlageentscheidungen, Bewertungen, Informationspflichten etc.) auch Nachhaltigkeitskriterien und Nachhaltigkeitsrisiken systematisch Rechnung tragen.

Grundlagen

Maßnahme 8: Berücksichtigung der Nachhaltigkeit in den Aufsichtsvorschriften

- Banken spielen als Intermediäre zum einen eine zentrale Rolle bei der Lenkung von Kapitalströmen in nachhaltige Investitionen bzw. beim Umbau der Wirtschaft in eine CO_2-neutrale Wirtschaft.
- Auf der anderen Seite sind sie, ähnlich wie Versicherungen und Pensionsfonds, erhöhten Risiken aus dem Klimawandel und sonstigen Umweltrisiken unterworfen.
- Auf der Grundlage der Taxonomie wird die EU-Kommission einerseits prüfen, ob angemessene Eigenkapitalanforderungen vorgesehen werden könnten, die das Risiko nachhaltiger Vermögenswerte besser widerspiegeln könnten (»green supporting factor«).
- Ferner soll überprüft werden, ob und wie mit Klima- und anderen Umweltfaktoren verbundene Risiken in die Risikomanagementstrategien der Banken einbezogen werden können.
- Ähnliche Überprüfungen sollen für das Versicherungswesen und die betriebliche Altersversorgung vorgenommen werden.

Die EU-Kommission hat den europäischen Aufsichtsbehörden (EBA, ESMA und EIOPA) eine Reihe von Arbeitsaufträgen erteilt. Sie sollen untersuchen, ob und wie Risiken aus dem Klimawandel und weitere Umweltrisiken in bestehende Regelwerke integriert werden können. Betreffend

Maßnahme 6 ist die ESMA zu dem Ergebnis gekommen[132], den Kreditratingagenturen keine verpflichtenden Vorgaben für eine Integration von ESG-Faktoren in bestehende (Bonitäts-)Ratingverfahren zu machen, da die (Bonitäts-)Ratings speziell dazu dienen, Kreditrisiken abzubilden. Zudem kommt die ESMA zu dem Ergebnis, dass bereits heute schon ESG-Faktoren Eingang finden, und zwar in Abhängigkeit von der jeweiligen Forderungsklasse (»asset class«). Vielmehr empfiehlt die ESMA, klare Vorgaben für mehr Transparenz bzgl. der Berücksichtigung von ESG-Faktoren in bestehenden Ratingverfahren zu formulieren. Ferner stellt sie fest, dass der Markt für Nachhaltigkeitsratings derzeit weitestgehend unreguliert ist, und fordert, hier ein gesondertes Regelwerk einzurichten. Betreffend der Maßnahmen 7 und 8 liegen ebenfalls bereits Vorschläge der Aufsichtsbehörden vor, auf die unter Kapitel 3.2.3.2 näher eingegangen wird.

3.2.3.1.4   Förderung von Transparenz und Langfristigkeit

Für das Handlungsfeld Förderung von Transparenz und Langfristigkeit sieht der Aktionsplan abschließend die Maßnahmen 9 und 10 vor.

Grundlagen

Maßnahme 9: Stärkung der Vorschriften zur Offenlegung von Nachhaltigkeitsinformationen und zur Rechnungslegung

- Die Berichterstattung von Unternehmen zu Fragen der Nachhaltigkeit ermöglicht es Anlegern, Investoren und anderen Interessengruppen, den Einfluss von Unternehmen auf den Klimawandel und andere Umweltrisiken sowie ihre Exponiertheit gegenüber Nachhaltigkeitsrisiken zu bewerten.
- Daher sollen bestehende Leitlinien für nichtfinanzielle Informationen überarbeitet und in Einklang mit der Task Force for Climate-related Financial Disclosure (TCFD) gebracht werden.
- Was die Offenlegung von Nachhaltigkeitsinformationen und -risiken durch den Finanzsektor angeht, soll die Transparenz von Vermögensverwaltern und institutionellen Investoren erhöht werden.
- Ferner soll dafür gesorgt werden, dass Rechnungslegungsstandards weder direkt noch indirekt nachhaltige und langfristige Investitionen behindern. Hierzu wird die EU-Kommission ggf. die European Financial Reporting Advisory Group (EFRAG) beauftragen, die Auswirkungen neuer oder überarbeiteter International Financial Reporting Standards (IFRS) auf nachhaltige Investitionen zu bewerten.

Grundlagen

Maßnahme 10: Förderung einer nachhaltigen Unternehmensführung und Abbau von kurzfristigem Denken auf den Kapitalmärkten

- Den Leitungsgremien bzw. der Unternehmensführung kommt eine wesentliche Rolle dabei zu, strategische Maßnahmen zu ergreifen, um neue, CO_2-neutrale oder CO_2-reduzierende und andere an Nachhaltigkeitszielen ausgerichtete Geschäftsstrategien und Geschäftsmodelle zu stärken oder zu entwickeln.
- Kurzfristige (und unangemessene) Marktentwicklungen können die Unternehmensführung dazu drängen, sich zu sehr auf kurzfristige finanzielle Renditen zu konzentrieren, was den

---

132   Vgl. ESMA (2019).

> Bemühungen, langfristige und auf Nachhaltigkeit ausgerichtete Geschäftsstrategien und Geschäftsmodelle zu fördern, zuwiderlaufen würde.
> - Die EU-Kommission soll analysieren, inwieweit Unternehmen möglicherweise verpflichtet werden sollten, eine Nachhaltigkeitsstrategie und Nachhaltigkeitsziele auszuarbeiten und zu veröffentlichen, und ob die Vorschriften, nach denen Vorstände und Aufsichtsräte im langfristigen Interesse des Unternehmens vorgehen sollten, präzisiert werden müssen.
> - Ferner sollen die europäischen Aufsichtsbehörden beauftragt werden, zu analysieren, ob durch die Kapitalmärkte ein unangemessener Druck auf die Leitungsgremien von Unternehmen ausgeübt wird, der ein kurzfristiges Renditedenken fördert.

Im Januar 2019 hat die Technical Expert Group (TEG) ihren Report zu Climate-related Disclosures vorgelegt. Dieser diente der EU-Kommission als Grundlage zur Ergänzung der Leitlinien für die Berichterstattung über nichtfinanzielle Informationen zu klimabezogenen Aspekten. Die EU-Kommission hat diese Leitlinien nach einer kurzen Konsultation im Frühjahr 2019 verabschiedet[133]. Zielsetzung der ergänzten Leitlinien ist eine Harmonisierung der EU-Empfehlungen zur Offenlegung klimabezogener Informationen und Risiken mit den globalen Empfehlungen der TCFD. Parallel zu den Bemühungen der TEG und der EU-Kommission hat die EFRAG ihre Arbeiten zu Maßnahme 9 aufgenommen und das European Corporate Reporting Lab @ EFRAG ins Leben gerufen. Dieses beschäftigt sich zunächst ebenfalls mit der Offenlegung klimabezogener Informationen.

Bezogen auf die Maßnahme 10 des EU-Aktionsplans hat die EU-Kommission die Europäischen Aufsichtsbehörden (ESAs) in einem sog. Call for Advice aufgefordert[134], bis Ende 2019 einen Bericht vorzulegen, der zum einen darstellen soll,
- inwieweit der Finanzsektor tatsächlich zu einem unerwünschten Druck auf die Unternehmen, kurzfristig zu handeln, beiträgt und
- inwieweit bestehende (aufsichtliche) Regelungen diesen Druck eher verschärfen und welche (aufsichtlichen) Regelungen diesen eher zu reduzieren versuchen,

und der zum anderen Empfehlungen beinhaltet, ob auf europäischer Ebene spezifische Maßnahmen ergriffen werden sollten, und wenn ja, in welchen Bereichen.

---

133 Vgl. EU-Kommission (2019a).
134 Vgl. EU-Kommission (2019b). Die EBA hat hierzu am 18. Dezember 2019 einen Bericht vorgelegt (EBA Report on Undue Short-Term Pressure from the Financial Sector on Corporations).

3.2.3.2   Ableitung der bank- und wertpapieraufsichtsrechtlichen Maßnahmen aus dem EU-Aktionsplan

3.2.3.2.1   Ableitung der Maßnahmen aus dem EU-Aktionsplan

Der EU-Aktionsplan nimmt Banken und Wertpapierfirmen in die Pflicht, den Umbau zu einer CO_2-neutralen Wirtschaft aktiv zu unterstützen. Gleichzeitig erkennt die EU-Kommission eine Reihe von Risiken im Zusammenhang mit Nachhaltigkeit, insbesondere mit dem Klimawandel, denen Banken ausgesetzt sind und in der Zukunft stärker ausgesetzt sein werden. Hieraus resultiert eine Reihe bank- und wertpapieraufsichtlicher Maßnahmen[135].

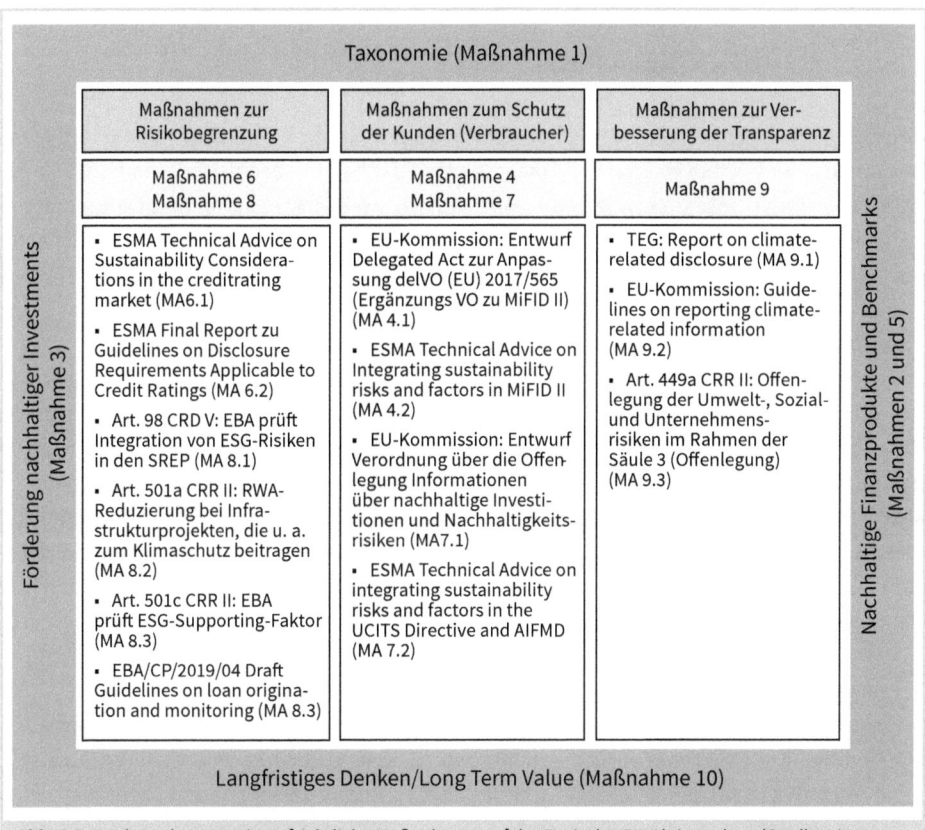

Abb. 3.3: Bank- und wertpapieraufsichtliche Maßnahmen auf der Basis des EU-Aktionsplans (Quelle: eigene Darstellung)

---

135 Im Vordergrund der folgenden Ausführungen stehen die bankaufsichtlichen Maßnahmen. Auf die sich aus dem EU-Aktionsplan ableitenden wertpapieraufsichtlichen Maßnahmen gehen wir nur insoweit ein, als diese auch für Banken Relevanz haben, z. B. für den Eigenhandel oder das Kundengeschäft der Banken.

Insbesondere die Maßnahmen 4, 5, 6, 7, 8 und 9 des EU-Aktionsplans sollen in konkrete bank- und wertpapieraufsichtliche Maßnahmen münden. Grundlage hierfür ist letztlich die Maßnahme 1, also die Taxonomie, aber auch die Maßnahmen 2 und 3, die dazu führen sollen, dass ausreichend Anlageobjekte entstehen, in die Kapital umgelenkt werden kann. Eine weitere Rahmenbedingung für das Funktionieren des EU-Aktionsplans und die Sicherstellung eines nachhaltigen Wachstums ist Maßnahme 10, die zu einem langfristigen Wertedenken führen soll (sog. Long Term Value).

Aus dem EU-Aktionsplan lassen sich folgende bank- und wertpapieraufsichtsrechtliche Handlungsstränge ableiten (Abb. 3.3).

3.2.3.2.2   Maßnahmen zur Risikobegrenzung

Konkrete risikobegrenzende Regularien resultieren primär aus den Maßnahmen 6 und 8 des EU-Aktionsplans, wobei Maßnahme 6 nicht unmittelbar bei den beaufsichtigten Banken oder Wertpapierfirmen ansetzt, sondern auf die Finanzmarktteilnehmer abzielt, die Marktanalysen und Ratings zur Verfügung stellen, auf die sich Banken und Wertpapierfirmen bei ihren Anlageentscheidungen und -empfehlungen stützen.

Einzelmaßnahmen zu Maßnahme 6 (Rating und Marktanalysen)
Mit der Verordnung (EG) Nr. 1060/2009 hat die EU einen Rahmen zur Beaufsichtigung von in der EU registrierten Ratingagenturen geschaffen. Begründet wird die Beaufsichtigung von Ratingagenturen damit, dass diese bzw. die von diesen bereitgestellten Ratings eine wichtige Grundlage bilden, um fundierte Anlage- und Finanzentscheidungen zu treffen. Ferner können sich Kreditinstitute und Wertpapierfirmen bei der Berechnung der Eigenmittelunterlegung auf diese Ratings stützen[136]. Im Rahmen der Maßnahme 6 des EU-Aktionsplans hat die EU-Kommission die ESMA als für die Beaufsichtigung von Ratingagenturen zuständige Aufsichtsbehörde damit beauftragt,

- zu untersuchen, in welchem Maße Ratingagenturen umweltbezogene, soziale und ordnungspolitische Erwägungen in ihre Bewertungen und Ratings einfließen lassen;
- zu untersuchen, ob es vor dem Hintergrund der Ziele des EU-Aktionsplans vorteilhaft wäre, Nachhaltigkeitsfaktoren bei der Erstellung von Ratings ausdrücklich zu berücksichtigen;
- ihre Leitlinien für die Offenlegung für Ratingagenturen dahingehend anzupassen, dass diese Informationen über die Verarbeitung von ESG-Faktoren entsprechend offenlegen bzw. transparent darstellen.

In ihrem Technical Advice on Sustainability Considerations in the credit rating market (ESMA 33-9-321 vom 18. Juli 2019) (MA 6.1) empfiehlt die ESMA, den Kreditratingagenturen keine

---

136 Vgl. Verordnung (EG) Nr. 1060/2009, Erwägungsgrund (1).

verpflichtenden Vorgaben für eine Integration von ESG-Faktoren in bestehende (Bonitäts-) Ratingverfahren zu machen, da die (Bonitäts-)Ratings speziell dazu dienen, Kreditrisiken abzubilden. Zudem kommt die ESMA zu dem Ergebnis, dass bereits heute ESG-Faktoren Eingang in Ratingverfahren finden, und zwar in Abhängigkeit von der jeweiligen Forderungsklasse (asset class). Vielmehr empfiehlt die ESMA klare Vorgaben für mehr Transparenz bzgl. der Berücksichtigung von ESG-Faktoren in Kreditratings und ggf. gesonderte – d. h. außerhalb der Vorgaben an bestehende, auf Ausfallrisiken abstellende Ratingverfahren und Ratingagenturen – Regelungen für primär auf Nachhaltigkeit abstellende Ratingverfahren und Ratingagenturen (Nachhaltigkeitsratings oder ESG-Ratings), da diese Produkte oder Märkte noch weitgehend unreguliert sind.

Neben dem Technical Advice hat die ESMA einen Final Report zu ihren Guidelines on Disclosure Requirements to Credit Ratings (ESMA 33-9-320 vom 18. Juli 2019) veröffentlicht (MA 6.2). In diesem Report geht sie u. a. der Frage nach, ob die Ratingagenturen in ihrer Offenlegung stärker darauf eingehen sollten, ob und wie sie ESG-Faktoren in ihren Methoden und bei der Ermittlung der Ratingnoten einfließen lassen. Die bestehenden Leitlinien sollen insoweit ergänzt werden, dass, wenn ESG-Faktoren eine wesentliche Rolle bei einer Ratingveränderung oder der Veränderung eines Ratingausblicks spielen, die Ratingagenturen bei der Veröffentlichung der Ratingveränderungen dies entsprechend angeben und ausführlich begründen müssen. Insbesondere müssen sie darstellen, welche ESG-Faktoren eine Rolle spielen. In der Veröffentlichung müssen sie auch einen Link zu ihrer Webpage angeben, auf der näher dargestellt wird, wie ESG-Faktoren in die Ratingmethodik einfließen.

Einzelmaßnahmen zu Maßnahme 8 (Integration in prudenzielle Vorschriften)
Maßnahme 8 des Aktionsplans zielt in besonderem Maße auf die Integration von Nachhaltigkeitsaspekten in (bestehende) Aufsichtsvorschriften ab, was bereits durch die Bezeichnung der Maßnahme »Berücksichtigung der Nachhaltigkeit in den Aufsichtsvorschriften« zum Ausdruck kommt. Mit Aufsichtsvorschriften i. S. d. Maßnahme 8 sind prudenzielle Vorschriften gemeint, die auf die Begrenzung von Risiken bei den einzelnen Banken oder Wertpapierfirmen (mikroprudenzielle Maßnahmen) oder auf die Begrenzung von Risiken im Banken- und Wertpapiersektor insgesamt (makroprudenzielle Maßnahmen) zielen. In Anlehnung an das durch Basel II eingeführte und etablierte 3-Säulen-Modell ergeben sich die folgenden Ansatzpunkte für eine Integration von Nachhaltigkeitsaspekten bzw. Nachhaltigkeitsrisiken in die Aufsichtsarchitektur:
* Integration in die externen Eigenmittelvorschriften und ggf. Liquiditätsvorschriften (Säule 1)
* Integration in Vorgaben zum Risikomanagement, zur internen Eigenmittelausstattung und zum aufsichtlichen Überprüfungsprozess (Säule 2)
* Integration in die Offenlegungspflichten (Säule 3)

In der Folge gehen wir auf die geplanten Maßnahmen in Bezug auf die Säule 1 und 2 ein. Die Integration von ESG-Risiken in die Offenlegungsvorschriften ist zwar Teil der Capital Requirement Regulation (CRR) und damit der Risikobegrenzungsregeln. Die Intention ist aber ähnlich wie bei den anderen Transparenzvorschriften und wird zusammen mit diesen weiter unten dargestellt.

Anrechnungserleichterungen im Rahmen der Eigenmittelvorschriften

Im Rahmen der Überarbeitung der Capital Requirement Regulation zur sog. CRR II wurde die Einführung eines sog. »Green Supporting Factor« analog zum sog. »KMU-Faktor« kontrovers diskutiert. Mit einem derartigen Faktor soll die Eigenmittelunterlegung für bestimmte Aktiva (Kredite, Wertpapiere etc.) begünstigt werden, indem auf die risikogewichteten Aktiva ein prozentualer Abschlag angewendet wird. Dieser Faktor kann zwar möglicherweise zu einer Förderung bestimmter Aktiva bzw. Investitionen, hier: Finanzierungen von Unternehmen oder Projekten, die im Wesentlichen mit ökologischen und/oder sozialen Zielen verbunden sind, beitragen. Ob die so privilegierten Aktiva aber auch ein geringeres Risiko aufweisen, ist fraglich. Die (bank)aufsichtlichen Eigenmittelanforderungen stellen aber Risikobegrenzungsregeln dar, folglich müssen Anrechnungssätze für die einzelnen Aktiva und Vermögenswerte grundsätzlich risikoorientiert festgelegt werden und nicht danach, ob bestimmte Aktiva oder Vermögenswerte unter anderen Kriterien förderungswürdig sind. Es sei denn, die Politik möchte hier bewusst einen bestimmten Sektor fördern, wie sie dies analog mit der Einführung des sog. KMU-Faktors getan hat, der Forderungen an kleine und mittlere Unternehmen durch einen Abschlag auf die risikogewichteten Aktiva privilegiert.

Rat, Kommission und Parlament haben sich im sog. Trilogverfahren darauf geeinigt, den »Green Supporting Factor« zunächst zurückzustellen, und stattdessen der EBA den Auftrag erteilt, eine mögliche spätere Einführung des Faktors zu überprüfen (MA 8.3). Die EBA muss die Ergebnisse der Prüfung bis zum 28. Juni 2025 vorlegen. Insbesondere muss die EBA überprüfen, mit welchen Methoden die Risikobehaftung solcher ökologischen und/oder sozialen Zielen dienenden Tätigkeiten oder Projekten bewertet werden kann und mit welchen Kriterien die physischen und die transitorischen Risiken beurteilt werden können. Hierbei muss die EBA auch mögliche Auswirkungen auf die Finanzstabilität berücksichtigen[137].

Ein impliziter »Green Supporting Factor« findet sich in Art. 501a CRR II (Verordnung (EU) 2019/876), der für bestimmte Infrastrukturfinanzierungen eine begünstigte Anrechnung vorsieht (MA 8.2). Eine der Voraussetzungen für eine Anwendung des »Infrastruktur-Faktors« ist, dass die finanzierten Vermögenswerte zu den sechs Umweltzielen der EU, die der Taxonomie zugrunde liegen, beitragen.

Berücksichtigung im aufsichtlichen Überprüfungsprozess (Säule 2)

Im Rahmen der Überarbeitung der Capital Requirement Directive (CRD) hat die EBA den Auftrag erhalten (vgl. Art. 98 Abs. 8 CRD V (Richtlinie (EU) 2019/878)), zu prüfen, inwieweit ESG-Risiken in die Überprüfung und Bewertung durch die zuständigen Behörden einbezogen werden sollten (MA 8.1). Über den Prüfauftrag ist bis zum 28. Juni 2021 Bericht zu erstatten. Die Prüfung muss folgende Aspekte enthalten:

---

137   Zu dem Prüfauftrag vgl. Art. 501c Verordnung (EU) 2019/876 (CRR II) sowie EBA (2019a), S. 13.

- die Entwicklung einer einheitlichen Begriffsbestimmung für ESG-Risiken, einschließlich physischer und transitorischer Risiken;
- die Entwicklung geeigneter qualitativer und quantitativer Kriterien zur Bewertung der Auswirkungen von ESG-Risiken auf die finanzielle Stabilität von Instituten, inkl. Stresstestverfahren und Szenarioanalysen;
- die Regelungen, Verfahren, Mechanismen und Strategien, die die Institute zur Ermittlung, Bewertung und Bewältigung von ESG-Risiken einsetzen sollen;
- die Analysemethoden und -instrumente, mit denen die Auswirkungen der ESG-Risiken auf die Darlehenstätigkeit und die finanzielle Mittlertätigkeit von Instituten bewertet werden.

Auf der Basis ihrer Ergebnisse kann die EBA Leitlinien herausgeben, in denen sie darlegt, wie die ESG-Risiken in den aufsichtlichen Überprüfungs- und Bewertungsprozess (SREP: Supervisory Review Evaluation Process) einzubeziehen sind. Dabei geht es, entlang der SREP-Elemente (Abb. 3.4. und Abb. 3.5.), im Kern darum,

- wie ESG-Risiken die Rentabilität und Nachhaltigkeit i. S. d. Krisenfestigkeit des Geschäftsmodells negativ beeinflussen und wie dies seitens der Aufsicht analysiert werden kann;
- wie ESG-Risiken im Rahmen der Internal Governance eines Instituts, vor allem in der Risikokultur, dem Risikomanagement und dem internen Kontrollsystem, berücksichtigt werden können;
- wie ESG-Risiken im Rahmen der Bewertung der Kapitalrisiken behandelt werden können, insbesondere wie eine Abbildung im Rahmen des Internen Kapitaladäquanzbeurteilungsprozesses (ICAAP: Internal Capital Adequacy Assessment Process) erfolgen kann;
- wie ESG-Risiken im Rahmen der Bewertung der Liquiditätsrisiken behandelt werden können und wie diese den internen Liquiditätsadäquanzbeurteilungsprozess (ILAAP: Internal Liquidity Adequacy Assessment Process) beeinflussen;
- anhand welcher Kriterien jeweils eine Beurteilung erfolgen kann, ob ESG-Risiken angemessen berücksichtigt sind und wie diese in die Einzel-Scores und den Gesamt-Score eingehen;
- welche speziellen aufsichtlichen Maßnahmen einem Institut auferlegt werden können im Zusammenhang mit ESG-Risiken.

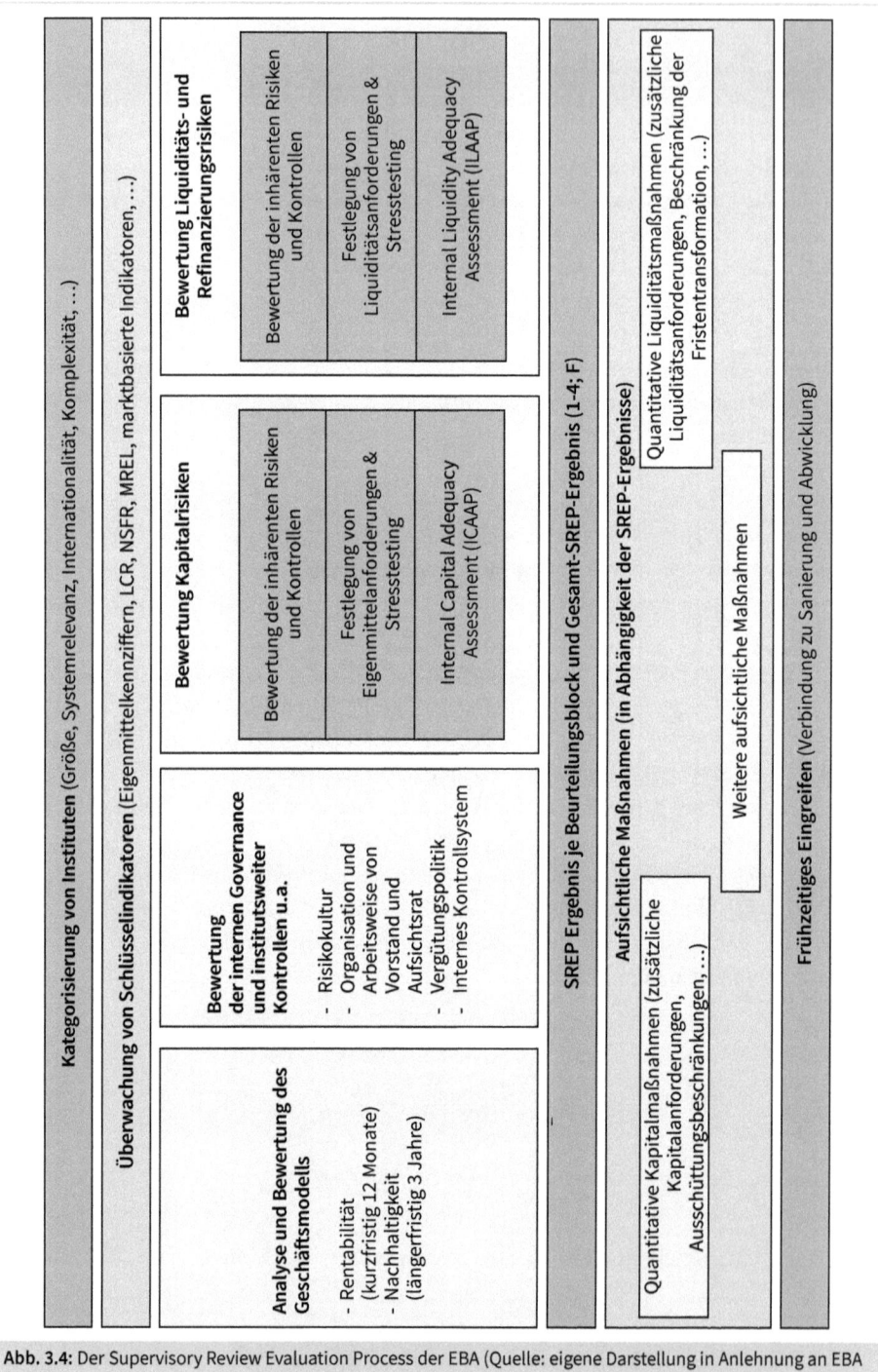

Abb. 3.4: Der Supervisory Review Evaluation Process der EBA (Quelle: eigene Darstellung in Anlehnung an EBA (2014))

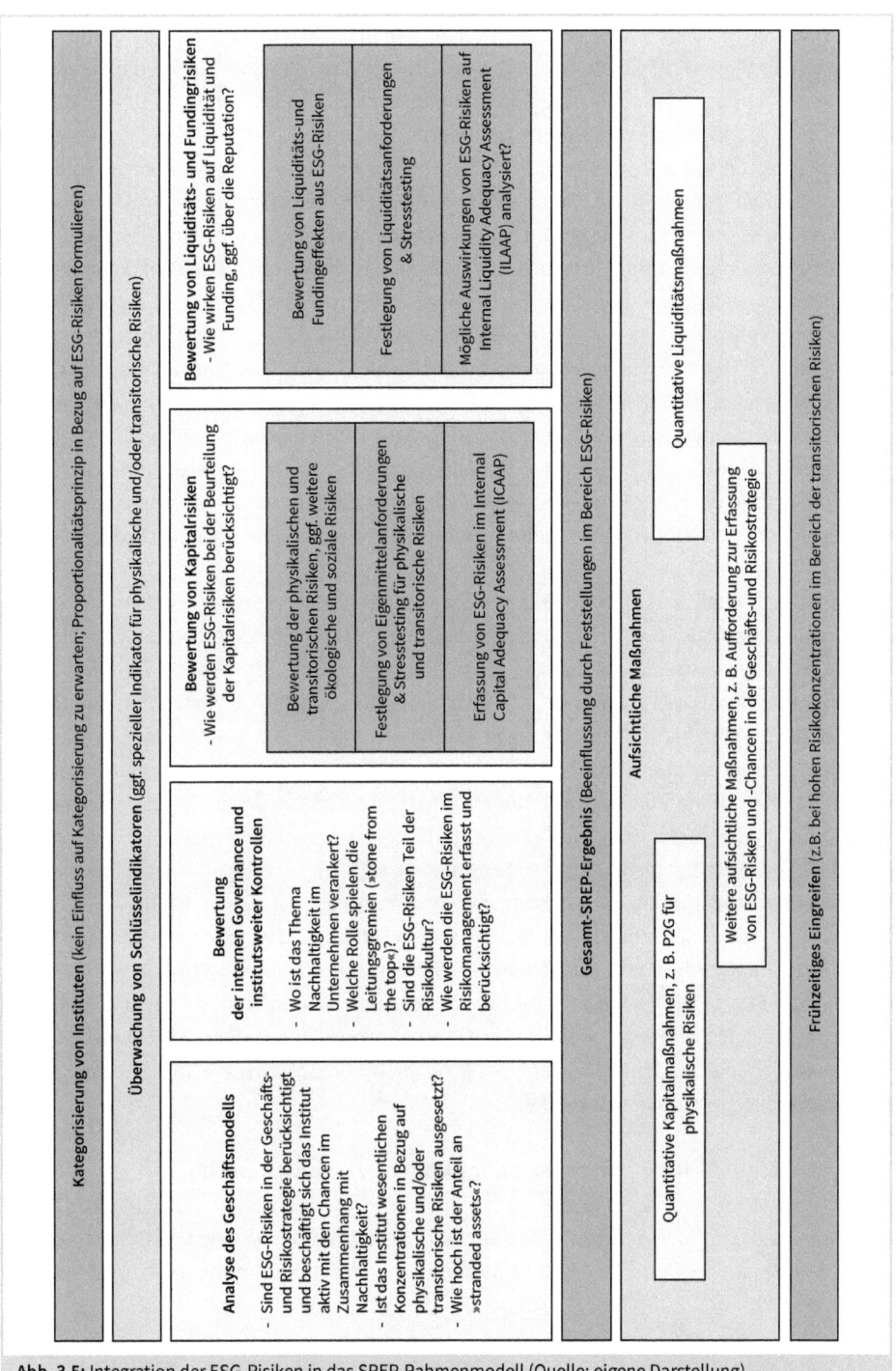

Abb. 3.5: Integration der ESG-Risiken in das SREP-Rahmenmodell (Quelle: eigene Darstellung)

Ihre Erwartungshaltung zur Ausgestaltung der einzelnen SREP-Elemente formuliert die EBA im Rahmen einer Vielzahl von Leitlinien. Mit dem Entwurf einer Leitlinie zur Kreditvergabe und Kreditüberwachung[138] formuliert die EBA erstmals explizit Anforderungen in Bezug auf ESG-Faktoren im Kreditgeschäft und führt den Begriff des Green Lending ein als Kreditvergabe auf der Basis von umwelt- und/oder klimabezogenen Kriterien, d. h. die Bereitstellung von Kreditmitteln an Unternehmen, Organisationen oder zur Finanzierung von Projekten, die im Gegenzug einen positiven Beitrag zum Umweltschutz und/oder Klimaschutz leisten. Der Entwurf sieht vor, dass Kreditinstitute in ihrer Kreditrisikostrategie und ihren Risikomanagementrichtlinien sowie den darauf beruhenden Verfahren und Prozessen darstellen, in welcher Form ESG-Faktoren jeweils eine Rolle spielen, ob und wie sie berücksichtigt werden. In den Risikomanagementrichtlinien ist dabei vor allem auf die Bedeutung und das Management physischer und transitorischer Risiken im Kreditgeschäft einzugehen. Kreditinstitute, die »grüne« Kredite vergeben oder planen, diese zu vergeben, müssen hierzu in ihren Kreditvergaberichtlinien entsprechende Ausführungen machen. Sie sollen darstellen, nach welchen Kriterien sie solche Kredite vergeben und wie sie diese überwachen, insbesondere wie sie die sachgerechte Verwendung der durch die »grünen« Kredite bereitgestellten Mittel überwachen werden.

Die Leitlinie zur Kreditvergabe und Kreditüberwachung ist Teil des EBA Action Plan on Sustainable Finance, den die EBA Anfang Dezember 2019 veröffentlicht hat[139]. Der EBA Action Plan on Sustainable Finance konsolidiert die Arbeitsaufträge, die die EBA von der EU-Kommission zur Integration von ESG-Faktoren in bestehende Aufsichtspraktiken erhalten hat, und legt für diese einen Zeitplan bis 2025 vor. Bezogen auf die Integration in den SREP sieht der Zeitplan vor, Mitte 2020 zunächst ein Diskussionspapier zu veröffentlichen, mit dem die EBA in den Dialog mit den betroffenen Instituten treten möchte. Erste Sensitivitätsanalysen, mit denen die Widerstandsfähigkeit des Bankensektors gegen Risiken aus dem Klimawandel analysiert werden sollen, beabsichtigt die EBA im zweiten Halbjahr 2020 auf freiwilliger Basis mit ausgewählten Banken durchzuführen. Mittelfristig ist dann eine Berücksichtigung der Risiken aus dem Klimawandel in den aufsichtlichen Stresstests vorgesehen, deren Ergebnisse zu zusätzlichen Säule-2-Kapitalanforderungen führen können. Für die Jahre 2022 bis 2024 ist eine Erweiterung bestehender EBA-Leitlinien um ESG-Faktoren vorgesehen. In dem Action Plan on Sustainable Finance formuliert die EBA des Weiteren ihre Erwartungen an die Banken, ESG-Faktoren in die Strategien, das Interne Kontrollsystem, die Risikomanagementprozesse inkl. Stresstests und die Entscheidungsprozesse zu integrieren.

3.2.3.2.3 Maßnahmen zum Schutz der Kunden (Verbraucherschutz)

Maßnahmen, die auf den Verbraucherschutz bzw. Anlegerschutz abzielen, resultieren primär aus den Maßnahmen 4 und 7 des EU-Aktionsplans. In diesem Zusammenhang sind folgende

---

138 Vgl. EBA (2019b).
139 Vgl. EBA (2019a).

konkrete Maßnahmen bzw. Anpassungen bestehender verbraucher- und anlegerschützender Regelungen vorgesehen:

1. Anpassungen der Markets in Financial Instrument Directive II (MiFID II)[140]
2. Anpassungen der Richtlinien der OGAW (Organismen für gemeinsame Anlagen in Wertpapieren) und der AIFM (Verwalter alternativer Investmentfonds)
3. Schaffung eines einheitlichen Rahmens für die Offenlegung von Informationen über nachhaltige Investitionen und Nachhaltigkeitsrisiken

Mit der Verordnung über nachhaltigkeitsbezogene Offenlegungspflichten im Finanzdienstleistungssektor[141] schafft die EU-Kommission die Grundlage für eine durchgängige Integration von Nachhaltigkeitsaspekten in die Anlage- und Beratungsprozesse von bestimmten Wertpapierfirmen und Kreditinstituten und damit eine konsequente Berücksichtigung solcher Aspekte im Rahmen der Anlageentscheidung der Kunden. Ziel der Verordnung ist es, Informationsasymmetrien in den Beziehungen zwischen Bank bzw. Wertpapierfirma oder einem Fondsanbieter auf der einen Seite und den Kunden auf der anderen Seite im Hinblick auf die Einbeziehung von Nachhaltigkeitskriterien in die Anlageentscheidungen und -prozesse abzubauen. Zusammengefasst regelt die Verordnung, dass Wertpapierfirmen und Kreditinstituten zum einen allgemein zugänglich auf ihrer Unternehmenswebsite transparent darstellen sollen, wie ESG-Faktoren in die internen Auswahl- und Entscheidungsprozesse sowie Überwachungsprozesse einbezogen werden – hierzu gehört auch die Veröffentlichung von Strategien, die im Hinblick auf die Berücksichtigung von Nachhaltigkeitsrisiken in Investitionsentscheidungen verfolgt werden. Zum anderen müssen sie in ihren vorvertraglichen Informationen gem. Art. 24 Abs. 4 Richtlinie 2014/65 (EU) ESG-Faktoren mit aufnehmen und z. B. darstellen, welche Verfahren und Bedingungen angewendet werden, um bei Investitionsentscheidungen Nachhaltigkeitsrisiken Rechnung zu tragen, und ob Nachhaltigkeitsrisiken wesentlich auf die Rendite der angebotenen Finanzprodukte einwirken. Zudem sollen Wertpapierfirmen und Kreditinstitute in den ihren Kunden zur Verfügung zu stellenden Berichten i. S. d. Art. 25 Abs. 6 Richtlinie 2014/65 (EU) Darstellungen über die Nachhaltigkeitswirkung der relevanten Finanzprodukte aufnehmen.

Die ESMA hat am 30. April 2019 ihren »Technical Advice on integrating sustainability risks and factors in MiFID II« veröffentlicht. Der Technical Advice widmet sich einerseits den organisatorischen Anforderungen und dem Risikomanagement inkl. Interessenkonfliktmanagement, andererseits den Produktüberwachungsvorschriften. Die Vorschläge der ESMA sind primär prinzipienorientiert in dem Sinne, dass ESG-Faktoren und ESG-Risiken in den einschlägigen MiFID-Prozessen zu berücksichtigen sind, wenn diese in Bezug auf die den Kunden angebotenen bzw. vom Kunden angefragten Dienstleistungen und Produkten relevant sind. Insbesondere sollen die ESG-Präferenzen der Kunden im Beratungsprozess und bei der Auswahl der Produkte zukünftig berücksichtigt werden und es soll sichergestellt werden, dass die

---

140 Ferner hat die EIOPA einen Vorschlag zur Integration von ESG-Faktoren in die Insurance Distributive Directive (IDD) erarbeitet (vgl. EIOPA's Technical Advice on the integration of sustainability risks and factors in the delegated acts under Solvency II and IDD, 30. April 2019).

141 EU (2019).

angebotenen Produkte, wenn relevant für den Zielmarkt, die erforderlichen ESG-Präferenzen auch berücksichtigen. Konkret betroffen von den Vorschlägen der ESMA sind die delegierte Verordnung (EU) 2017/565 (»MiFID II Delegated Regulation«) und die delegierte Richtlinie (EU) 2017/593 (»MiFID II Delegated Directive«).

Parallel zu den Arbeiten der ESMA hat die EU-Kommission einen Entwurf einer Verordnung zur Änderung der delegierten Verordnung (EU) 2017/565 veröffentlicht, in dem zum einen zentrale Begriffe wie »ESG preferences« oder »ESG considerations« definiert werden. Der Entwurf sieht ferner vor, dass Institute und Wertpapierfirmen zukünftig im Rahmen der Anlageberatung Kunden darüber informieren, wie sie ESG-Faktoren in den Produktauswahlprozess bzw. in die Produktempfehlungen einfließen lassen. Auch sollen ESG-Faktoren im Rahmen der Eignungs-beurteilung berücksichtigt werden und soweit erforderlich auch in die Eignungsberichte nach Art. 54 Abs. 12 delVO (EU) 2017/565 einfließen.

Im Rahmen der Maßnahme 7 des EU-Aktionsplans hat die ESMA den Auftrag erhalten, Vor-schläge zu erarbeiten und mit den Interessengruppen abzustimmen, wie ESG-Faktoren und Nachhaltigkeitsrisiken in die Regelwerke für Investmentfonds (OGAW: Organismen für gemein-same Anlagen in Wertpapierfirmen) und für Alternative Investmentfonds (AIF: Alternative Investment Funds) integriert werden können. Hierzu hat die ESMA am 30. April 2019 einen Tech-nical Advice veröffentlicht[142], in dem sie darstellt, an welchen Stellen die OGAW-Richtlinie und die AIFM-Richtlinie ergänzt werden sollten, um gesonderte ESG-Risiken und ESG-Aspekte im Rahmen des Managements der einzelnen Fonds zu berücksichtigen (MA 7.2).

3.2.3.2.4   Maßnahmen zur Erhöhung der Transparenz

Einen rechtlichen Rahmen zur Erhöhung der Transparenz in Bezug auf die Auswirkungen unter-nehmerischer Tätigkeiten auf ESG-Belange, inkl. Achtung der Menschenrechte, hat die EU bereits mit der Verabschiedung der Richtlinie 2014/95/EU (»CSR-Richtlinie«) und der darin als zentrales Element vorgesehenen »Nichtfinanziellen Erklärung« gelegt[143]. Als einen spezifischen Hand-lungsstrang im Rahmen der Maßnahme 9 des EU-Aktionsplans hat die EU-Kommission auf der Basis der Empfehlungen der TEG[144] einen Nachtrag zu ihren Leitlinien für die Berichterstattung über nichtfinanzielle Informationen veröffentlicht, der spezielle Leitlinien für die klimabezogene Berichterstattung enthält[145]. Die Leitlinien orientieren sich an den FSB-TCFD-Empfehlungen.

Zu den Maßnahmen zur Erhöhung der Transparenz zählt auch der mit der sog. CRR II (vgl. Verordnung (EU) 2019/876) in die CRR eingefügte Art. 449a. Ab dem 28. Juni 2022 müssen

---

142 Vgl. ESMA (2019).
143 Die CSR-Richtlinie wurde mit dem Gesetz zur Stärkung der nichtfinanziellen Berichterstattung der Unternehmen in ihren Lage- und Konzernlageberichten (sog. CSR-Richtlinie-Umsetzungsgesetz) vom 11. April 2017 in Deutschland umgesetzt.
144 Vgl. EU TEG (2019b).
145 Vgl. EU-Kommission (2019a).

bestimmte Institute im Rahmen des halbjährlichen Offenlegungsberichts nach der CRR Informationen zu ESG-Risiken einschließlich physischer Risiken und Transitionsrisiken offenlegen. Betroffen sind große Institute i. S. d. Art. 4 Abs. 1 Nr. 146 der CRR, die Wertpapiere zum Handel auf einem geregelten Markt emittiert haben. Als großes Institut gelten in jedem Fall die von der EZB beaufsichtigten Institute. Einzelheiten zu den offenzulegenden Informationen und Offenlegungsformaten müssen in den nächsten Jahren von der EBA geregelt werden. Einzelheiten hierzu hat die EBA in ihrem Action Plan on Sustainable Finance formuliert[146].

3.2.4 Nationale Standards und Vorgaben

Grundsätzlich sollen der unter Kapitel 3.2.3.1 dargestellte EU-Aktionsplan und die daraus abgeleiteten Richtlinien, Verordnungen und delegierte Rechtsakte bis hin zu Leitlinien der Europäischen Aufsichtsbehörden die Grundlage für weitere nationale Maßnahmen innerhalb der EU darstellen. Änderungen an den zentralen Richtlinien wie der MiFID II, der OGAW-Richtlinie, der AIFMD oder der CRD müssen innerhalb einer jeweils vorgegebenen Frist in nationale Gesetze transferiert werden. Verordnungen wie die Taxonomie-Verordnung oder die Verordnung betreffende nachhaltigkeitsbezogene Offenlegungspflichten im Finanzdienstleistungssektor und Änderungen an bestehenden Verordnungen gelten mit der Veröffentlichung im Amtsblatt der EU und entfalten, vorbehaltlich gesonderter Übergangsvorschriften, unmittelbare Bindungswirkung für Banken und Wertpapierfirmen.

Unabhängig von diesen europarechtlichen Vorschriften ist seit 2018 zu beobachten, dass nationale Aufsichtsbehörden sich des Themas Sustainable Finance annehmen und einen entsprechenden, mal mehr, mal weniger verbindlichen aufsichtsrechtlichen Rahmen für ihren Finanzmarkt bzw. ihre Finanzmarktakteure (Banken, Wertpapierfirmen, Versicherungen, Kapitalanlagegesellschaften etc.) schaffen. So hat z. B. die De Nederlandsche Bank (DNB) als Aufsichtsbehörde für die niederländischen Banken und Wertpapierfirmen bereits 2016, und damit bereits vor der Verabschiedung des EU-Aktionsplans, die »Sustainable Finance Platform« ins Leben gerufen. Aufgabe dieser Plattform ist es, Sustainable Finance und insbesondere Sustainable Funding stärker in den Finanzmarkt zu integrieren und das Bewusstsein der Finanzmarktakteure für die Bedeutung des Themas zu schärfen. Unter anderem hat die Plattform im März 2018 einen Bericht veröffentlicht, in dem sie darstellt, wie die aus dem Klimawandel resultierenden Risiken in die Governance und das Risikomanagement von Banken und Wertpapierfirmen integriert werden können.

Auch die britischen Aufsichtsbehörden haben das Thema bereits aufgegriffen. Die Prudential Regulatory Authority (PRA) hat im April 2019 ein Supervisory Statement vorgelegt, in dem sie Vorgaben zur Berücksichtigung von finanziellen Risiken aus dem Klimawandel im

---

146 Vgl. EBA (2019a).

Risikomanagement von Banken und Versicherungsgesellschaften formuliert[147]. Bemerkenswert an diesem Supervisory Statement ist u.a., dass Vorstand und Aufsichtsrat klare Verantwortlichkeiten für das Thema auf Senior-Management-Ebene festlegen müssen (Senior Management Function), dass die Risiken, die mit dem Klimawandel einhergehen, im ICAAP zu berücksichtigen sind und dass die Institute sich auf die Berücksichtigung der physischen und transitorischen Risiken im Rahmen branchenweiter Stresstests vorbereiten sollen. Die für Verbraucherschutz und Marktmissbrauch zuständige britische Aufsichtsbehörde, die Financial Conduct Authority (FCA), hat ebenfalls bereits Papiere zu Sustainable Finance veröffentlicht[148].

In Deutschland haben Bundesanstalt für Finanzdienstleistungsaufsicht (BaFin) und Deutsche Bundesbank Anfang 2019 damit begonnen, Sustainable Finance und insbesondere die Auswirkungen der Risiken aus dem Klimawandel für die Finanzwirtschaft auf die Agenda zu nehmen. Nach der Veröffentlichung in der BaFin-Publikationsreihe »BaFin Perspektiven« zum Thema Nachhaltigkeit[149] hat die BaFin am 20. Dezember 2019 ein Merkblatt zum Umgang mit Nachhaltigkeitsrisiken herausgebracht. Das BaFin-Merkblatt richtet sich sektorübergreifend an Banken, Versicherungen, Kapitalanlagegesellschaften und Finanzdienstleistungsinstitute und soll diesen einen unverbindlichen Leitfaden zum Umgang mit klimabedingten und anderen ESG-Risiken bereitstellen. Es lehnt sich an die für die einzelnen Sektoren formulierten Mindestanforderungen an das Risikomanagement bzw. an die Geschäftsorganisation an; für die Banken und Wertpapierfirmen sind das die Mindestanforderungen an das Risikomanagement (MaRisk). Die folgende Abbildung gibt einen Überblick über die Inhalte des Merkblatts.

Grundlagen

Überblick zu BaFin-Merkblatt-Inhalten

Entwicklung von Strategien:

- Überprüfung der Auswirkungen von Nachhaltigkeitsrisiken und Chancen aus der Transformation der Wirtschaft auf die bestehende Geschäfts- und Risikostrategie
- In Abhängigkeit von der Bedeutung der Nachhaltigkeitsrisiken und der Chancen entweder Erstellung einer separaten Nachhaltigkeitsstrategie oder Integration der Nachhaltigkeitsrisiken in die bestehende Risikostrategie nach MaRisk

Verantwortliche Unternehmensführung:

- Die Geschäftsleitung/Unternehmensführung muss die Nachhaltigkeitsstrategie des Unternehmens als Teil der Risikokultur klar und eindeutig kommunizieren.
- Es müssen klare Verantwortlichkeiten für das Management der Nachhaltigkeitsrisiken festgelegt werden.
- Der Geschäftsleitung/Unternehmensführung kommt eine Vorbildfunktion zu.
- Nachhaltigkeitsrisiken und der Umgang mit ihnen müssen Bestandteil der Risikokultur sein.

---

147 Siehe hierzu auch PRA (2019).
148 Vgl. weiterführend FCA (2018).
149 Vgl. BaFin (2019b).

Geschäftsorganisation:

- Nachhaltigkeitsrisiken sind in die Organisationsrichtlinien, Prozesse und Verfahrensanweisungen etc. der relevanten Geschäftsbereiche (Markt, Marktfolge, Handel, Abwicklung usw.) sowie der Support-Funktionen (Risikocontrolling, Compliance usw.) zu integrieren.
- Es muss sichergestellt werden, dass die Geschäftseinheiten und Support-Funktionen quantitativ und qualitativ sachgerecht mit Ressourcen ausgestattet werden.
- Wenn eine spezielle Nachhaltigkeitsabteilung eingerichtet ist, muss in den Organisationsrichtlinien dargestellt werden, wie sie in die bestehenden Prozesse und Funktionen integriert ist bzw. welche Schnittstellen es gibt.
- Die Kontrollfunktionen – Risikocontrolling, Compliance und Interne Revision – müssen Nachhaltigkeitsrisiken bzw. die voranschreitende Regulierung im Bereich Nachhaltigkeit mit in ihren Aufgabenbereich übernehmen.
- Die Unternehmen sollen ferner prüfen, ob Nachhaltigkeitsrisiken ausreichend im Notfallmanagement berücksichtigt sind. Das wird insbesondere solche physischen Risiken betreffen, die zu Systemausfällen oder sonstigen Betriebsunterbrechungen führen.

Risikomanagement:

- Nachhaltigkeitsrisiken sind adäquat in die Risikoidentifikations-, Risikosteuerungs- und Risikoüberwachungsprozesse inkl. Risikoreporting zu integrieren.
- Konsistent zur Risikostrategie sollten Methoden zur Steuerung und Begrenzung von Nachhaltigkeitsrisiken entwickelt und eingesetzt werden. Das können z. B. Negativlisten und Positivlisten, ESG-Screenings usw. sein.
- Institute sollen prüfen, ob Nachhaltigkeitsrisiken bereits angemessen in Stresstests berücksichtigt werden. Ggf. sind neue oder modifizierte Szenarioanalysen durchzuführen, die Transformations- und physische Risiken berücksichtigen.
- Es sollte geprüft werden, inwieweit Nachhaltigkeitsrisiken in Risikoklassifizierungsverfahren integriert werden können; ggf. sind separate Risikoklassifizierungsverfahren zu verwenden. Bei der Verwendung von Ratings ist sicherzustellen, dass es zu keiner unsachgemäßen Verwässerung von Ausfallinformationen in den Ratingergebnissen kommt. Gegebenenfalls sind spezielle ESG Ratings zu verwenden.
- Nachhaltigkeitsrisiken sind in die Prozesse für die Kreditbearbeitung nach BTO 1.2 der MaRisk einzubeziehen.

Auslagerung/Ausgliederung:

- Berücksichtigung von Nachhaltigkeitsrisiken in der Auslagerungsrichtlinie und bei einzelnen Auslagerungen. Es ist zu prüfen, ob einzelne Auslagerungen Nachhaltigkeitsrisiken ausgesetzt sind.
- Sofern relevant, ist zu analysieren, wie der Dienstleister mit Nachhaltigkeitsrisiken umgeht; ggf. sind Anpassungen im Auslagerungsvertrag erforderlich.

Gruppensachverhalte:

- Soweit relevant, sollten Regelungen zum Umgang mit Nachhaltigkeitsrisiken in der Geschäfts- und Risikostrategie sowie in den Organisationsrichtlinien gruppenweit konsistent umgesetzt werden.

Wie die britische Aufsicht PRA orientiert sich auch die BaFin stark an dem TCFD-Rahmenwerk. Zwar wird an verschiedenen Stellen allgemein von Nachhaltigkeitsrisiken oder ESG-Risiken gesprochen; im Kern fokussieren sich die Anforderungen jedoch auf Transformationsrisiken und physische Risiken im Zusammenhang mit dem Klimawandel. Auch bezogen auf die

Handlungsfelder ähneln sich die Veröffentlichungen – Governance, Strategie, Risikomanagement, Metriken und Methoden.

3.3   Fazit und Zusammenfassung

Der Klimawandel und andere Herausforderungen im Zusammenhang mit der Notwendigkeit, eine auf mehr Nachhaltigkeit abgestimmte Transformation der Wirtschaft herbeizuführen, wirken sich auf die Vermögens-, Ertrags- und Liquiditätslage der Banken sowohl direkt als auch indirekt aus. Vor diesem Hintergrund ist es sachgerecht, dass die Bankenaufsicht Maßnahmen ergreift bzw. vorbereitet, damit Banken sich entsprechend gegen besondere Risiken aus dem Klimawandel wappnen; das beinhaltet auch die Auseinandersetzung mit dem aktuellen Geschäftsmodell und der Frage, ob dieses vor dem Hintergrund der Risiken- und Chancenprofile noch tragfähig ist. Eine verbraucherschützende Bankenaufsicht muss zudem sicherstellen, dass, wenn Banken und Wertpapierfirmen (Privat-)Kunden Produkte anbieten, die die Transformation der Wirtschaft fördern bzw. einen positiven Beitrag zum fortschreitenden Klimaschutz leisten, sie ihre bestehenden Prozesse und Methoden im Rahmen der Erbringung von Wertpapierdienstleistungen entsprechend anpassen und die besonderen Risiken und Chancen mit solchen Produkten im Interesse der Kunden sachgerecht berücksichtigen. Die Schaffung von Anreizen, damit Banken dazu beitragen, den Klimawandel zu finanzieren, ist zwar zunächst primär eine politische Entscheidung; die Politik kann die Aufsichtsbehörden damit beauftragen, diese politischen Vorgaben zu überwachen. Wenn allerdings Investitionen in nicht nachhaltige Wirtschaftsaktivitäten die Folgerisiken, vor allem die physischen Risiken verstärken, kann es sehr wohl originäre Aufgabe der Bankenaufsicht sein, über die bestehenden makro- und mikroprudenziellen Instrumente Banken dazu anzuhalten, vermehrt in nachhaltige Wirtschaftsaktivitäten zu investieren[150].

Mit dem EU-Aktionsplan zur Finanzierung nachhaltigen Wachstums hat die EU-Kommission insgesamt zehn Maßnahmen definiert mit der Zielsetzung, Kapital in nachhaltige Investitionen umzulenken, mehr Transparenz und mehr langfristiges Handeln bei den Finanzmarktakteuren zu erreichen und Nachhaltigkeitsrisiken, insbesondere Risiken aus dem Klimawandel, in den Aufsichtsvorschriften angemessen zu berücksichtigen. Der EU-Aktionsplan enthält zahlreiche Arbeitsaufträge an die Europäischen Aufsichtsbehörden, an die EU-Kommission und an diverse Standardsetzer. Parallel zu den Arbeiten auf europäischer Ebene haben nationale Aufsichtsbehörden damit begonnen, Erwartungen und Anforderungen an die beaufsichtigten Unternehmen zu veröffentlichen bzw. zur Konsultation zu stellen.

Durch die Vielzahl von Einzelaufträgen an verschiedene Institutionen und parallele Arbeiten auf nationaler Ebene besteht die Gefahr von Inkonsistenzen, vor allem bezogen auf die

---

150 Vgl. auch die Argumentation bei Lamperti, F. et al. (2019), S. 830 f.

definitorischen Grundlagen. Letztere sind aber wichtig, wenn es darum geht, einen harmonisierten Rahmen für die betroffenen Unternehmen abzustecken. Erschwerend kommt hinzu, dass gerade um die Taxonomie und deren Verbindlichkeit heftig diskutiert wird. Für die prudenziellen Aufsichtsmaßnahmen ist dies weniger bedeutsam. Hier hat sich mit der Anlehnung an das TCFD-Rahmenwerk und der dort verwendeten Risikokategorien ein gewisser Standard entwickelt, an dem sich sowohl die Aufsichtsbehörden als auch bereits die (großen) Banken bzgl. der Entwicklung von speziellen Verfahren, Methoden und Modellen orientieren.

Entscheidende Bedeutung haben die Taxonomie und ein einheitlicher Rahmen zu »Green Bonds« und »Green Funds« einschließlich klarer Vorgaben für den Umgang mit ESG-Faktoren im Rahmen der Verhaltens- und Organisationspflichten im Wertpapiergeschäft jedoch für das Gelingen, Kapital in nachhaltige Investitionen umzuleiten, und für wirksame verbraucherschützende Aufsichtsmaßnahmen. Insbesondere private und andere nicht professionelle Anleger sind auf Transparenz hinsichtlich der Finanzprodukte, in die sie investieren, angewiesen und es bedarf klarer Regeln für den Beratungs-, Ausführungs- und Abwicklungsprozess nachhaltiger Finanzprodukte. Eine einheitliche Taxonomie ist auch Bedingung für wirksame Transparenz- und Offenlegungsvorschriften. Zwar können Information darüber, wie der Klimawandel oder andere Nachhaltigkeitsthemen auf eine Bank (»outside-in«) wirken und welchen Einfluss eine Bank selbst auf den Klimawandel oder andere Nachhaltigkeitsziele nimmt (»inside-out«), deskriptiv auch ohne einheitliche Taxonomie offengelegt werden. Nur mit erheblichen Schwierigkeiten ist dann aber eine vergleichende Auswertung der offengelegten Informationen möglich. Letzteres ist aber wiederum erforderlich, um eine unter ESG-Belangen angemessene und geeignete Investitionsentscheidung zu treffen.

4 Handlungsbedarf aus Sicht der Banken

4.1 Kategorisierung des Handlungsbedarfs

In Kapitel 4 wird der Handlungsbedarf für Banken aufgezeigt. Dieser leitet sich einerseits aus den in Kapitel 2 vorgestellten klimabedingten Risiken und Chancen ab, andererseits ergeben sich Handlungsoptionen aus den in Kapitel 3 vorgestellten verbindlich oder freiwillig einzuhaltenden Vorgaben der nationalen und internationalen Gesetzgeber und Standartsetzer. Zu berücksichtigen sind ferner gesellschaftliche und politische Erwartungen, die sich aus der Rolle und Funktion der Banken als Kapitalsammelstelle ergeben.

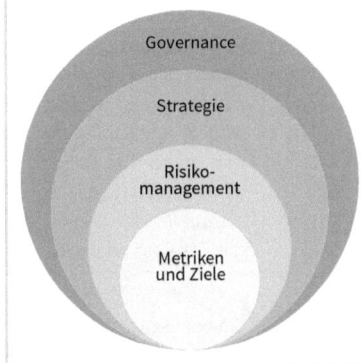

- Governance
  die Steuerungsstrukturen und -prozesse der Organisation bezüglich klimabedingter Chancen und Risiken

- Strategie
  die tatsächlichen und potenziellen Auswirkungen klimabedingter Chancen und Risiken auf das Geschäft, die Strategie und die Finanzplanung der Organisation

- Risikomanagement
  die Prozesse der Organisation, um Klimarisiken zu identifizieren, zu bewerten und zu steuern

- Metriken und Ziele
  die Kennzahlen und Zielsetzungen, die verwendet werden, um relevante Klimachancen und -risiken zu beurteilen und zu steuern

Abb. 4.1: Kernelemente der Offenlegungsempfehlungen zu klimabezogenen Finanzangaben (Quelle: eigene Darstellung in Anlehnung an FSB-TCFD)

Die TCFD-Empfehlungen des FSB haben sich trotz oder gerade wegen ihres freiwilligen Charakters als ein globaler Standard etabliert, an den sich z. B. auch die EU-Kommission mit ihrem Nachtrag zur klimabezogenen Berichterstattung im Rahmen der Berichterstattung über nichtfinanzielle Informationen anlehnt[151]. Die TCFD-Empfehlungen für die freiwillige und konsistente Offenlegung klimabezogener Finanzinformationen soll Investoren, Kreditgeber und Versicherungsunternehmen dabei unterstützen, wesentliche klimabedingte Risiken und Chancen zu verstehen[152]. Die Empfehlungen beziehen sich auf die vier Kernbereiche Governance, Strategie, Risikomanagement sowie Metriken & Ziele (vgl. Abb. 4.1) und richten sich sowohl an Unternehmen und Akteure aus dem finanzwirtschaftlichen Bereich als auch an die Unternehmen und Akteure aus dem realwirtschaftlichen Bereich[153].

Die 11 Handlungsempfehlungen (Tab. 2) zur Offenlegung sind grundsätzlich sektorübergreifend als übergeordnete Empfehlungen entlang der vier Kernbereiche formuliert.

---

151 Vgl. EU-Kommission (2019a), S. 2.
152 Vgl. TCFD (2017a).
153 Vgl. TCFD (2017a), S. 16.

Governance	Strategie	Risikomanagement	Metriken & Ziele
Offenlegung zur Unternehmensführung in Bezug auf klimabedingte Risiken und Chancen	Offenlegung der tatsächlichen und potenziellen Auswirkungen klimabedingter Risiken und Chancen auf die Geschäftstätigkeit, Strategie und Finanzplanung des Unternehmens, sofern diese Informationen wesentlich sind	Offenlegung zur Identifizierung, zur Bewertung und zum Management klimabedingter Risiken im Unternehmen	Offenlegung der Metriken und Ziele, die zur Bewertung und zum Management relevanter klimabezogener Risiken und Chancen verwendet werden, sofern diese Informationen wesentlich sind
a) Beschreibung der Überwachungsfunktion des Aufsichtsrats/Vorstands über klimabedingte Risiken und Chancen.	a) Beschreibung der klimabedingten Risiken und Chancen, die das Unternehmen kurz-, mittel- und langfristig identifiziert hat.	a) Beschreibung der Prozesse des Unternehmens zur Identifizierung und Bewertung klimabedingter Risiken.	a) Offenlegung der Kennzahlen, die das Unternehmen zur Bewertung klimabezogener Risiken und Chancen im Einklang mit seiner Strategie und seinem Risikomanagementprozess verwendet.
b) Beschreibung der Rolle des Managements bei der Bewertung und dem Management klimabedingter Risiken und Chancen.	b) Beschreibung der Auswirkungen klimabedingter Risiken und Chancen auf die Geschäfte, die Strategie und die Finanzplanung des Unternehmens.	b) Beschreibung der Prozesse des Unternehmens zum Management klimabedingter Risiken.	b) Offenlegung der Treibhausgasemissionen Scope 1, Scope 2 und ggf. Scope 3 und der damit verbundenen Risiken.
	c) Beschreibung der Widerstandsfähigkeit der Strategie des Unternehmens unter Berücksichtigung verschiedener klimabezogener Szenarien, einschließlich eines Szenarios von 2 °C oder niedriger.	c) Beschreibung, wie Prozesse zur Identifizierung, zur Bewertung und zum Management klimabezogener Risiken in das Gesamtrisikomanagement des Unternehmens integriert werden.	c) Beschreibung der Ziele, die von dem Unternehmen verwendet werden, um klimabedingte Risiken und Chancen sowie die Leistung im Vergleich zu den Zielen zu steuern.

Tab. 2: Die 11 Handlungsempfehlungen der FSB-TCFD (Quelle: eigene Darstellung in Anlehnung an FSB-TCFD)

Ergänzt werden die Empfehlungen um weitergehende Leitlinien mit sektorübergreifenden und sektorspezifischen Vorschlägen für eine konkrete Umsetzung (Abb. 4.2)[154].

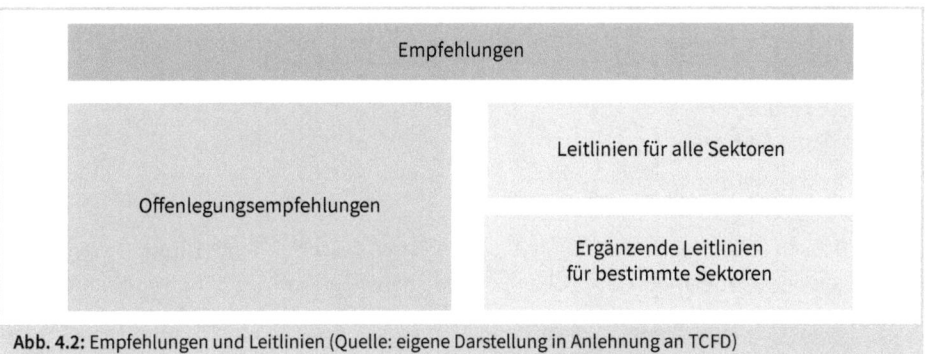

Abb. 4.2: Empfehlungen und Leitlinien (Quelle: eigene Darstellung in Anlehnung an TCFD)

Sektorspezifische Leitlinien wurden u. a. für den Finanzsektor entwickelt, wobei dieser nochmals wie folgt unterteilt wird:
- Banken (Kreditvergabe),
- Versicherungen (Underwriting),
- Vermögensverwalter (Asset Management) und
- Vermögenseigentümer, zu denen u. a. öffentliche und private Pensionspläne, Stiftungen und Fonds gehören.

Die Offenlegung durch den Finanzsektor soll eine frühzeitige Bewertung klimabezogener Risiken und Chancen fördern, die Preisgestaltung für klimabezogene Risiken verbessern und zu fundierteren Entscheidungen über die Kapitalallokation beitragen.

Speziell für Banken wurden folgende ergänzende Empfehlungen erarbeitet:
- **Strategie (a):** Die Banken sollten signifikante Konzentrationen des Kreditrisikos bei kohlenstoffbezogenen Vermögenswerten beschreiben. Darüber hinaus sollten die Banken die Offenlegung ihrer klimabezogenen Risiken (Übergangs- und physische Risiken) bei ihren Kredit- und sonstigen Finanzintermediärgeschäften in Betracht ziehen[155].
- **Risikomanagement (a):** Die Banken sollten die Charakterisierung ihrer klimabedingten Risiken im Zusammenhang mit den traditionellen Risikokategorien des Bankensektors wie Kreditrisiko, Marktrisiko, Liquiditätsrisiko und operationelles Risiko betrachten.
  Die Banken sollten auch die Beschreibung der verwendeten Risikoklassifizierungsrahmen in Betracht ziehen.

---

154 Vgl. ergänzend EDTF (2012), S. 10.
155 Vgl. TCFD (2017b), S. 27.

- **Metriken und Ziele (a):** Die Banken sollten die Kennzahlen zur Verfügung stellen, die zur Beurteilung der Auswirkungen von (transitorischen und physischen) klimabedingten Risiken auf ihre Kreditvergabe und auf andere Geschäfte kurz-, mittel- und langfristig beitragen. Die bereitgestellten Kennzahlen sollen sich auf das Kreditengagement, die Aktien- und Obligationenbestände oder die Handelspositionen beziehen, aufgeschlüsselt nach
    - Branche,
    - Geografie,
    - Kreditqualität und
    - durchschnittlicher Laufzeit.

    Die Banken sollten auch den Betrag und den Prozentsatz der kohlenstoffbezogenen Vermögenswerte im Verhältnis zur Bilanzsumme angeben sowie die Höhe von Krediten und anderen Finanzierungen, die mit klimabezogenen Chancen verbunden sind.

Für den Offenlegungsbereich »Governance« wurden keine spezifischen Empfehlungen für den Bankensektor formuliert.

Unternehmen, im Speziellen Banken, die entlang der TCFD-Empfehlungen Informationen offenlegen, müssen, um Reputationsrisiken zu vermeiden, sicherstellen, dass sie ihre Prozesse, Systeme und Verfahren inkl. ihres Governance-Modells zum Umgang mit den klimawandelbedingten Risiken und Chancen entsprechend den Empfehlungen (neu) ausrichten und ergänzen. Der originäre Fokus der TCFD auf die Offenlegung klimarelevanter Informationen bietet insoweit eine konzeptionelle Basis, auf der Anpassungen bzw. Neuausrichtungen bestehender Prozesse, Systeme, Verfahren und Governance-Modelle vorgenommen werden können, um diese auf die Herausforderungen im Umgang mit klimabedingten Risiken und Chancen vorzubereiten (vgl. Abb. 4.3). Dass Banken mit den durch den Klimawandel einhergehenden Herausforderungen mit aufsichtsrechtlichen und anderen gesetzlichen Regelungen konfrontiert werden, die die bestehenden Prozesse, Systeme, Verfahren und Governance-Modelle tangieren sowie zu strategischen Neuausrichtungen führen müssen, haben schon die Ausführungen in Kapitel 3 zu den Maßnahmen des EU-Aktionsplans gezeigt. Ohne gravierende Veränderungen bei den einzelnen Finanzmarktakteuren sind die drei Handlungsfelder des EU-Aktionsplans
- Neuausrichtung der Kapitalflüsse hin zu einer nachhaltigen Wirtschaft,
- Einbettung der Nachhaltigkeit in das Risikomanagement und in prudenzielle Aufsichtsmaßnahmen sowie
- Förderung von Transparenz und Langfristigkeit

i. S. d. Unterstützung eines stabilen Finanzmarktsystems mit klimarisikoresilienten Akteuren, nicht umzusetzen. Betroffen von den Veränderungen sind dabei nicht nur die Strategie- und Marktprozesse sowie auch die Risiko- und Compliance-Prozesse. Eine sachgerechte und effektive Berücksichtigung der Risiken und Chancen aus dem Klimawandel und die von Politik und

Gesellschaft erwartete aktive Rolle der Banken bei der Transformation der Wirtschaft bedingt Veränderungen sowohl in den Marktbereichen als auch in den Marktfolge- und Betriebsbereichen.

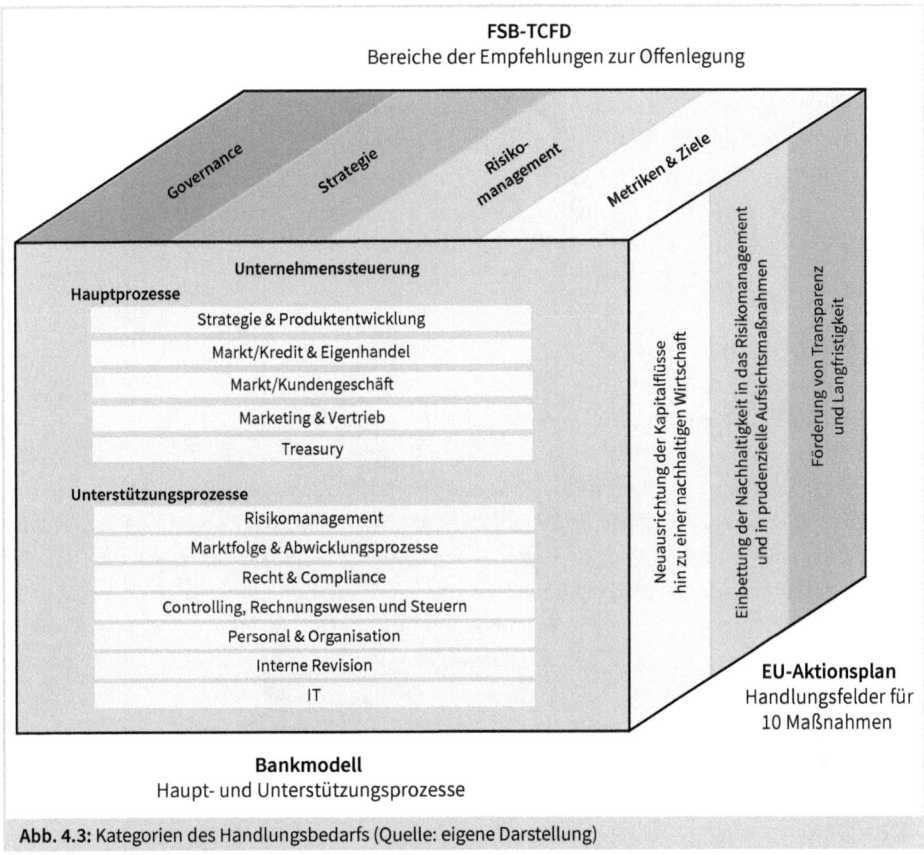

FSB-TCFD
Bereiche der Empfehlungen zur Offenlegung

Governance   Strategie   Risikomanagement   Metriken & Ziele

Unternehmenssteuerung

Hauptprozesse

Strategie & Produktentwicklung

Markt/Kredit & Eigenhandel

Markt/Kundengeschäft

Marketing & Vertrieb

Treasury

Unterstützungsprozesse

Risikomanagement

Marktfolge & Abwicklungsprozesse

Recht & Compliance

Controlling, Rechnungswesen und Steuern

Personal & Organisation

Interne Revision

IT

Neuausrichtung der Kapitalflüsse hin zu einer nachhaltigen Wirtschaft

Einbettung der Nachhaltigkeit in das Risikomanagement und in prudenzielle Aufsichtsmaßnahmen

Förderung von Transparenz und Langfristigkeit

EU-Aktionsplan
Handlungsfelder für 10 Maßnahmen

Bankmodell
Haupt- und Unterstützungsprozesse

Abb. 4.3: Kategorien des Handlungsbedarfs (Quelle: eigene Darstellung)

Ausgehend von einem schematischen Bankmodell mit einer übergreifenden Unternehmenssteuerung, obliegt es den Eigentümern und dem Aufsichtsrat, Ziel und Zweck der Unternehmung zu bestimmen und die Umsetzung durch die Geschäftsleitung bzw. den Vorstand zu überwachen (Governance). Die operative Unternehmensführung kann dabei in zwei Prozessebenen, die Hauptprozesse und die Unterstützungsprozesse, unterteilt werden. Die Hauptprozessebene beinhaltet bspw. die Strategie- und Produktentwicklung, die marktseitigen Prozesse zu Kundengeschäft und Eigenhandel, Marketing und Vertrieb sowie das Treasury. Die Unterstützungsprozesse, im Wesentlichen das Risikomanagement, die Marktfolge- und Abwicklungsprozesse, die Bereiche Recht und Compliance, Rechnungswesen und Steuern, Personal und Organisation sowie die Interne Revision und die IT, bilden das Fundament für die Hauptprozesse.

Die Banken stehen aktuell vor der großen Herausforderung, sich optimal für die Risiken und Chancen aus dem Klimawandel vorzubereiten. Entlang der zuvor genannten FSB-TCFD-Empfehlungen werden wir im Folgenden unter Berücksichtigung der Vorgaben aus dem EU-Aktionsplan – und weiterer daraus abgeleiteter (bankaufsichtlicher) Maßnahmen – die Handlungsoptionen für die Anpassung der Prozesse, Systeme, Verfahren und Governance-Modelle sowie der Strategie vorstellen. Dabei orientieren sich die Kapitel 4.2 zur Governance, Kapitel 4.3 zur Strategie, Kapitel 4.4 zum Risikomanagement und Kapitel 4.5 zu Metriken & Zielen sehr eng an den TCFD-Empfehlungen. Die Motivation dafür besteht darin, dass eine Bank entlang dieser Struktur nur dann berichten kann, wenn die zugrunde liegenden Strukturen dies unterstützen. Soweit es für einzelne TCFD-Empfehlungen parallele bankaufsichtliche Anforderungen gibt, werden wir diese ebenfalls heranziehen und entlang dieser Handlungsoptionen aufzeigen.

4.2   Governance

4.2.1   Begriffsabgrenzung und wesentliche Inhalte

Das folgende Kapitel stellt die vom FSB-TCFD erarbeiteten Vorschläge zur Veröffentlichung von Angaben zur Unternehmensführung (Governance) dar. Am Anfang des Kapitels stehen die englischen Originalvorgaben zu Recommended Disclosure und Guidance for All Sectors. Auf der Basis dieser Empfehlungen wird ein konkreter Handlungsrahmen entwickelt, wie Banken die mit den Offenlegungsempfehlungen verbundenen Anforderungen intern umsetzen können. Hierbei werden, sofern schon vorhanden, weitergehende gesetzliche und regulatorische Vorgaben, insbesondere aus dem EU-Aktionsplan, miteinander verknüpft, sodass der formulierte Handlungsrahmen ebenfalls bereits als mögliche Vorbereitung auf weitere europäische und nationale gesetzliche und regulatorische Vorgaben gesehen werden kann.

Der Begriff Governance wird allgemein als Steuerung, im Zusammenhang mit Unternehmen – Corporate Governance – auch als Unternehmensführung/-leitung und -kontrolle übersetzt bzw. verwendet. Im deutschen Corporate Governance Kodex wird von der Leitung und Überwachung (eines Unternehmens) gesprochen[156]. In der Bankenaufsicht wird üblicherweise von Internal Governance gesprochen und der Begriff weiter gefasst. Internal Governance bezieht sich auf die interne Organisation einer Bank sowie die Art und Weise, wie die Bank geführt und die Risiken gesteuert werden. Gemäß den Leitlinien der Europäischen Bankenaufsichtsbehörde (EBA) zum Supervisory Review Evaluation Process (SREP) umfasst Internal Governance[157]:
- die Zusammensetzung, Organisation und Funktionsweise der Leitungsgremien und ihrer Ausschüsse – sofern vorhanden;
- die Unternehmens- und Risikokultur;
- die Vergütungspolitik und die Vergütungspraktiken;

---

156 Vgl. DCGK (2017).
157 Vgl. EBA (2014), Tz. 89.

- das interne Kontrollrahmenwerk;
- das Risikomanagementrahmenwerk;
- administrative Verfahren und Verfahren der Rechnungslegung;
- Outsourcing-Regelungen;
- Informationssysteme und Regelungen zur Betriebskontinuität;
- stimmige und zuverlässige Sanierungspläne.

Internal Governance ist zwar primär eine Aufgabe der Leitungsgremien, und zwar sowohl des Aufsichtsrats als auch der Geschäftsleitung bzw. des Vorstands – gemäß ihren jeweiligen Aufgaben und Kompetenzen. Die Leitungsgremien müssen sicherstellen, dass eine entsprechend »gute« interne Governance im Unternehmen etabliert wird. Entscheidend ist aber, dass die zentralen Vorgaben der Internal Governance in der Organisation, den Prozessen und den Kontrollen des Unternehmens verankert werden und bis zum einzelnen Mitarbeiter vordringen können und von ihm beachtet werden. Insoweit ist es nur konsequent, wenn »Governance« den äußeren Rahmen und Startpunkt einer klimabezogenen Offenlegung bildet.

Im Rahmen des SREP sollen die Aufsichtsbehörden ermitteln, ob wesentliche Risiken durch eine schlechte interne Governance bestehen und welche Auswirkungen diese auf die Nachhaltigkeit des Instituts haben könnten. Die Internal Governance ist ein zentraler Ausgangspunkt, um zu beurteilen, inwieweit eine Bank (zukünftige) Risiken beachtet und steuert und mit welchen Maßnahmen sie zukünftigen Herausforderungen begegnet und ihr Geschäftsmodell entsprechend diesen Herausforderungen (um-)gestaltet. Unterstellt man nun, dass die oben abgegrenzten klimabezogenen Risiken, aber genauso andere Nachhaltigkeitsrisiken, als »wesentlich« einzustufen sind und die Klimaziele, genauso wie andere Nachhaltigkeitsziele, zu einer Anpassung oder Änderung der Geschäftsmodelle von Banken führen müssen, muss sich dies entsprechend in der (Internal) »Governance« einer Bank mit ihren zentralen Elementen »Aufsichtsrat und Vorstand«, »Unternehmens- und Risikokultur«, »Kontroll- und Risikomanagementrahmenwerk« und »Vergütungsrahmen« widerspiegeln.

Vor dem Hintergrund der gesellschaftlichen, politischen und regulatorischen Bedeutung des Klimawandels sowie der Risiken aus dem Klimawandel erfährt die Bedeutung der Governance eine deutliche Ausweitung oder Neugewichtung bezüglich des Verantwortungsbereichs der Unternehmensführung. Heute wird der Unternehmensführung ein verantwortlicher Umgang zu Fragen der Ökonomie, Ökologie und Gesellschaft abverlangt. Der steigende Einfluss klimabedingter Aspekte erfordert eine stärkere Gewichtung ökologischer Aspekte, bspw. durch die Gewährung von Ermessensspielräumen in der schriftlich fixierten Ordnung bei der Beurteilung von Risiken aus dem Wandel des wirtschaftlichen und gesellschaftlichen Umfelds.

4.2.2 TCFD-Empfehlungen zur Governance

4.2.2.1 Überblick über die Empfehlungen

Die FSB-TCFD hat zum Thema Governance/Unternehmensführung Leitlinien entwickelt, an denen sich alle Sektoren/Wirtschaftsbereiche bei der Offenlegung klimarelevanter Informationen orientieren können. Damit haben diese Leitlinien auch Relevanz für Banken. Branchenspezifische Empfehlungen sind derzeit nicht formuliert.

Governance	
Disclose the organization's governance around climate-related risks and opportunities	
Recommended Disclosure a) Describe the board's oversight of climate-related risks and opportunities.	**Guidance for All Sectors** In describing the board's oversight of climate-related issues, organizations should consider including a discussion of the following: • Processes and frequencies by which the board and/or board committees (e.g. audit, risk, or other committees) are informed about climate-related issues, • whether the board and/or board committees consider climate-related issues when reviewing and guiding strategy, major plans of action, risk management policies, annual budgets, and business plans as well as setting the organization's performance objectives, monitoring implementation and performance, and overseeing major capital expenditures, acquisitions, and divestitures, and • how the board monitors and oversees progress against goals and targets for addressing climate-related issues.
Recommended Disclosure b) Describe management's role in assessing and managing climate-related risks and opportunities	**Guidance for All Sectors** In describing management's role related to the assessment and management of climate-related issues, organizations should consider including the following information: • whether the organization has assigned climate-related responsibilities to management-level positions or committee; and, if so, whether such management positions or committees report to the board or committee of the board and whether those responsibilities include assessing and/or managing climate-related issues, • a description of the associated organizational structure(s) • processes by which management is informed about climate-related issues, and • how management (through specific positions and/or management committees) monitors climate-related issues.

Tab. 3: FSB-TCFD Recommendations: Governance (Quelle: in Anlehnung an FSB-TCFD)

Grundsätzlich soll offengelegt werden, wie sich die Unternehmensführung zum Thema klimabezogener Risiken und Chancen positioniert. Die Task Force unterscheidet dabei zwei Ebenen: Board und Management. Die bei der Beschreibung der Tätigkeiten der jeweiligen Ebene verwendeten Begriffe legen es nahe, für die Übertragung in die »deutsche Corporate Governance«

das Board als Aufsichtsrat (»are informed«, »when reviewing and guiding«, »monitors and oversees«) und das Management als Vorstand bzw. aufsichtsrechtlich: Geschäftsleitung (»assessing and managing«, »has assigned«) zu übersetzen. Diese Unterscheidung fügt sich auch in die von der EBA verwendete Terminologie der Leitungsgremien »in its supervisory function« (Aufsichtsrat) und »in its management function« (Vorstand, Geschäftsleitung). Da die EBA auch bestimmten »key functions« (Schlüsselfunktionen) eine besondere Rolle in der Internal Governance zuweist, sollten diese hier dem Management subsumiert werden. Dabei handelt es sich um den Leiter der Internen Revision, den Leiter der Compliance-Funktion und den Leiter der Risikomanagementfunktion[158].

4.2.2.2 Empfehlungen für die Ebene des Aufsichtsrats

Zunächst ist zu beschreiben, wie der Aufsichtsrat über für das Institut wesentliche klimabezogene Sachverhalte informiert wird. Hier spielt zum einen die Häufigkeit der Berichterstattung eine Rolle, zum anderen sollte dargestellt werden, ob die klimabezogenen Sachverhalte im Rahmen eines separaten Berichts behandelt werden oder in bestehende Berichte, wie z. B. den Risikobericht nach AT 4.3.2, Tz. 3 i. V. m. BT 3.1, Tz. 5 MaRisk, integriert werden. Ferner ist zu beschreiben, ob die Berichterstattung an das gesamte Aufsichtsorgan, den Aufsichtsratsvorsitzenden oder an einen Ausschuss[159] erfolgt.

Eine zentrale Aufgabe des Aufsichtsrats eines Unternehmens besteht unter anderem darin, die Unternehmensstrategie, die Teilstrategien der wesentlichen Geschäftsfelder, die Geschäftspläne und Budgets sowie zentrale Richtlinien wie z. B. zum Risikomanagement regelmäßig zu analysieren, zu überprüfen und zu genehmigen. In diesem Zusammenhang ist darzustellen, inwieweit der Aufsichtsrat im Rahmen dieser Aufgaben auch klimabezogene Sachverhalte berücksichtigt, insbesondere ob die für das Unternehmen relevanten physischen und transitorischen Risiken sachgerecht in den Dokumenten erfasst sind. Es ist ferner offenzulegen, welche Rolle die Risiken und Chancen aus dem Klimawandel und anderen Nachhaltigkeitsaspekten bei der Festlegung und/oder dem Beschluss unternehmensspezifischer Erfolgsfaktoren und Ziele durch den Aufsichtsrat spielen. Hier kann auch dargestellt werden, welche Maßnahmen der Aufsichtsrat vorgeschlagen hat, um ein nachhaltiges Wachstum und eine nachhaltige Unternehmensführung sicherzustellen und damit ein längerfristiges Denken im Unternehmen zu verankern[160]. Unter Risikogesichtspunkten spielt ferner eine Rolle, wie die physischen und transitorischen Risiken bei der Festlegung des Risikoappetits berücksichtigt werden. Auch ist darzustellen, ob und wie bei Investitions- oder Deinvestitionsentscheidungen Nachhaltigkeitsaspekte gewürdigt werden.

---

158 Vgl. EBA (2017a).

159 Infrage kommt hier u. E. entweder der Prüfungsausschuss nach § 25d Abs. 9 KWG oder der Risikoausschuss nach § 25d Abs. 8 KWG.

160 Vgl. hierzu auch Behncke, N./Wulf, I. (2019), S. 275 f.

Des Weiteren ist darzustellen, wie der Aufsichtsrat die Erreichung der klimabezogenen Ziele und Vorgaben überwacht und beaufsichtigt. In diesem Zusammenhang sollte zum einen dargestellt werden, wie häufig sich der Aufsichtsrat mit klimawandelbezogenen Auswirkungen beschäftigt (regelmäßiger Punkt auf der Tagesordnung oder nur anlassbezogen) und wie sich das Aufsichtsratsgremium hierzu organisiert hat, ob z. B. die Beschäftigung mit den Risiken und Chancen aus dem Klimawandel auf einen Ausschuss oder ein hierfür gesondert geeignetes Mitglied des Gremiums übertragen wurde. Auch kann dargestellt werden, in welcher Form sich das Aufsichtsratsgremium fachliche Expertise zum Thema Klimawandel einholt, z. B. indem es Experten von außerhalb der Organisation beauftragt oder die Leiter der Überwachungseinheiten der eigenen Bank zu einzelnen Sachverhalten konsultiert.

4.2.2.3   Empfehlungen für die Ebene des Vorstands und der operativen Unternehmensführung

Neben der Darstellung, wie der Aufsichtsrat als Überwachungsorgan eines Unternehmens klimabezogene Sachverhalte bei der Erfüllung seiner Aufgaben berücksichtigt, sollte dargestellt werden, in welcher Form sich der Vorstand und das operative Management des Themas Klimawandel und der daraus resultierenden Risiken und Chancen annehmen. Es ist zunächst zu beschreiben, wie in diesem Zusammenhang die Verantwortlichkeiten auf Vorstandsebene verteilt sind, insbesondere ob der Vorstand Verantwortlichkeiten auf Ausschüsse delegiert hat. Auch ist darzustellen, wie der Vorstand über die Risiken und Chancen an den Aufsichtsrat berichtet.

Ferner ist darzustellen, wie die Zuständigkeiten und Verantwortlichkeiten für die Beurteilung und Steuerung der Risiken und Chancen in der Aufbau- und Ablauforganisation des Unternehmens verankert sind. In diesem Zusammenhang ist ein Schwerpunkt auf die Organisationseinheiten zu legen, denen Kontroll- und Überwachungsaufgaben zukommen, wie z. B. dem Controlling oder der Compliance Abteilung. Diesen Einheiten ist deswegen eine besondere Bedeutung beizumessen, da sich der Vorstand bei seinen Entscheidungen in Bezug auf die Steuerung der Risiken und Chancen auf deren Tätigkeiten stützt. Insoweit ist auch darzustellen, wie dem Vorstand über die für das Unternehmen wesentlichen Risiken und Chancen aus dem Klimawendel berichtet wird.

4.2.3   Konkrete Maßnahmen und Praxishinweise

4.2.3.1   Ebene des Aufsichtsrats

Die empfohlenen Offenlegungsanforderungen implizieren, dass sich der Aufsichtsrat bzw. ein von ihm eingerichteter Ausschuss regelmäßig mit den Auswirkungen des Klimawandels auf die Risikosituation des Instituts, dessen Vermögens-, Ertrags- und Liquiditätslage sowie auf dessen

Geschäftsstrategie und Planung beschäftigt. Ferner hat er bei der Beurteilung, Abnahme und Kenntnisnahme der ihm vorgelegten Dokumente, wie Strategiedokumente, Planungs- und Budgetunterlagen, Richtlinien, Investitionsentscheidungen etc., Nachhaltigkeitsaspekte zu würdigen.

Will eine Bank den Empfehlungen nachkommen, hat dies weitreichende formelle und materielle Folgen für den Aufsichtsrat, aber auch für die Internal Governance der Bank. Es ist nämlich nicht damit getan, das Thema Nachhaltigkeit auf die Tagesordnung der Aufsichtsratssitzungen zu setzen und entsprechend zu protokollieren, dass der Aufsichtsrat klimabezogene Aspekte (und andere Nachhaltigkeitsaspekte) bei seiner Überwachungs- und Beratungstätigkeit berücksichtigt hat. Voraussetzung ist vielmehr, dass der Aufsichtsrat gemeinsam mit dem Vorstand und weiteren für das Thema Nachhaltigkeit verantwortlichen Schlüsselpersonen – das können Marktbereiche und nachgelagerte Kontrollbereiche sein – festlegt, wie klimabezogene Aspekte in den Unternehmenszielen, in der Strategie und in den zentralen Elementen der Internal Governance der Bank verankert werden. Hierbei bietet es sich an, den Umgang mit den Risiken und Chancen aus dem Klimawandel entlang den SREP-Anforderungen zur Internal Governance[161] in bestehende Prozesse, Systeme, Methoden und Konzepte und schließlich Richtlinien zu integrieren (vgl. hierzu auch die Ausführungen in Kapitel 3.2.3.2.2)[162].

PRAXISHINWEIS

Integration von Nachhaltigkeitsaspekten in die Governance[163]
- Verankerung von Nachhaltigkeitsaspekten in den Organisationsstrukturen und Rollenverteilungen zwischen Aufsichtsrat und Vorstand
- Verankerung von Nachhaltigkeitsaspekten im sog. »Know-your-Structure«-Grundsatz, d. h., der Aufsichtsrat muss die mit der operativen Struktur des Unternehmens verbundenen Risiken und Chancen kennen. Dies bedeutet z. B., dass der Aufsichtsrat sich dessen bewusst sein muss, wenn das Institut operative Einheiten in Gebieten unterhält, die ggf. besonders von physischen Risiken betroffen sein können.
- Verankerung der physischen und transitorischen Risiken in der Risikostrategie[164]
- Verankerung von Nachhaltigkeitsaspekten in der Auslagerungsstrategie und den Auslagerungsrichtlinien[165]
- Verankerung von Nachhaltigkeitsaspekten in der Unternehmens- und Risikokultur, u. a. Tone from the Top, ethische Grundsätze, Grundsätze zum Eingehen von physischen und transitorischen Risiken

---

161 SREP-Anforderungen an Internal Governance müssen i. V. m. EBA (2017a) betrachtet werden.
162 Vgl. hierzu auch den EBA (2019a), S. 10 ff.
163 In Anlehnung an EBA (2014), S. 39 ff.
164 Zu konkreten Anforderungen an die Integration von Risiken aus dem Klimawandel in die Risikostrategie vgl. unten Kapitel 4.3.
165 Vgl. hierzu auch BaFin (2019a), S. 32 f.

- Sicherstellung, dass Nachhaltigkeitsaspekte bei der Zusammensetzung und der Arbeitsweise der Leitungsgremien (Aufsichtsrat und Vorstand) angemessen berücksichtigt werden
- Berücksichtigung von Nachhaltigkeitsaspekten in der Vergütungspolitik und Vergütungsstrategie; dies umfasst die Verankerung von Nachhaltigkeitsaspekten in den betrieblichen Anreizstrukturen.
- Verankerung der physischen und transitorischen Risiken im Risikomanagement, einschließlich Internal Capital Adequacy Process (ICAAP) und Internal Liquidity Adequacy Process (ILAAP)[166]
- Verankerung der physischen und transitorischen Risiken im internen Kontrollrahmen, einschließlich Innenrevision[167]
- Verankerung insbesondere der physischen Risiken in den Notfallplänen der Bank

Im Zusammenhang mit der Analyse, Überprüfung und Genehmigung der Unternehmensziele und der Strategie ist auch die Maßnahme 10 des EU-Aktionsplans zu beachten, die u. a. vorsieht, dass Banken eine Nachhaltigkeitsstrategie inkl. angemessener Sorgfaltspflichten in der gesamten Lieferkette – für Banken bedeutet das, entsprechende Sorgfaltspflichten bei der Auswahl der Auslagerungsunternehmen und sonstigen Dienstleister zu berücksichtigen[168] – sowie messbare Nachhaltigkeitsziele ausarbeiten und veröffentlichen sollen[169].

Ferner muss festgelegt werden, in welcher Form der Aufsichtsrat über die klimabezogenen Aspekte informiert wird. Zum Beispiel könnten die klimabezogenen Risiken (und andere Nachhaltigkeitsrisiken) Bestandteil des regulären Risikoberichts sein. Hierbei ist jedoch zu berücksichtigen, dass es zunächst einmal darum gehen muss, überhaupt sicherzustellen, dass klimabezogene Aspekte im Risikomanagement der Bank (und in anderen Schlüsselfunktionen wie Compliance und Interne Revision und in den Marktbereichen) verankert werden. Insoweit bedarf es zunächst einer Art Fortschrittsbericht für den Aufsichtsrat, der dann später in ein regelbasiertes Reporting überzuleiten ist.

Damit sich der Aufsichtsrat mit den Auswirkungen klimabezogener Aspekte auf die Unternehmensziele ausreichend befassen und den Vorstand kritisch bei der Transformation der Bank hin zu einer an Klima- und anderen Nachhaltigkeitsaspekten ausgerichteten Unternehmung begleiten kann, muss er – zumindest im Kollektiv – über entsprechenden Sachverstand verfügen. Um diesen Sachverstand im Rahmen der kollektiven Eignung herzustellen, sind verschiedene Maßnahmen denkbar (vgl. nachfolgenden Kasten).

---

166 Zu den konkreten Anforderungen vgl. Kapitel 4.4.
167 Vgl. hierzu unten Kapitel 4.2.3.2.3.
168 Vgl. hierzu auch BaFin (2019a), S. 32 f.
169 Vgl. weiterführend EU-Kommission (2018a), S. 14, sowie Behncke, N./Wulf, I. (2019), S. 275 f.

Gemäß § 25d Abs. 4 KWG muss das Institut dem Aufsichtsrat entsprechende finanzielle und personelle Ressourcen zur Verfügung stellen, damit dieser die erforderliche Sachkunde sich aneignen bzw. aufrechterhalten kann. Perspektivisch muss zudem überlegt werden, inwieweit auch bei der Beurteilung der individuellen und der kollektiven Eignung des Aufsichtsrats i. S. d. § 25d Abs. 11 KWG i. V. m. EBA GL/2017/12[170] die Sachkunde bezüglich klimabezogener Aspekte einbezogen werden soll. Dies kann sowohl bei der Auswahl neuer Aufsichtsratsmitglieder als auch im Rahmen des On-Boarding erfolgen. Auch die Berücksichtigung von ESG-Erwägungen im Rahmen von Effizienzprüfungen oder aufsichtlichen Angemessenheitsprüfungen ist denkbar und u. E. auch erforderlich und zu erwarten[171].

Sofern Ausschüsse gebildet wurden, ist zudem festzulegen, in welchem Maße sich die einzelnen Ausschüsse klimabezogener Aspekte (und anderer Nachhaltigkeitsaspekte) annehmen sollten. Primär muss sich sicherlich der Risikoausschuss der Beurteilung klimabezogener Risiken annehmen. Aufgabe des Risikoausschusses ist es u. a., den Vorstand zur Risikostrategie und deren Umsetzung im Unternehmen zu beraten, ferner wacht er darüber, dass die Konditionen im Kundengeschäft mit dem Geschäftsmodell und der Risikostruktur der Bank in Einklang stehen. Wenn Nachhaltigkeitsrisiken zukünftig eine größere Rolle spielen, müssen sie in der Risikostrategie berücksichtigt werden, und es muss zudem analysiert werden, inwieweit Klima- und andere Nachhaltigkeitsfaktoren im Kundengeschäft, z. B. im Rahmen der Kreditvergabe, zu berücksichtigen sind. Neben dem Risikoausschuss wird sich bei entsprechender Umsetzung klimabezogener und anderer unter Nachhaltigkeitsaspekten zu treffender Maßnahmen auch der Prüfungsausschuss mit Nachhaltigkeitsrisiken befassen müssen, z. B. ob diese Risiken adäquat im Rechnungswesen und in der Offenlegung der Bank abgebildet sind. In diesem Zusammenhang sind dann auch die auf der Maßnahme 9 des EU-Aktionsplans basierenden Regulierungen und Normen zur Offenlegung zu berücksichtigen[172]. Der Nominierungsausschuss muss schließlich im Rahmen der Eignungsbeurteilung und bei der Ermittlung von Bewerbern für die Besetzung einer Stelle in der Geschäftsleitung und bei der Vorbereitung von Wahlvorschlägen für die Wahl der Mitglieder des Aufsichtsorgans Nachhaltigkeitsaspekte berücksichtigen. Ob es darüber hinaus der Einrichtung eines eigenständigen Nachhaltigkeitsausschusses

---

170 Vgl. EBA (2017b).
171 Vgl. hierzu, wenn auch nicht im Kontext mit Kreditinstituten, Braun, S./Ruhwedel, P. (2019), S. 143.
172 Vgl. hierzu die Leitlinien der EU-Kommission (2019a).

bedarf, der derzeit gesetzlich nicht vorgeschrieben ist, muss im Einzelfall entschieden werden[173]. In Abhängigkeit von der Größe der Bank und der Komplexität des Geschäftsmodells erscheint ein separater Nachhaltigkeitsausschuss sicherlich zielführend, insbesondere um die mit dem Thema Klimawandel und Nachhaltigkeit verbundenen Querschnittsthemen angemessen zu überwachen.

4.2.3.2   Ebene der Geschäftsleitung und des operativen Managements

4.2.3.2.1   Organisation auf Vorstandsebene

Die empfohlenen Offenlegungsanforderungen implizieren, dass auf der Ebene der Geschäftsleitung Verantwortlichkeiten für die Risiken und Chancen aus dem Klimawandel und aus weiteren Nachhaltigkeitsaspekten festgelegt werden. Das bedeutet nicht zwangsläufig, dass ein eigenständiges Vorstandsressort geschaffen werden muss. Die Aufgaben können auch auf einzelne Vorstandsmitglieder verteilt werden. Da die mit dem Klimawandel einhergehenden Herausforderungen letztlich mehrere Ressorts betreffen, kann dies sogar die zielführendere Lösung sein. Die Verteilung der Aufgaben und Verantwortlichkeiten in Bezug auf Nachhaltigkeitsaspekte auf der Ebene des Vorstands sollte in der Geschäftsordnung geregelt sein. Die folgende Abbildung zeigt die möglichen Aufgaben bzw. Handlungsfelder auf der Ebene der Geschäftsleitung und deren Verteilung über die klassischen Vorstandsressorts einer Bank.

CEO Chief Executive Officer			
Sustainable Finance Strategy	Corporate Governance	Sustainable Operating Model	Reputation
CFO Chief Financial Officer			
TCFD Recommendations	ESG-Reporting	Investor Relations	Capital Requirements
CRO Chief Risk Officer			
Transition/Physical Risks	Control Frameworks	Risk Capacity	Materiality Check
COO/CIO Chief Operations/Information Officer			
Climate sensitive Banking Operation	Procurement	Facility Management	Digitalization and KI
CSO Chief Sustainability Officer			
Taxonomy adjusted Policies & Procedures	Product Governance	Carbon Efficiency	SDG Alignment

Abb. 4.4: Aufgaben und Handlungsfelder auf Vorstandsebene – exemplarisch (Quelle: eigene Darstellung)

---

173 Zum Für und Wider eines Nachhaltigkeitsausschusses vgl. Braun, S./Ruhwedel, P. (2019), S. 142 f.

Die Geschäftsleitung kann die Aufgaben und Zuständigkeiten auch Ausschüssen zuweisen. Dabei bietet es sich an, die Befassung mit Risiken und Chancen aus dem Klimawandel und aus weiteren Nachhaltigkeitsaspekten in bestehende Ausschüsse wie z. B. den Kreditausschuss oder den Risikoausschuss zu integrieren. Unabhängig davon, ob die Aufgaben und Zuständigkeiten auf Vorstandsebene verteilt oder themenspezifisch verschiedenen Ausschüssen zugewiesen werden, ist sicherzustellen, dass ressortübergreifende Aspekte angemessen berücksichtigt werden und Handeln und Kommunizieren über sämtliche Geschäfts- und Betriebsbereiche konsistent zueinander sind. Diese Aufgaben sollten auf Vorstandsebene entweder durch den Vorstandsvorsitzenden (CEO) oder durch ein eigenständiges Vorstandsressort (CSO: Chief Sustainability Officer) wahrgenommen werden; auf der Ebene der Ausschüsse sollte ein »Nachhaltigkeitsausschuss« eingerichtet werden, der sich übergreifender Themen im Zusammenhang mit den Risiken und Chancen aus dem Klimawandel und weiterer Nachhaltigkeitsaspekten annimmt und ein konsistentes Handeln der (anderen) Ausschüsse sicherstellt. Aufgabe des CSO oder des Nachhaltigkeitsausschusses wäre es dann auch, den Aufsichtsrat entsprechend über die Risiken und Chancen aus dem Klimawandel und anderen Nachhaltigkeitsaspekten aggregiert zu informieren. Davon unabhängig sind die Berichtspflichten nach BT 3 der MaRisk zu beachten (vgl. unten Kapitel 4.2.3.2.3).

Die Verankerung von Nachhaltigkeitsaspekten, insbesondere der Steuerung von Risiken und Chancen aus dem Klimawandel und weiterer wesentlichen ESG-Aspekten auf der Ebene des Vorstands bzw. der Geschäftsleitung, wird auch von der BaFin und anderen nationalen Aufsichtsbehörden wie z. B. der britischen Aufsichtsbehörde PRA[174] gefordert. In Anlehnung an AT 3 der MaRisk erwartet die BaFin[175], dass die Geschäftsleitung ein Verständnis für die signifikanten Nachhaltigkeitsrisiken, vor allem der physischen und transitorischen Risiken, und deren Auswirkungen auf das Geschäftsmodell entwickelt – hierzu zählt hauptsächlich auch die Strategieverantwortung – und dass sie entsprechende Verantwortlichkeiten für das Thema in der Geschäftsorganisation zuordnet. Besonders hervorzuheben ist die Vorbildfunktion, die die BaFin explizit dem Vorstand zuweist: »Die Geschäftsleitung sollte mit gutem Beispiel vorangehen und so möglichen Reputationsrisiken frühzeitig vorbeugen.«[176] Die Einrichtung einer gesonderten Vorstandsfunktion wird nicht gefordert; wie in AT 3 der MaRisk gilt das Prinzip der Gesamtverantwortung der Geschäftsleitung.

Unabhängig von dem Merkblatt der BaFin zum Umgang mit Nachhaltigkeitsrisiken resultiert bereits aus § 25c KWG die Pflicht für die Vorstände bzw. Geschäftsleiter, sich mit den potenziellen Auswirkungen des Klimawandels auf die Bank auseinanderzusetzen. Nur so können sie ihrer Gesamtverantwortung nachkommen und eine nachhaltige Entwicklung des Instituts sicherstellen[177]. Voraussetzung hierfür ist, dass entsprechender Sachverstand im Vorstandsgremium

---

174 Vgl. PRA (2019), S. 4 f.
175 Vgl. BaFin (2019a), S. 18 f.
176 Vgl. BaFin (2019a), S. 18.
177 Vgl. hierzu insbesondere § 25c Abs. 3 und 4a KWG.

vorhanden ist. Nur folgerichtig ist es dann, dass der Aufsichtsrat bzw. der Nominierungsausschuss in seiner nach § 25d Abs. 11 Nr. 3 KWG durchzuführenden Bewertung der Geschäftsleitung deren Kompetenz und Leistung in Bezug auf den Umgang mit den Chancen und Risiken aus dem Klimawandel berücksichtigt. Konsequenterweise muss dann auch die Aufsicht selbst in ihren Eignungsprüfungen des Vorstandsgremiums und der einzelnen Vorstände erfassen, ob ausreichender Sachverstand zur Einschätzung, Überwachung und Steuerung der Risiken und Chancen aus dem Klimawandel und aus weiteren Nachhaltigkeitsaspekten, denen das Institut ausgesetzt ist, vorhanden ist[178].

4.2.3.2.2   Verankerung von Nachhaltigkeitsaspekten in der Aufbau- und Ablauforganisation

Neben der organisatorischen und inhaltlichen Verankerung von Nachhaltigkeitsaspekten auf Vorstandsebene muss der Vorstand auch dafür Sorge tragen, dass diese in der Aufbau- und Ablauforganisation der Bank selbst sachgerecht berücksichtigt werden und insbesondere Aufgaben und Verantwortlichkeiten zur Überwachung und Steuerung der aus dem Klimawandel und anderen Nachhaltigkeitsaspekten resultierenden Risiken und Chancen klar zugewiesen werden. Bereits die Darstellung der möglichen Vorstandszuständigkeiten auf Vorstandsebene (vgl. Abb. 4.4 oben) macht deutlich, wie vielfältig das Thema ist und dass es in sämtliche Markt-, Marktfolge-, Kontroll- und Betriebsbereiche einer Bank hineinreicht. Vor der Veröffentlichung des EU-Aktionsplans Anfang 2018 und der damit einhergehenden intensiven Beschäftigung mit den Auswirkungen des Klimawandels auf das Bankgeschäft durch Politik und Aufsicht erschöpfte sich die organisatorische Verankerung von Nachhaltigkeitsaspekten und Nachhaltigkeitsrisiken oftmals darin, dass ein Bereich »Nachhaltigkeit« in der Organisation, nicht selten auch als Stabsabteilung des Vorstands, errichtet wurde. Die Aufgaben eines solchen Bereichs bestehen vordergründig in der Erstellung von Nachhaltigkeitsberichten und – nach Umsetzung der CSR-Richtlinie – in der Erstellung der nichtfinanziellen Erklärung. Daneben sind die Verantwortlichkeiten eines solchen Bereichs primär auf die Umwelt- und Sozialverträglichkeit der betrieblichen Abläufe und auf die Corporate Social Responsibility ausgerichtet.

Um die mit dem EU-Aktionsplan verbundenen Ziele zu erreichen[179] und die politischen und gesellschaftlichen Erwartungen, die an Banken insbesondere im Zusammenhang mit dem Klimawandel gestellt werden, zu erfüllen und die Chancen und Risiken aus dem Klimawandel zu überwachen und zu steuern, reicht ein »Nachhaltigkeitsbereich« mit oben dargestelltem Aufgabenprofil nicht (mehr) aus. Ausgehend von der Geschäftsstrategie und den dort verankerten (strategischen) Maßnahmen und Zielen in Bezug auf die Risiken und Chancen aus dem

---

178   Vgl. zum grundsätzlichen Rahmen für die Durchführung von Eignungsprüfungen EBA (2017b). In Anlehnung an die EBA (2019a) ist davon auszugehen, dass diese Leitlinie um entsprechende Kriterien und Anforderungen, betreffend Kompetenzen in Bezug auf den Klimawandel und wie sich dieser auf die Risikopositionierung einer Bank auswirken kann, erweitert wird.

179   Vgl. hierzu oben Kapitel 3.2.3.1.

Klimawandel und anderen Nachhaltigkeitsaspekten müssen diese Maßnahmen und Ziele auf die Geschäftsbereiche einer Bank heruntergebrochen werden und in die dort ablaufenden Entscheidungs- und Steuerungsprozesse integriert werden. Für das Kreditgeschäft muss der Vorstand festlegen, wie Nachhaltigkeitsaspekte in die Markt- und Marktfolgebereiche und in die Kreditvergabe- und Kreditüberwachungsprozesse einzubeziehen sind[180]. Für das Wertpapiergeschäft müssen Vorgaben gemacht werden, wie Nachhaltigkeitsaspekte in die mit dem Eigen- und Kundenhandel verbundenen Prozesse integriert werden. Gegebenenfalls sind neue Geschäftsbereiche z. B. für die Finanzierung von Unternehmen oder einzelnen Wirtschaftsaktivitäten, die als nachhaltig klassifiziert werden, aufzubauen.

Gleichermaßen wie in die markt- und geschäftsbezogenen Bereiche und Prozesse müssen ESG-Faktoren, insbesondere die mit dem Klimawandel und anderen Nachhaltigkeitsaspekten verbundenen Risiken, in das interne Überwachungssystem einer Bank integriert werden. Aus bankaufsichtlicher Sicht stehen dabei die Bereiche Risikocontrolling, Compliance und Interne Revision als die sog. Besonderen Funktionen und die etablierten Überwachungsprozesse im Vordergrund[181] (hierauf werden wir im folgenden Kapitel 4.2.3.2.3 noch näher eingehen). Aber auch weitere Support-Funktionen wie z. B. Finanzen, Controlling oder Personalwesen und die damit verbundenen Prozesse sind letztlich von einer Transformation zu einem stärker auf Nachhaltigkeit ausgerichteten Bank- und Wertpapierwesen betroffen, insbesondere vor dem Hintergrund der Maßnahmen 9 (Stärkung der Vorschriften zur Offenlegung von Nachhaltigkeitsinformationen und zur Rechnungslegung) und 10 (Förderung einer nachhaltigen Unternehmensführung und Abbau von kurzfristigem Denken auf den Kapitalmärkten) des EU-Aktionsplans[182]. Es ist z. B. zu analysieren, wie, und in der Folge durch entsprechende Kontrollen sicherzustellen, dass

- ESG-Faktoren, vor allem Risiken und Chancen aus dem Klimawandel, in der Bewertung von bilanziellen Vermögenswerten berücksichtigt werden (Finanzen);
- ESG-Faktoren, namentlich »Long-Term-Value«-Aspekte in zentralen Steuerungsgrößen und KPIs berücksichtigt werden (Controlling);
- ESG-Faktoren im Rahmen von Vergütungs- und sonstigen Anreizstrukturen sowie in Kriterien zu Beförderungen berücksichtigt werden (Personalwesen).

Bereits vorhandene Nachhaltigkeitsbereiche oder Nachhaltigkeitsbeauftragte werden durch eine Integration von Nachhaltigkeitsaspekten, insbesondere den Risiken und Chancen aus dem Klimawandel, in die Aufbau- und Ablauforganisation nicht überflüssig. Ihnen kommt vielmehr die wichtige Funktion zu, die Integration zu begleiten und zu fördern sowie eine konsistente Umsetzung sicherzustellen[183]; hierzu zählt auch die Sicherstellung einer sachgerechten und der Reputation förderlichen Kommunikation an die Stakeholder und die Öffentlichkeit.

---

180 Vgl. hierzu auch EBA (2019b), S. 24 f.
181 Zur bankaufsichtlichen Bedeutung der Key Functions vgl. EBA (2017a), S. 46 ff., sowie BaFin (2017b), MaRisk AT 4.4.
182 Ausführlich zu den Maßnahmen 9 und 10 des EU-Aktionsplans Kapitel 3.2.3.1.4.
183 Vgl. auch BaFin (2019a), S. 20.

PRAXISHINWEIS

Verankerung in der Aufbau- und Ablauforganisation
- Integration der Risiken und Chancen aus dem Klimawandel und weiterer ESG-Faktoren in die Markt- und Geschäftsbereiche (Kredit, Handel, Kundengeschäft)
- Gegebenenfalls Einrichtung besonderer Geschäftsbereiche, die sich auf nachhaltige Produkte spezialisieren (z. B. Green Lending, Green Bonds, Micro Finance)
- Integration der Risiken und Chancen aus dem Klimawandel und weiterer ESG-Faktoren in die internen Überwachungsfunktionen (Risikocontrolling, Compliance, Interne Revision)
- Integration der Risiken und Chancen aus dem Klimawandel und weiterer ESG-Faktoren in weitere Support-Prozesse wie z. B. Finanzen, Controlling und Personalwesen
- Einrichtung/Umwidmung einer bestehenden Nachhaltigkeitsfunktion zur Koordination und (internen und externen) abgestimmten Kommunikation des Themas Nachhaltigkeit im Bankbetrieb

4.2.3.2.3   Verankerung von Nachhaltigkeitsaspekten in den Reporting- und Überwachungsprozessen

Im Bereich Governance ist unter dem TCFD-Standard u. a. offenzulegen, über welche Prozesse die Geschäftsleitung über »climate-related issues« informiert wird und wie die Auswirkungen aus dem Klimawandel und anderen Nachhaltigkeitsaspekten auf die Vermögens-, Ertrags- und Liquiditätslage durch die Geschäftsleitung überwacht werden. Das ist nur konsequent. Ohne ein entsprechendes internes Berichtswesen wird die Geschäftsleitung nicht in der Lage sein, sich zielgerichtet mit den Risiken und Chancen aus dem Klimawandel und aus anderen Nachhaltigkeitsaspekten auseinanderzusetzen. Ferner bedarf es adäquater Prozesse zur Überwachung der Risiken sowie zur Beurteilung der Chancen.

Wie in Kapitel 2.3.3 dargestellt, lassen sich die physischen und transitorischen Risiken den bankbetrieblichen Risiken zuordnen bzw. stellen sie keine grundsätzlich neuartigen Risiken dar. Es erscheint insoweit zielführend, die Überwachung der physischen und transitorischen Risiken in die bestehenden Überwachungsprozesse zu integrieren. Die Risikoüberwachung, zusammen mit der internen Risikokommunikation, ist Aufgabe der Risikocontrollingfunktion einer Bank (vgl. MaRisk, AT 4.4.1, Tz. 1). Die Bankenaufsicht weist der Risikocontrollingfunktion in AT 4.4.1, Tz. 2 MaRisk Aufgaben zu, die entsprechend um Aspekte der physischen und transitorischen Risiken in Abhängigkeit von den ergriffenen Risikosteuerungs- und Risikobegrenzungsmaßnahmen zu ergänzen sind[184].

---

184 Vgl. hierzu auch BaFin (2019a), S. 22 ff.

PRAXISHINWEIS

Aufgaben des Risikocontrollings im Zusammenhang mit physischen und transitorischen Risiken[185]

- Unterstützung der Geschäftsleitung bei der Integration der physischen und transitorischen Risiken in die Risikostrategie sowie bei der Ausgestaltung eines Systems zur Begrenzung dieser Risiken
- Berücksichtigung wesentlicher physischer und transitorischer Risiken im Rahmen der Risikoinventur
- Unterstützung der Geschäftsleitung bei der Weiterentwicklung der Risikosteuerungs- und Risikocontrollingprozesse, um die physischen und transitorischen Risiken sachgerecht erfassen und abbilden zu können
- Ergänzung des Risikokennzahlensystems um Kennzahlen zur Erfassung der physischen und transitorischen Risiken
- Weiterentwicklung des Risikofrüherkennungsverfahrens bezüglich physischer und transitorischer Risiken
- Überwachung der physischen und transitorischen Risiken einschließlich Berücksichtigung in der Risikotragfähigkeit – implizit über die banküblichen wesentlichen Risiken oder explizit als gesonderte Risiken
- Berücksichtigung der physischen und transitorischen Risiken in der Risikoberichterstattung
- Sicherstellung, dass unter Risikogesichtspunkten wesentliche Nachhaltigkeitsrisiken ggf. ad hoc an die Geschäftsleitung berichtet werden

Bezüglich der an die Geschäftsleitung adressierten Risikoberichte ist abzuwägen, ob es aufgrund der besonderen Charakteristika der Nachhaltigkeitsrisiken ggf. einer spezifischen Berichterstattung mit einem Mittel- bis Langfristausblick bedarf[186]. Dies hängt letztlich von dem Ergebnis der Risikoinventur und dem Risikoexposure in Bezug auf die physischen und transitorischen Risiken ab. In jedem Fall sollte aber in den regelmäßigen Risikoberichten gemäß AT 4.3.2, Tz. 3 MaRisk auf die Auswirkungen der physischen und transitorischen Risiken explizit hingewiesen werden. Auch muss in den Organisationsrichtlinien der Bank festgelegt werden, wann der Vorstand ggf. ad hoc über physische Risiken und Transitionsrisiken zu informieren ist[187].

Neben dem Risikocontrolling sind die Compliance-Funktion und die Interne Revision weitere Instrumente der internen Überwachung. Die Compliance-Funktion muss gemäß AT 4.4.2, Tz. 1 MaRisk darauf hinwirken, dass rechtliche Regelungen und Vorgaben umgesetzt und eingehalten werden. Der Geschäftsleitung ist regelmäßig über die Angemessenheit und Wirksamkeit

---

185 In Anlehnung an BaFin (2017b) MaRisk AT 4.4.1, Tz. 2 i. V. m. Bafin (2019a), Abschnitt 6 Risikomanagement.
186 Vgl. BaFin (2019a), S. 27.
187 Zum Ad-hoc-Reporting vgl. BaFin (2017b) MaRisk, AT 4.3.2, Tz. 4.

der Prozesse und Kontrollen zur Einhaltung der wesentlichen rechtlichen Regelungen und Vorgaben zu informieren[188]. Ergeben sich im Zusammenhang mit dem Klimawandel und anderen Nachhaltigkeitsaspekten neue rechtliche Vorgaben für Banken, z. B. aus dem EU-Aktionsplan oder aus dem EBA Action Plan on Sustainable Finance[189], muss die Compliance-Funktion also darauf hinwirken, dass diese umgesetzt und in der Folge eingehalten werden. Sie muss auch überprüfen, ob die bestehenden Verfahren ausreichend sind, um die zusätzlichen rechtlichen Regelungen einzuhalten. Dies ergibt sich zwangsläufig aus den MaRisk[190]. Die Geschäftsleitung muss jedoch überlegen, ob sie das Mandat der Compliance-Funktion in Bezug auf Nachhaltigkeit um die Einhaltung nicht gesetzlich vorgegebener Standards, denen sich die Bank freiwillig unterwirft oder aus Gründen der Reputation unterwerfen muss, erweitert. Auch über die Einhaltung dieser Standards und Erwartungen muss sich der Vorstand regelmäßig ein Bild verschaffen; ihm ist entsprechend darüber zu berichten. Andernfalls muss die Geschäftsleitung dieses Überwachungsmandat einem anderen Bereich im Unternehmen übertragen.

Die Interne Revision ist als prozessunabhängige Überwachungsinstanz ein wichtiges Instrument für den Vorstand und ist diesem unmittelbar unterstellt und berichtspflichtig. Ihr Tun und Handeln soll darauf ausgerichtet sein, Mehrwerte für ein Unternehmen zu generieren, Geschäftsprozesse zu verbessern und den Vorstand bei der Zielerreichung des Unternehmens zu unterstützen[191]. Gemäß AT 4.4.3, Tz. 3 MaRisk hat die Interne Revision risikoorientiert und prozessunabhängig die Wirksamkeit und Angemessenheit des Risikomanagements im Allgemeinen und des internen Kontrollsystems im Besonderen sowie die Ordnungsmäßigkeit grundsätzlich aller Aktivitäten und Prozesse zu prüfen und zu beurteilen. Damit muss sich die Interne Revision in jedem Fall mit der Integration der physischen und transitorischen Risiken in das Risikomanagement und das interne Kontrollsystem auseinandersetzen und Aussagen darüber treffen, ob die Risiken angemessen und wirksam erfasst werden[192]. Ob sie hierfür eine separate Prüfung durchführt und einen separaten Bericht erstellt oder dies in bestehende Prüfungen des Risikomanagements und des internen Kontrollsystems integriert, steht grundsätzlich in ihrem Ermessen. Ebenso steht es im Ermessen der Internen Revision, inwieweit sie bei ihren Prüfungen der sonstigen, nicht das Risikomanagement und das interne Kontrollsystem umfassenden Aktivitäten und Prozesse die Risiken und Chancen aus dem Klimawandel und anderen Nachhaltigkeitsaspekten berücksichtigt. In jedem Fall muss sie die Herausforderungen, denen die Bank durch den Klimawandel und anderen Nachhaltigkeitsaspekten ausgesetzt ist, bei der Aufstellung des Prüfungsplans gem. BT 2.3 MaRisk würdigen. Die Geschäftsleitung kann aber auch gesonderte Prüfungen zum Thema Nachhaltigkeit anordnen[193].

---

188 Vgl. BaFin (2017b), AT 4.4.2, Tz. 7.
189 Vgl. hierzu oben Kapitel 3.2.3.2.
190 Vgl. auch BaFin (2019a), S. 21.
191 Vgl. Becker, A. (2018), Tz. 385 f.
192 Vgl. auch BaFin (2019a), S. 21.
193 Vgl. hierzu BaFin (2917b), MaRisk, BT 2.2, Tz. 1.

Für alle drei Überwachungseinheiten muss sichergestellt sein, dass sie über ausreichend qualifizierte Mitarbeiter verfügen. Die Personalausstattung muss sich vor allem an den Geschäftsaktivitäten und der Risikosituation eines Instituts orientieren[194]. Folglich muss überprüft werden, ob die Auswirkungen der physischen und transitorischen Risiken und die damit einhergehenden aufsichtsrechtlichen und sonstigen rechtlichen Regelungen durch die Mitarbeiter im Risikocontrolling, in der Compliance-Abteilung und in der Internen Revision sachgerecht beurteilt werden können. Defizite müssen durch Weiterbildung der bestehenden Mitarbeiter oder durch Neueinstellungen behoben werden. Der Leiter der Internen Revision muss fallweise entscheiden, ob einzelne Prüfungen betreffend die physischen und transitorischen Risiken oder andere Nachhaltigkeitsaspekte an sachkundige Dritte ausgelagert werden oder einzelne Experten zu Prüfungen hinzugezogen werden.

Risikocontrolling, Compliance und in weiten Teilen auch die Interne Revision fokussieren sich im Rahmen ihrer Überwachungsfunktion primär auf die Risiken, denen ein Institut ausgesetzt ist, und berichten darüber, wie sich diese Risiken auf die Vermögens-, Ertrags- und Liquiditätslage auswirken. Insbesondere dann, wenn die Geschäftsstrategie aktiv auf die Generierung von Zusatzerträgen aus der Nutzung von Opportunitäten aus dem Klimawandel und anderen Nachhaltigkeitsaspekten ausgerichtet wird und wenn durch Kreditvergabe oder Kapitalanlagen bewusst Positionen in als nachhaltig klassifizierten Wirtschaftsaktivitäten eingegangen werden, muss sich der Vorstand auch berichten lassen, wie sich die Erträge aus diesen Positionen entwickeln. Wichtig in diesem Zusammenhang ist außerdem die relative Positionierung des Instituts im Vergleich zum Markt. Die Überwachung der Ertragssituation (und Kostensituation) einzelner Geschäftsbereiche und Vertriebseinheiten ist i. d. R. Aufgabe des Controllings. Analog zum Risikocontrolling erweitert sich damit auch das Anforderungsprofil an das Controlling. Dieses muss der Geschäftsleitung die Informationen zukommen lassen, mit denen sie den Erfolg der als nachhaltig klassifizierten Positionen in Bezug auf die Geschäftsstrategie beurteilen kann. Hierbei kommt es nicht nur auf den an herkömmlichen ökonomischen Größen gemessenen Erfolgsbeitrag einzelner Positionen an (»Outside-in«-Betrachtung), sondern es müssen weitere Indikatoren entwickelt werden, mit denen die Nachhaltigkeitsziele im Sinne einer »Inside-out«-Betrachtung[195] überwacht werden können, wie z.B. der CO_2-Fußabdruck bzw. die CO_2-Intensität der Kreditnehmer oder der prozentuale Anteil als nachhaltig klassifizierter Wirtschaftsaktivitäten in einem Anlageportfolio[196].

Die »Inside-out«-Betrachtung spielt darüber hinaus eine Rolle bei der Überwachung des eigenen CO_2-Fußabdrucks oder des CO_2-Fußabdrucks wesentlicher Geschäftspartner im Einkauf und im Rahmen von Auslagerungen[197], d. h. des Beitrags der eigenen Organisation und der Lieferketten zum Klimawandel und anderen Umwelt- und sozialen Zielen (ökologische und soziale

---

194 Vgl. BaFin (2917b), MaRisk, AT 7.1, Tz. 1.
195 Vgl. zu den beiden Betrachtungsweisen »outside-in« und »inside-out« die Leitlinien der EU-Kommission (2019a), S. 4 f.
196 Vgl. auch EU-Kommission (2019a), Anhang I, Punkt 5.
197 Vgl. hierzu auch BaFin (2019a), S. 33.

Wesentlichkeit). Auch hierüber muss sich der Vorstand in regelmäßigen Abständen berichten lassen. Als verantwortliche Organisationseinheit bietet sich ebenfalls das Controlling an, da der CO_2-Verbrauch durch Bepreisung zukünftig ebenfalls einen Kostenfaktor darstellt.

4.2.4 Fazit

Die Implikationen, die aus den TCFD-Empfehlungen zur Governance resultieren, sind sehr weitreichend und betreffen nicht nur die Geschäftsverteilung und Geschäftsordnungen der Aufsichtsrats- und Vorstandsgremien. Sie betreffen die zentralen Elemente der Internal Governance und die Aufbau- und Ablauforganisation, unter Risikogesichtspunkten vor allem die Überwachungseinheiten einer Bank (vgl. Abb. 4.5). Die abgeleiteten Anforderungen lassen sich jedoch weitestgehend entlang der europäischen (insb. der Leitlinien der EBA zum SREP, zur Internal Governance und zur Beurteilung der Leitungsgremien) und nationalen (insb. der MaRisk sowie des Merkblatts der BaFin zum Umgang mit Nachhaltigkeitsrisiken) aufsichtsrechtlichen Regelungen in zumeist bestehende Prozesse, Systeme, Methoden und Funktionen integrieren. Mit den oben in Kapitel 4.2.3 gemachten Ausführungen lassen sich auch die aus dem EU-Aktionsplan noch zu konkretisierenden Anforderungen, insbesondere bezüglich der Maßnahmen 8, 9 und 10, berücksichtigen.

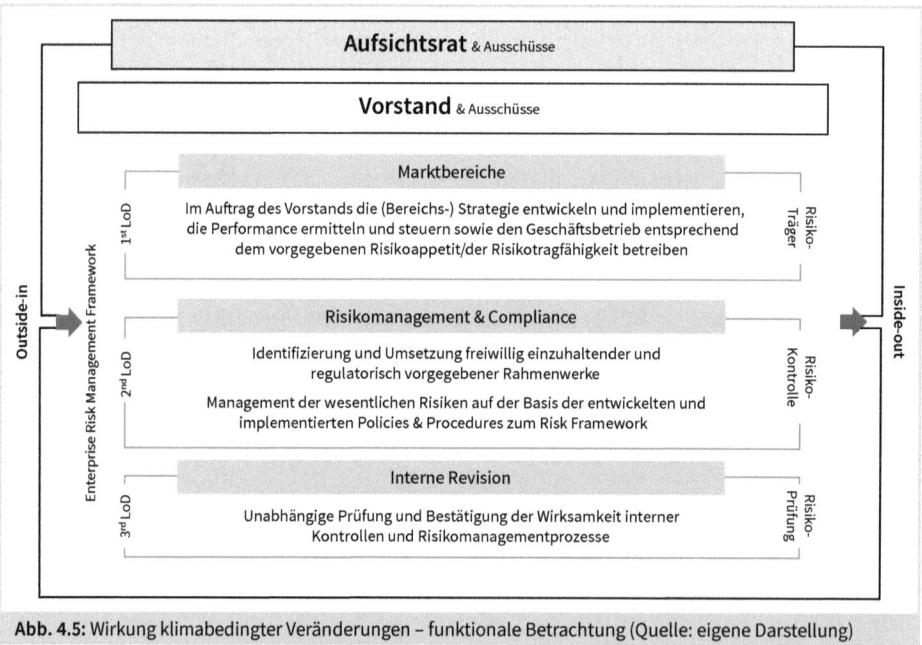

Abb. 4.5: Wirkung klimabedingter Veränderungen – funktionale Betrachtung (Quelle: eigene Darstellung)

Um gesellschaftlichen Erwartungen nachzukommen, ist es wichtig, dass dabei nicht nur die »Outside-in«-Perspektive berücksichtigt wird, also die Auswirkungen der sich aus dem Klimawandel ergebenden Nachhaltigkeitsrisiken auf die Vermögens-, Ertrags- und Liquiditätslage eines Instituts. Aufsichtsrat und Vorstand müssen auch die »Inside-out«-Perspektive berücksichtigen, also wie sich das Handeln der Organisation, aber auch das Verhalten der Mitarbeiter auf den Klimawandel und andere Nachhaltigkeitsziele auswirkt. Insbesondere hierfür müssen die Methoden und Systeme weiterentwickelt werden, aber letztlich auch die Mandate der betroffenen Organisationseinheiten, insbesondere die der Überwachungseinheiten, erweitert werden.

4.3 Strategie

4.3.1 Begriffsabgrenzung und wesentliche Inhalte

Das folgende Kapitel stellt die vom FSB-TCFD erarbeiteten Vorschläge zur Veröffentlichung von Angaben zum Thema Strategie dar. Am Anfang des Kapitels stehen die englischen Originalvorgaben zu den Recommended Disclosures a), b) und c) mit der Guidance for All Sectors. Ergänzend sind in Teil a) der Recommended Disclosures sektorspezifische Leitlinien in Form der Supplemental Guidance for Banks angeführt. Auf der Basis dieser sektorübergreifenden und sektorspezifischen Empfehlungen wird ein konkreter Handlungsrahmen entwickelt, wie Banken die mit den Offenlegungsempfehlungen verbundenen Anforderungen intern umsetzen können. Hierbei werden, soweit schon vorhanden, weitergehende gesetzliche und regulatorische Vorgaben miteinander verknüpft. Der formulierte Handlungsrahmen kann daher bereits als mögliche Vorbereitung auf weitere gesetzliche und regulatorische Vorgaben gesehen werden.

Der Begriff Strategie stammt aus dem Griechischen[198] und steht für die Kunst der Heeresführung – was aus heutiger Sicht der Führung einer Bank durchaus vergleichbar erscheint, betrachtet man die aktuellen Herausforderungen aus dem Klimawandel. Eine einheitliche Definition der Strategie gibt es in der Literatur nicht[199]. Grundsätzlich besteht allerdings Übereinstimmung darin, dass sich die Strategie zusammensetzt aus[200]:
- Zielen, d. h. einer Aussage zu einem angestrebten Zustand oder einer Haltung, bspw. zu einer Vision für das Jahr 2030 oder einem ESG-basierten Leitbild;
- Methoden, d. h. einem planmäßigen Verfahren zur Erreichung von Zielen, bspw. der Analyse von Anbietern von Sustainable-Finance-Produkten oder der Planung effizienter Energienutzung;
- Instrumenten, d. h. dem Einsatz von Werkzeugen oder Technologien im Rahmen der Verfahren zur Zielerreichung, bspw. ESG-Kennzahlensystemen oder CO_2-Emissions-Trackern.

---

198 Vgl. Kuss, J. et al. (2013), S. 194.
199 Vgl. Jarzabkowski, P./Spee, A. (2009), S. 69–95.
200 Vgl. Vanini, U. (2012), S. 99 ff.

Die Strategie umspannt zumeist einen langfristigen (i. d. R. 5–8 Jahre) Planungshorizont. Dieser wird unterstützt durch operative, d. h. mittelfristige Planungen (i. d. R. 1–3 Jahre) sowie durch taktische, d. h. kurzfristige (i. d. R. 6–9 Monate) Planungen. Diese Planungen orientieren sich bspw. an dem Konzept von Bircher und Hinterhuber, bei dem die Entwicklung und Umsetzung einer Strategie in fünf Phasen erfolgt[201]:

- Analyse der gegenwärtigen und Prognose der künftigen Situation
- Formulierung der Strategie
- Erstellung der operativen Planung
- Ausarbeitung der taktischen Umsetzung
- Umsetzung der Strategie

Die Prämisse derartig strukturierter Planungsprozesse als Grundlage der Strategieentwicklung ist die Verfügbarkeit von Ressourcen und die Nutzenmaximierung in Anlehnung an Jeremy Bentham oder John Stuart Mill[202]. Drucker[203] umschreibt das als Prämisse der Strategieentwicklung mit »doing the right thing«. Ein Gedanke, der im Sustainable-Finance-Kontext aktuell eine eigene neue Dynamik bekommen hat[204].

Zusammenfassend wird im betriebswirtschaftlichen Umfeld bei Strategie von der Unternehmensstrategie (engl. Corporate Strategy) in Abgrenzung zur Unternehmensführung (engl. Corporate Management) gesprochen. Das übergeordnete Ziel ist die Sicherung der Überlebensfähigkeit einer Bank (»stay relevant«, »license to operate«, »going concern« etc.). Dabei ist es zwingend erforderlich, dass alle wesentlichen Unternehmensbereiche einer Bank mit ihren jeweils eigenen Bereichsstrategien, bspw. Risikostrategie, Compliance-Strategie, Produktstrategie und Vertriebsstrategie, auf ein übergeordnetes Unternehmensziel hin konsolidiert ausgerichtet sind. Auf die damit verbunden Aspekte des Planungsgegenstands (Geschäftsmodell und Geschäftsfelder der Bank), der Planungsdaten (Analysen, Szenarien, Kennzahlen) bzw. des Planungshorizonts (kurz-, mittel-, langfristig) wird in Kapitel 4.3.3 bei den Ausführungen zu den Handlungsempfehlungen detailliert eingegangen[205]. Wesentlich ist, dass langfristig erfolgversprechende Strategien agil konzipiert sind, sodass regelmäßige Anpassungen und Nachbesserungen als Reaktion auf interne oder externe Veränderungen möglich sind[206].

Der Gesetzgeber stellt mit § 25a Abs. 1 KWG gesonderte Anforderungen an die »… Festlegung von Strategien, insbesondere die Festlegung einer auf die nachhaltige Entwicklung des Instituts gerichteten Geschäftsstrategie und einer damit konsistenten Risikostrategie, sowie die Einrichtung von Prozessen zur Planung, Umsetzung, Beurteilung und Anpassung der Strategien«. Die

---

201 Vgl. Hinterhuber, H. (1984), S. 34 ff.
202 Vgl. weiterführend Long, D. (1990).
203 Vgl. vertiefend Drucker, P. (2018).
204 Vgl. Dillerup, R./Stoi, R. (2013), S. 168 f.
205 Vgl. Ebel, N. (2007).
206 Vgl. Timinger, H. (2017), S. 164 f.

BaFin konkretisiert diese Anforderungen in AT 4.2 der MaRisk, sowohl was die Ausgestaltung der Strategien, als auch was die Verantwortlichkeiten für die Strategien angeht.

4.3.2   TCFD-Empfehlungen zur Strategie

4.3.2.1   Überblick

Die FSB-TCFD hat zum Thema Strategie Leitlinien entwickelt, an denen sich alle Unternehmen aus dem Finanz- und Nicht-Finanzbereich bei der Offenlegung klimarelevanter Finanzinformationen orientieren können. Für das Thema Strategie hat die FSB-TCFD darüber hinaus speziell für Banken sektorspezifische Leitlinien entwickelt, die als Ergänzung zu den allgemeinen Leitlinien zu betrachten sind.

Strategy Disclose the actual and potential impacts of climate-related risks and opportunities on the organization's business, strategy, and financial planning where such information is material	
Recommended Disclosure a) Describe the climate-related risks and opportunities the organization has identified over the short, medium, and long term.	**Guidance for All Sectors** Organizations should provide the following information: • a description of what they consider relevant short, medium, and long-term time horizons, taking into consideration the useful life of the organization's assets or infrastructures and the fact that climate-related issues often manifest themselves over the medium and long terms, • a description of the specific climate-related issues potentially arising in each time horizon (short, medium, and long-term) that could have material financial impact on the organization and the distinguish whether the climate-related risks are transition or physical risk, and • a description of the process(es) used to determine which risks and opportunities could have a material financial impact on the organization. Organizations should provide a description of their risks and opportunities by sector and/or geography, as appropriate. In describing climate-related issues, organizations should refer to Tables A1 and A2 (pp. 72–73) [TCFD] **Supplemental Guidance for Banks** Banks should describe significant concentrations of credit exposure to carbon-related assets. Additionally, banks should consider disclosing their climate-related risks (transition and physical) in their lending and other financial intermediary business activities.

Recommended Disclosure b) Describe the impact of climate-related risks and opportunities on the organization's business, strategy, and financial planning	Guidance for All Sectors Building on recommended disclosures (a), organizations should discuss how identified climate-related issues have affected their businesses, strategy, and financial planning. Organizations should consider including the impact on their businesses and strategy in the following areas: • Product and services • Supply chain and/or value chain • Adaptation and mitigation activities • Investment in research and development • Operations (including types of operations and location of facilities) Organizations should describe how climate-related issues serve as an input to their financial planning process, the time period(s) used, and how these risks and opportunities are prioritized. Organizations disclosures should reflect a holistic picture of the interdependencies among the factors that affect their ability to create value over time. Organizations should also consider including in their disclosures the impact on financial planning in the following areas: • Operating costs and revenues • Capital expenditures and capital allocation • Acquisitions or divestments • Access to capital If climate-related scenarios were used to inform the organization's strategy and financial planning such scenarios should be described.
Recommended Disclosure c) Describe the resilience of the organization's strategy, taking into consideration different climate-related scenarios, including a 2 °C or lower scenario.	Guidance for All Sectors Organizations should describe how resilient their strategies are to climate-related risks and opportunities, taking into consideration a lower-carbon economy consistent with a 2 °C or lower scenario and, where relevant to the organization, scenarios consistent with increased physical climate-related risks. Organizations should consider discussing: • where they believe their strategies may be affected by climate-related risks and opportunities; • how their strategies might change to address such potential risks and opportunities; and • the climate-related scenarios and associated time horizon(s) considered. Refer to Section D in the Task Force Report for information an applying scenario to the forward looking analysis.

Tab. 4: FSB-TCFD Recommendations: Strategy (Quelle: in Anlehnung an FSB-TCFD)

Grundsätzlich gilt, dass Informationen offengelegt werden sollen, sofern diese materiell[207] und aktuell sind und potenzielle Einflüsse aus klimabezogenen Risiken und Chancen auf das Geschäftsmodell, und damit auf die Strategie und die Finanzplanung des Unternehmens, widerspiegeln.

PRAXISHINWEIS

Strategie
- Klimabezogene Risiken und Chancen, die das Unternehmen als kurz-, mittel- und langfristig identifiziert hat
- Einfluss der klimabezogenen Risiken und Chancen auf das Geschäftsmodell, die Strategie und die Finanzplanung des Unternehmens
- Widerstandsfähigkeit der Unternehmensstrategie unter verschiedenen klima-bezogenen Szenarien, inklusive eines 2°C- oder niedrigeren Szenarios

---

Zusammenfassend ist festzustellen, dass die TCFD-Empfehlungen zur Offenlegung der Strategie eine Beschreibung der kurz-, mittel- und langfristigen klimabedingten Risiken und Chancen erfordern. Damit sollen einerseits die Auswirkungen auf die Geschäftsbereiche einer Bank dargestellt werden, andererseits soll gezeigt werden, wie die Strategie davon betroffen ist, d.h. auch, wie belastbar die Strategie unter Berücksichtigung der klimabedingten Risikoszenarien ist.

4.3.2.2   Zeithorizont klimabedingter Veränderungen

Mit Bezug auf die kurz-, mittel- und langfristigen klimabezogenen Risiken und Chancen soll im Rahmen der strategierelevanten Informationen dargestellt werden, was die Bank als relevante Veränderungen betrachtet. Dabei sind diejenigen Veränderungen hervorzuheben, die deutlich machen, wie die verfügbaren Ressourcen, bspw. Vermögensgegenstände oder die Infrastruktur der Bank, durch klimabedingte Einflüsse verändert werden. Bei der Darstellung der speziell klimabezogenen Aspekte, die sich möglicherweise je nach zeitlicher Betrachtung (kurz-, mittel-, langfristig) unterschiedlich ergeben und einen wesentlichen finanziellen Einfluss auf das Unternehmen haben, soll nach transitorischen und physischen Risiken unterschieden werden. Hierzu sollen auch die Prozesse dargestellt werden, die verwendet werden, um festzustellen, welche Risiken und Chancen einen wesentlichen finanziellen Einfluss auf das Unternehmen haben. Es wird empfohlen, je nach Erfordernis eine Beschreibung der Risiken und Chancen nach Sektoren und/oder geografischen Aspekten beizufügen. Insbesondere Banken sollen darlegen, ob signifikante Konzentrationen in CO_2-bezogenen Vermögenswerten

---

207 Bei der Beurteilung der Materialität sollte in Anlehnung an die EU-Kommission (2019a), S. 4, sowohl auf die »Outside-in«-Perspektive als auch auf die »Inside-out«-Perspektive abgestellt werden.

im Kreditbuch und in Eigenbeständen aus dem Wertpapiergeschäft bestehen[208]. Abschließend sollten Banken erwägen, klimabezogene Risiken (transitorischer und physischer Art) aus der Kreditvergabe und anderen finanzintermediären Aktivitäten wie z. B. dem Handelsgeschäft offenzulegen.

Hinsichtlich des Einflusses der klimabezogenen Risiken und Chancen auf das Geschäftsmodell, die Strategie und die Finanzplanung des Unternehmens soll aufbauend auf den o. g. empfohlenen Veröffentlichungen dargestellt werden, wie klimabezogene Aspekte das Geschäftsmodell, die Strategie und die Finanzplanung beeinflusst haben. Banken sollten dabei die Einflüsse auf das Geschäftsmodell und die Strategie in folgenden Themenbereichen einbeziehen:

- eigene Finanzprodukte und Finanzdienstleistungen,
- Kreditvergabe und Refinanzierungsprozesse,
- klimabedingte Anpassungs- und Veränderungsaktivitäten,
- Investitionen in Produktentwicklung und Vertrieb sowie
- Geschäftsbereiche und Standorte.

4.3.2.3   Anpassung des Geschäftsmodells

Banken sollten beschreiben, wie klimabezogene Aspekte in den Prozess der Kapitalplanung eingehen, welche Zeitperioden zugrunde gelegt werden und wie diese Risiken und Chancen priorisiert und gewichtet werden. Der Offenlegungsbericht sollte ein umfassendes Bild der gegenseitigen Abhängigkeiten zwischen den Faktoren abbilden, die die Rendite über den Zeitverlauf beeinflussen. Banken sollten auch erwägen, den Einfluss folgender Aspekte auf den Kapitaldeckungsbedarf einzubeziehen:

- laufende Aufwände und Erträge,
- Kapitalkosten und Kapitalallokation,
- Zu- und Verkäufe sowie
- Zugang zu Kapital.

Wenn klimabezogene Szenarien verwendet werden, um über die Strategie oder die Finanzplanung eines Unternehmens zu informieren, dann sollten diese auch beschrieben werden.

---

208 Die FSB-TCFD spricht von »credit exposures«. Unseres Erachtens ist die Eingrenzung auf das Kreditgeschäft aber zu eng, da auch aus Positionen im Wertpapiergeschäft CO_2-Konzentrationen in Abhängigkeit von der Emittentenstruktur resultieren können.

4.3.2.4 Belastbarkeit unter Szenarien

Letztlich beinhalten die Informationen zur Strategie auch Aussagen zur Widerstandsfähigkeit der Unternehmensstrategie unter verschiedenen klimabezogenen Szenarien, inklusive eines 2°C- oder niedrigeren Szenarios. Dafür sollen Banken beschreiben, wie widerstandsfähig ihre Strategie gegenüber klimabezogenen Risiken und Chancen ist. Zu berücksichtigen sind dabei die relevanten steigenden transitorischen klimabezogenen Risiken aus dem Umbau zu einer kohlenstoffreduzierten Wirtschaft (»2°C-oder-niedriger«-Szenario). Banken sollten erwägen, folgende Aspekte bei der Offenlegung einzubeziehen:

- Darstellung, wie die eigene Strategie durch klimabezogene Risiken und Chancen beeinflusst wird;
- Darstellung, wie die Strategie abgeändert werden muss, um auf potenzielle Risiken und Chancen einzugehen;
- Darstellung der für die Strategieentwicklung unterstellten klimabezogenen Szenarien und der zugrunde gelegten Zeithorizonte.

Um auf die allgemeinen sowie die bankspezifischen Umsetzungsempfehlungen der FSB-TCFD eingehen zu können, müssen Banken im Kernthema Strategie konkrete Maßnahmen ergreifen, auf die im folgenden Kapitel eingegangen wird.

4.3.3 Konkrete Maßnahmen und Praxishinweise

Die Offenlegung klimabedingter Finanzdaten entsprechend den FSB-TCFD Empfehlungen wird sich nach Meinung der Autoren zu einem Standard entwickeln, dem die Banken mehr oder weniger freiwillig zu entsprechen haben[209]. Die sinnvolle und verantwortungsbewusste Offenlegung kann dabei immer nur das Abbild einer erfolgreichen und zielorientierten Auseinandersetzung mit den Anforderungen und der proportionalen Umsetzung in den bestehenden Bankstrukturen sein.

Auf die mit der Strategie verbundenen Aspekte des Planungsgegenstands (Geschäftsmodell und Geschäftsfelder der Bank), der Planungsdaten (Analysen, Szenarien, Kennzahlen) bzw. des Planungshorizonts (kurz-, mittel-, langfristig) wird im Folgenden eingegangen. Dabei ist anzumerken, dass sich jede Bank ganz eigenen Herausforderungen gegenübergestellt sieht. Dementsprechend wird hier, unter Berücksichtigung der einschlägigen Vorgaben der nationalen Gesetzgebung, eine Grundstruktur skizziert, die es den in einer Bank für die Strategie verantwortlichen Personen ermöglicht, auf die Einflüsse klimabedingter Veränderungen einzugehen.

---

209 Nach Angaben der FSB-TCFD steigt die Anzahl der Unterstützer stetig an. Laut eigenen Angaben waren es Stand 12/2019 weltweit mehr als 930 (https://www.fsb-tcfd.org/tcfd-supporters/ [Zuletzt abgerufen: 30. Januar 2020]).

Wie bereits einleitend angeführt, muss § 25a Abs. 1 KWG mit der Forderung nach einer »... Festlegung von Strategien, insbesondere [der] Festlegung einer auf die nachhaltige Entwicklung des Instituts gerichteten Geschäftsstrategie ...« als Ausgangspunkt gesehen werden. Die sachlogische Konsequenz »... einer damit konsistenten Risikostrategie, sowie die Einrichtung von Prozessen zur Planung, Umsetzung, Beurteilung und Anpassung der Strategien« entspricht dem Leitbild des bereits erwähnten 5-phasigen Strategieplanungs- und -umsetzungsprozesses aus:

- Analysen zur gegenwärtigen und Szenarien zu künftigen Situationen, d. h. der Auseinandersetzung mit den Fragen: Mit welchen Produkten und Dienstleistungen werden auf welchen Märkten und bei welchen Kunden welche Erträge erwirtschaftet? Worin bestehen die eigenen Stärken und Schwächen im Vergleich zu den bekannten Wettbewerbern? Welche Ressourcen stehen der Bank in welcher Form und über welchen Zeitraum zur Verfügung? Welche Werte und Entwicklungen werden die Kundenerwartungen in der Zukunft bestimmen? Was wird für die Kunden künftig von Relevanz sein?
- der Formulierung der Strategie und der Bestimmung eines Leitbilds für die Bank, das in seiner Vision und Mission auf die klimabedingten Veränderungen eingeht und aktiv mit den »Inside-out«- und »Outside-in«-Dimensionen auf die Vorgaben der Agenda 2030, des ESG-Konzepts, des 5-P-Ansatzes[210] und der SDG-Methodik eingeht[211].
- der Erstellung der operativen Planung mit der Ausformulierung klar beschriebener Aufgaben und der Zuordnung von Rollen und Verantwortlichkeiten für die Umsetzung. Die dafür bereitgestellten personellen und finanziellen Ressourcen müssen über den vorgesehenen Zeitraum verfügbar sein.
- der Ausarbeitung der taktischen Umsetzung mit Instrumenten zur Überwachung und Kontrolle von Zeit- und Budget, bezogen auf die bestimmten Zielerreichungskriterien.
- der Umsetzung der Strategie in den täglichen Prozessen und Abläufen, sodass dem Leitbild entsprochen wird.

Detaillierte Vorgaben an die Ausgestaltung der Geschäfts- und der Risikostrategie sowie an die Strategieprozesse und die Verantwortlichkeiten bzgl. der Festlegung der Strategie finden sich in AT 4.2 der MaRisk. Risiken und Chancen aus dem Klimawandel sowie aus weiteren Nachhaltigkeitsrisiken müssen hier institutsindividuell und unter Berücksichtigung der Proportionalität integriert werden.

---

210 Das Kernstück der Agenda 2030 bilden die 17 SDGs. Diese berücksichtigen die drei Dimensionen der Nachhaltigkeit Soziales, Umwelt, Wirtschaft. Die 17 SDGs sind unteilbar und bedingen einander. Fünf Kernbotschaften sind diesen als Prinzipien vorangestellt: Mensch, Planet, Wohlstand, Frieden und Partnerschaft. Im Englischen spricht man von den »5 Ps«: People, Planet, Prosperity, Peace, Partnership.
211 Vgl. vertiefend siehe UN General Assembly (2015).

Grundlagen

Kernaspekte der MaRisk-AT-4.2-Strategie

- Die Geschäftsleitung muss eine nachhaltige Geschäftsstrategie mit Zielen und Maßnahmen festlegen und diese regelmäßig bzw. anlassbezogen anpassen, um sich ändernde interne (z. B. Risikotragfähigkeit, Ertragslage) und externe Einflussfaktoren (z. B. Marktentwicklung, regulatorisches Umfeld, Risikolandschaft) zu reflektieren. Mit dem Klimawandel gehen zweifelsohne Veränderungen in den externen Rahmenbedingungen einher. Durch die veränderte Risikosituation ist aber auch die Risikotragfähigkeit[212] und damit ein wesentlicher interner Faktor für die Strategie tangiert.
- Die Geschäftsleitung muss eine zur Geschäftsstrategie konsistente Risikostrategie festlegen, die über entsprechende Teilstrategien je Risikoart auch Kennzahlen für den Zielerreichungsgrad definiert. Insbesondere ist, unter Berücksichtigung von Risikokonzentrationen, für alle wesentlichen Risiken der Risikoappetit festzulegen[213]. Entsprechend muss geprüft werden, in welcher Form die physischen und transitorischen Risiken in der Risikostrategie verarbeitet werden.
- Die Geschäftsleitung ist für die Festlegung und Anpassung der Strategien verantwortlich. Sie muss für die Umsetzung Sorge tragen. Insoweit muss sich die Geschäftsleitung mit dem Thema Klimawandel und den daraus resultierenden Risiken und Chancen regelmäßig auseinandersetzen[214].
- Die Geschäftsleitung hat einen Strategieprozess einzurichten, der sich insbesondere auf die Prozessschritte Planung, Umsetzung, Beurteilung und Anpassung der Strategie erstreckt. Damit die Risiken und Chancen aus dem Klimawandel sowie andere Nachhaltigkeitsaspekte in der Strategie verarbeitet werden können, müssen sie auch in den (operativen) Planungsprozessen berücksichtigt werden.
- Die Geschäftsleitung muss dafür sorgen, dass die Strategieentwicklung transparent und strukturiert erfolgt, mit den Aufsichtsorganen abgestimmt und im Unternehmen kommuniziert ist[215].

Wie aus Sicht der Aufsicht eine konkrete Einbeziehung klimabedingter Veränderungen in die Geschäftsstrategie aussehen sollte, hat die BaFin in ihrem Merkblatt zum Umgang mit Nachhaltigkeitsrisiken ausgeführt[216]. Die BaFin stellt es darin den Instituten frei, ob sie eine eigenständige Strategie zu Nachhaltigkeitsaspekten entwickeln oder diese direkt in die bestehende Geschäftsstrategie integrieren. Wichtig ist der BaFin, dass externe Standards, wie z. B. die »Principles for Responsible Banking«, die »Principles for Responsible Investment« oder der »Deutscher Nachhaltigkeitskodex«, denen sich eine Bank unterworfen hat, in der Strategie und den Prozessen zur Strategiebildung integriert werden.

---

212 Zur Bedeutung der Risikotragfähigkeit im Zusammenhang mit den Risiken und Chancen aus dem Klimawandel vgl. Kapitel 4.4.3.
213 Vgl. hierzu Kapitel 4.4.3.
214 Vgl. hierzu oben Kapitel 4.2.3.
215 Zur Rolle des Aufsichtsrats vgl. Kapitel 4.2.3.
216 Vgl. BaFin (2019a), S. 16 ff.

Grundlagen

BaFin-Merkblatt – 3.1 Allgemeines

Beaufsichtigte Unternehmen sollten im Hinblick auf den Umgang mit Nachhaltigkeitsrisiken (und ggf. Chancen) entweder eine eigenständige Strategie entwickeln oder die bestehenden Strategien entsprechend anpassen.

Sofern sich beaufsichtigte Unternehmen freiwillig verpflichtet haben, externe Nachhaltigkeitsstandards zu befolgen oder Empfehlungen umzusetzen, sollte dies in den eigenen Strategien und Organisationsrichtlinien abgebildet werden.

Beispiele: »Principles for Responsible Banking«, »Principles for Responsible Investment«, »Principles for Sustainable Insurance«, Empfehlungen der »Task Force on Climate-related Financial Disclosures«, »Deutscher Nachhaltigkeitskodex«, »SD-KPI Standard 2016-2021«, »Berliner CSR-Konsens zur Unternehmensverantwortung in Liefer- und Wertschöpfungsketten«.

Entsprechend AT 4.2., Tz. 1 der MaRisk stellt die BaFin in ihrem Merkblatt zum Umgang mit Nachhaltigkeitsrisiken (Kapitel 2.2) darauf ab, dass die Bank bei der Überprüfung und Anpassung der Geschäftsstrategie die Relevanz von physischen und transitorischen Risiken sowie weiterer Nachhaltigkeitsrisiken ganzheitlich über die gesamte Bank hinweg betrachtet. Hierbei soll zum einen analysiert und in der Strategie dargestellt werden, welche Auswirkungen die physischen Risiken und die transitorischen Risiken auf die bestehenden Geschäftsfelder haben. Zum anderen soll untersucht und entsprechend in der Strategie abgebildet werden, ob es aufgrund der Risiken aus dem Klimawandel und weiterer Nachhaltigkeitsrisiken ggf. Änderungen im Geschäftsmodell selbst bedarf, d. h. ob neue Geschäftsfelder, neue Kundengruppen etc. entwickelt werden sollen und müssen.

Grundlagen

BaFin-Merkblatt – 3.2 Überprüfung der Geschäftsstrategie

3.2.1 Welche Geschäftsfelder sind einem physischen Risiko ausgesetzt? Ist das Risiko erheblich? Sollen die betroffenen Geschäftsfelder fortgeführt, eingeschränkt oder umgestaltet werden? Müssen Nachhaltigkeitsrisiken in allen Geschäftsfeldern und Prozessen aufgrund ihrer Erheblichkeit berücksichtigt werden oder genügt eine Konzentration auf besonders gefährdete Geschäftsfelder und Prozesse? Werden für eine informierte Entscheidungsfindung über (künftig) ggf. erforderliche Steuerungsmaßnahmen Auswirkungsanalysen über einen mehrjährigen Zeitraum benötigt? Beispiele: Immobilienfinanzierung in überflutungsgefährdeten Gebieten; Investition in wassergekühlte Kraftwerke in dürrebedrohten Regionen.

3.2.2 Welche Geschäftsfelder sind einem transitorischen Risiko ausgesetzt? Ist das Risiko erheblich? Sollen die betroffenen Geschäftsfelder fortgeführt, eingeschränkt oder umgestaltet werden? Sollen Nachhaltigkeitsanforderungen an Dritte gestellt und kommuniziert werden? Soll gegenüber Stakeholdern mit erheblichen Nachhaltigkeitsrisiken in einen Dialog darüber eingetreten werden, wie solche Risiken in Zukunft gemindert oder abgebaut werden können? Welche Politik wird bei der Stimmrechtsausübung im Hinblick auf Equity-Investitionen verfolgt? Werden für die Entscheidungsfindung Auswirkungsanalysen über einen mehrjährigen Zeitraum benötigt? Beispiele: Einschränkung der Finanzierung von Unternehmen, deren Geschäftstätigkeit wesentlich auf fossilen Energieträgern beruht, oder der Finanzierung von Immobilien, die von solchen Unternehmen genutzt werden; kritischer Dialog mit Unternehmen, die direkt oder indirekt auf die Produktion von Verbrennungsmotoren angewiesen sind, im Hinblick auf ihre Zukunftsstrategien; Forderung an Vertragspartner, bei ihren Veröffentlichungen den Empfehlungen der TCFD, den Leitlinien für die Berichterstattung über nichtfinanzielle Informationen der EU-Kommission, dem Deutschen Nachhaltigkeitskodex oder dem SD-KPI Standard 2016-2021 zu entsprechen.

3.2.3 Ergeben sich aus den physischen oder transitorischen Risiken (Energiewende) und dem stärkeren Nachhaltigkeitsbewusstsein von Investoren und Vertragspartnern notwendige bzw. sinnvolle Anpassungen des Geschäftsmodells? Sollen konkrete Nachhaltigkeitsziele verfolgt bzw. nachhaltige Finanzprodukte (Green Bonds, Social Bonds, grüne Kredite, nachhaltige Investmentvermögen etc.) angeboten werden? Mit welchem Image sollen künftige Mitarbeiterinnen und Mitarbeiter geworben werden? Beispiele: Zusammenarbeit mit Förderbanken bei der Vergabe von Krediten für nachhaltiges Bauen; Emission von grünen Pfandbriefen, Schuldscheinen oder Produkten, die innovativer sind, z. B. in Bezug auf Auswirkung oder Risikoanfälligkeit; Übernahme einer beratenden Funktion gegenüber Vertragspartnern im Hinblick auf die klimaneutrale Umstellung ihres Geschäftsbetriebs oder die Finanzierung von energieeffizienten Immobilien als lukratives neues Geschäftsfeld.

3.2.4 Wie kann sichergestellt werden, dass ausreichende und geeignete personelle und sonstige Ressourcen zur Bewältigung der neuen Herausforderungen im Umgang mit Nachhaltigkeitsrisiken zur Verfügung stehen?

Ein wichtiger Aspekt, den die BaFin hervorhebt, ist die personelle und technische Ausstattung einer Bank. Diese muss zu der entwickelten Geschäftsstrategie (und Risikostrategie) konsistent sein. Im konkreten Fall bedeutet dies, dass Mitarbeiter verfügbar sind, die die Erfahrungen und Kenntnisse aufweisen, um die geplante Strategie im Bereich Nachhaltigkeit umsetzen und die damit verbundenen Risiken beurteilen zu können. Insbesondere hinsichtlich der physischen Risiken ist zu prüfen, ob diese die nach den BAIT (Bankaufsichtliche Anforderungen an die IT) aufzustellende IT-Strategie tangieren[217].

Der Leitgedanke der BaFin, den beaufsichtigten Instituten einen Handlungsleitfaden an die Hand zu geben, spiegelt sich auch in den Ausführungen des Merkblatts zur Überprüfung der Risikostrategie (Kapitel 2.3) wider. Diese soll ganzheitlich auf die Berücksichtigung von Nachhaltigkeitsrisiken überprüft werden und hinterfragen, inwiefern Nachhaltigkeitsrisiken eine Relevanz für das konkrete Geschäftsmodell der Banken haben.

Grundlagen

BaFin-Merkblatt – 3.3 Überprüfung der Risikostrategie
3.3.1 Hätte es nachteilige Auswirkungen auf verbindlich vorgegebene Kennzahlen wie etwa Kapitalquoten, wenn sich Nachhaltigkeitsrisiken (in Form der bekannten, als wesentlich identifizierten Risikoarten) realisieren würden? Welche Stresstests einschließlich Szenarioanalysen wurden zu Nachhaltigkeitsrisiken durchgeführt? Welche Implikationen ergeben sich aus den Ergebnissen?
3.3.2 Welche Risikoarten sind unternehmensspezifisch von Nachhaltigkeitsrisiken betroffen? Werden die auf diese Risikoarten einwirkenden Nachhaltigkeitsrisiken bei der Festlegung des Risikoappetits

---

217 Vgl. BaFin (2017c), II.1.

und von Risikolimiten implizit ausreichend berücksichtigt? Gibt es länder-, regional-, unternehmens- oder spartenspezifische Besonderheiten?

3.3.3 Bestehen Konzentrationsrisiken? Beispiel: In einem Finanzkonglomerat unterhält ein Kreditinstitut Forderungen gegenüber unversicherten, aber gegenüber Wetterschäden sensiblen Unternehmen, während ein konglomeratsangehöriges Versicherungsunternehmen Elementarschäden in derselben Region abdeckt.

3.3.4 Wie ist mit dem Zeithorizont von physischen und Transitionsrisiken umzugehen? Soll diesen Risiken eher frühzeitig begegnet werden oder wird eine »Wait-and-see«-Strategie verfolgt? Ist eine (erweiterte) Absicherung der Risiken durch Derivate, Versicherungslösungen oder Ähnliches möglich? Soll der Planungshorizont im Hinblick auf eine informierte Entscheidungsfindung unter Berücksichtigung von Nachhaltigkeitsrisiken und -faktoren ausgedehnt werden?

3.3.5 Können die Prozesse zur Identifizierung, Messung, Steuerung und Berichterstattung von Nachhaltigkeitsrisiken systematisch oder punktuell verbessert werden?

Auf die in Kapitel 2.3 des BaFin-Merkblatts angesprochenen Prozesse zur Identifizierung, Messung, Steuerung und Berichterstattung und wie diese um Nachhaltigkeitsrisiken erweitert werden können, gehen wir in Kapitel 4.4 Risikomanagement näher ein.

In ihrem Merkblatt zum Umgang mit Nachhaltigkeitsrisiken betont die BaFin die Notwendigkeit, dass die Strategie für den Umgang mit Nachhaltigkeitsrisiken nicht nur intern kommuniziert wird, sondern, über AT 4.2, Tz. 6 MaRisk hinausgehend, auch gegenüber externen Stakeholdern dargelegt wird. Ein Medium, dies zu tun, wäre die Offenlegung nach den TCFD-Empfehlungen. Hierbei ist zu beachten, dass eine externe Kommunikation der (Nachhaltigkeits-)Strategie immer mit Reputationsrisiken verbunden ist.

Grundlagen

BaFin-Merkblatt – 3.4 Kommunikation
Der von der Geschäftsleitung definierte Umgang mit Nachhaltigkeitsrisiken sollte dem eigenen Management, den Mitarbeitern sowie Vertragspartnern und Investoren klar kommuniziert werden. Insbesondere empfiehlt es sich, etwaige Kriterien zum Ausschluss bzw. zur gezielten Steuerung bestimmter Risikopositionen nach außen zu kommunizieren, um Stakeholdern das eigene Handeln transparent zu machen und Verunsicherung bei den Vertragspartnern auszuräumen.

Die BaFin macht deutlich[218], dass die Verantwortung für die Geschäftsstrategie und deren Kommunikation und Umsetzung in der Bank, d.h. die Institutionalisierung im Rahmen festgelegter Prozessstrukturen, bei der Geschäftsleitung einer Bank liegt. Dementsprechend ist die Geschäftsleitung auch für die zugrundeliegenden strategischen Überlegungen verantwortlich. Die Geschäftsleitung kann sich dabei von internen Experten, bspw. aus der Risikocontrollingfunktion, oder von externen Experten unterstützen lassen.

---

218 Vgl. BaFin (2019a), Kap 4.1 Strategieverantwortung.

Grundsätzlich ist zu bedenken, dass ein eigenständiges Strategiedokument zum Umgang mit klimabedingten Veränderungen, die ohnehin schon umfangreiche schriftlich fixierte Ordnung um ein weiteres Dokument ergänzt. Vor dem Hintergrund, dass Sustainable Finance ein Querschnittsthema ist, das (nahezu) sämtliche Bereiche einer Bank betrifft[219], ist eine Erweiterung der bestehenden Strategien um Nachhaltigkeitsaspekte angeraten. Im Rahmen der Strategieerarbeitung ist der Status quo zum Umgang mit Nachhaltigkeitsthemen in der aktuellen Geschäftsstrategie vorzunehmen. Dabei muss bspw. herausgearbeitet werden, welche Geschäftsfelder in welchem Umfang von klimabedingten, d. h. physischen oder transitorischen Risiken betroffen sind und ob diese Betroffenheit wesentlich ist für die Fortführung einzelner Geschäftsbereiche oder der ganzen Bank. Je nach Einschätzung ergeben sich daraus möglicherweise notwendige bzw. sinnvolle Anpassungen des Geschäftsmodells. Es ist daher ein klar definiertes Zielbild zu erarbeiten, das einerseits den von außen einwirkenden Veränderungen gerecht wird und andererseits mit den intern verfügbaren Ressourcen erreicht werden kann.

Der Umgang mit klimabedingten Veränderungen im Rahmen der Strategie darf nicht nur durch ein pauschales »Lippenbekenntnis« zum verantwortlichen Umgang mit der Natur »abgetan« werden, sondern muss durch belastbare, d. h. qualitativ und quantitativ überprüfbare Zielvorgaben, die in die Strategie integriert werden, unterstrichen werden. Hierfür bietet sich im Kontext des globalen Klimawandels der Bezug zur Agenda 2030 für Nachhaltige Entwicklung an. Entlang der drei Nachhaltigkeitsdimensionen zu ESG müsste dann ausgeführt werden, welcher Beitrag für die Transformation der Wirtschaft erbracht wird. Eine Bank, die dieser Vorgehensweise folgt, bezieht damit Position zu den fünf Prinzipien Mensch, Planet, Wohlstand, Frieden und Partnerschaft (engl.: 5 P/People, Planet, Prosperity, Peace, Partnership) und verweist auf die Grundlagen des ökologisch verträglichen, sozial gerechten und wirtschaftlich leistungsfähigen Handelns der Bank. Dies ermöglicht einen direkten Bezug zu den 17 SDGs, d. h. eine Aussage, zu welchen SDGs die Bank durch welche Maßnahmen welchen Beitrag leisten wird, z. B. Fokussierung auf taxonomiekonforme Finanzierung »grüner« Wirtschaftsbereiche und damit Reduktion der finanzierten CO_2-Emissionen um x % bis zum Jahr 2030. Es ist zu beobachten, dass in der Regel 5–8 Ziele ausgewählt werden, entsprechend ihrer Relevanz für das Geschäftsmodell einer Bank. Hierzu bspw. die SDGs:

*   # 4: Hochwertige Bildung
*   # 5: Geschlechtergleichheit
*   # 7: Bezahlbare und saubere Energie
*   # 8: Menschenwürdige Arbeit und Wirtschaftswachstum
*   # 9: Industrie, Innovation und Infrastruktur
*   # 12: Nachhaltiger Konsum und Produktion
*   # 13: Maßnahmen zum Klimaschutz

---

219 Hierzu auch die Ausführungen in Kapitel 4.1 und Kapitel 4.2.

Eine Strategieüberprüfung muss dabei auf die Etablierung von ESG/SDG-Kennzahlensystemen abstellen und immer die Frage nach der Relevanz für das konkrete Geschäftsmodell im Auge haben. Bspw. ist eine Verbindung zu den 169 SDG-Teilzielen angeraten, sodass die Stakeholder die Informationen kontextuell direkt zuordnen können.

4.3.4   Fazit

Die Anpassung bzw. Neuausrichtung der Unternehmensstrategie setzt eine intensive Beschäftigung mit der aktuellen Position und den künftigen Interessen der Bank voraus. Vor dem Hintergrund des Klimawandels und seiner Folgen stellt sich die Frage, welche Erfahrungswerte aus der Vergangenheit in die Zukunft projiziert werden können und welche Handlungsmöglichkeiten zukünftig vorhanden sein werden. Analytische Fortschreibungen der Vergangenheit werden gegenüber prämissenbasierten Szenarien an Bedeutung verlieren. Zukunftsfähige Geschäftsmodelle müssen vor dem Hintergrund der physischen Risiken und der transformatorischen Wirkungen auf die Wirtschaft längere Betrachtungszeiträume, zumeist mehrere Jahrzehnte, einbeziehen und grundlegende Veränderungen in Wirtschaft und Gesellschaft antizipieren. Dies bestimmt die eigene Wettbewerbsposition im Verhältnis zu bekannten Mitbewerbern, aber auch verstärkt gegenüber neuen Finanzmarktakteuren. Der damit einhergehende Wertewandel verändert die Erwartungen und Bedürfnisse der Kunden, sodass neuentwickelte Produkte und Dienstleistungen verstärkt ESG-Faktoren einbeziehen müssen. Einer effizienten und vor allem effektiven Umsetzung der Strategie im Unternehmen steht eine ebenso transparente wie nachvollziehbare Kommunikation mit den Stakeholdern gegenüber – wofür die FSB-TCFD-Empfehlungen als Standard zunehmend an Akzeptanz gewinnen.

4.4   Risikomanagement

4.4.1   Begriffsabgrenzung und wesentliche Inhalte

Das folgende Kapitel stellt die vom FSB-TCFD erarbeiteten Vorschläge zur Veröffentlichung von Angaben zum Thema Risikomanagement dar. Am Anfang des Kapitels stehen die englischen Originalvorgaben zu den Recommended Disclosure a), b) und c) mit der Guidance for All Sectors. Ergänzend sind in Teil a) der Recommended Disclosures sektorspezifische Leitlinien in Form der Supplemental Guidance for Banks angeführt. Auf der Basis dieser sektorübergreifenden und sektorspezifischen Empfehlungen wird ein konkreter Handlungsrahmen entwickelt, wie Banken die mit den Offenlegungsempfehlungen verbundenen Anforderungen intern umsetzen können. Hierbei werden, soweit schon vorhanden, weitergehende gesetzliche und regulatorische Vorgaben miteinander verknüpft. Der formulierte Handlungsrahmen kann daher bereits als mögliche Vorbereitung auf weitere gesetzliche und regulatorische Vorgaben gesehen werden.

In der bankbetrieblichen Literatur wird zumeist zwischen Risikomanagement im weiteren oder umfassenden Sinne und Risikomanagement im engeren Sinne unterschieden. Im umfassenden Sinne wird unter Risikomanagement die Gesamtheit aller Handlungen, die sich mit der Identifikation, Messung, Steuerung und Überwachung von Risiken befassen, verstanden[220]. Das Risikomanagement im engeren Sinne umfasst, einer engen sprachlichen Übersetzung des Begriffs Management folgend, »nur« die Steuerung oder Bewirtschaftung, d. h. das »Managen« der Risiken. In dieser engen Begriffsabgrenzung steht dem Risikomanagement das Risikocontrolling gegenüber, welches das Identifizieren, Messen und Überwachen der Risiken beinhaltet.

Gemäß § 25a Abs. 1 KWG ist das Risikomanagement Teil einer ordnungsgemäßen Geschäftsorganisation und umfasst insbesondere:

- die Festlegung von Strategien (Geschäfts- und Risikostrategien);
- Verfahren zur Ermittlung und Sicherstellung der Risikotragfähigkeit;
- die Einrichtung interner Kontrollverfahren mit einem internen Kontrollsystem und einer internen Revision;
- eine angemessene personelle und technisch-organisatorische Ausstattung;
- die Festlegung eines angemessenen Notfallkonzepts;
- angemessene, transparente und auf eine nachhaltige Entwicklung des Instituts ausgerichtete Vergütungssysteme.

Es handelt sich hierbei nicht um eine Definition des Begriffs Risikomanagement, sondern um eine Auflistung von Funktionen, Methoden, Prozessen und Systemen, die für das Steuern von Risiken und damit für das Steuern einer Bank wesentlich sind. Die BaFin greift die in § 25a Abs. 1 KWG genannten Elemente in AT 4 der MaRisk auf und konkretisiert die Anforderungen an diese Elemente. In AT 4.3.2 der MaRisk konkretisiert die BaFin die Anforderungen an die Risikosteuerungs- und Risikocontrollingprozesse als Teil des internen Kontrollsystems und greift damit § 25a Abs. 1 Satz 3 Nr. 3b) KWG auf. Die in AT 4.3.2 ausgeführten Anforderungen an die Prozesse zur Identifizierung, Beurteilung, Steuerung sowie Überwachung und Kommunikation beschreiben mithin die Anforderungen an das Risikomanagement, wie oben im weiteren Sinne abgegrenzt. Die Unterscheidung in Risikomanagement im engeren Sinne und Risikocontrolling kommt implizit in AT 4.4.1 der MaRisk zum Ausdruck, in dem die BaFin der Risikocontrollingfunktion die Aufgaben der Identifikation, Messung bzw. Beurteilung und Überwachung inkl. Kommunikation der Risiken zuweist. Die Steuerung der Risiken, d. h. das Risikomanagement im engeren Sinne, ist nicht Aufgabe der Risikocontrollingfunktion; allenfalls kommt dem Risikocontrolling gegenüber der Geschäftsleitung eine beratende Funktion in Steuerungsfragen zu.

Die von der TCFD verwendete Terminologie umfasst zwar sowohl die Identifikation (»identifies«), Messung bzw. Beurteilung (»assesses«) und Steuerung (»manages«) der Risiken und

---

220 Vgl. Dombret, A./Thiede, J. (2001), Sp. 1856; vgl. ferner Büschgen, H.-E. (1999), S. 875 f., Rudolph, B./Johanning, L. (2000), S. 17 f.

damit auch Elemente, die dem Risikocontrolling zugewiesen werden. Nicht dem Risikomanagement zugewiesen wird hingegen die Überwachung oder Kontrolle (»monitoring«) der Risiken. Dieser Teil des Risikocontrollings ist nach den TCFD-Empfehlungen unter Governance als Instrument der Leitungsgremien darzustellen.

4.4.2   TCFD-Empfehlungen zum Risikomanagement

4.4.2.1   Überblick

Die FSB-TCFD hat zum Thema Risikomanagement Leitlinien entwickelt, an denen sich alle Sektoren/Wirtschaftsbereiche bei der Offenlegung klimarelevanter Informationen orientieren können. Zusätzlich wurden Empfehlungen speziell für den Bankensektor getroffen.

Risk Management Disclose how the organization identifies, assesses, and manages climate-related risks	
Recommended Disclosure a) Describe the organization's processes for identifying and assessing climate-related risks.	**Guidance for All Sectors** Organizations should describe their risk management processes for identifying and assessing climate-related risks. An important aspect of this description is how organizations determine the relative significance of climate-related risks in relation to other risks. Organizations should describe whether they consider existing and emerging regulatory requirements related to climate change (e.g. limits on emissions) as well as other relevant factors considered. Organizations should also consider disclosing the following: • processes for assessing the potential size and scope of identified climate-related risk and • definitions of risk terminology used or references to existing risk classification frameworks used **Supplemental Guidance for Banks** Banks should consider characterizing their climate-related risks in the context of traditional banking industry risk categories such as credit risk, market risk, liquidity risk, and operational risk. Banks should also consider describing any risk classification framework used (e.g. the Enhanced Disclosure task Force's framework for defining »Top and Emerging Risks«).
Recommended Disclosure b) Describe the organization's processes for managing climate-related risks.	**Guidance for All Sectors** Organizations should describe their processes for managing climate-related risks, including how they make decisions to mitigate, transfer, accept, or control those risks. In addition organizations should describe their processes for prioritizing climate-related risks, including how materiality determinations are made within their organizations. In describing their processes for managing climate-related risks, organizations should address the risks included in Table A1 and A2 (pp. 72–73) [TCFD Report], as appropriate.

Recommended Disclosure c)	Guidance for All Sectors
Describe how processes for identifying, assessing, and managing climate-related risks are integrated into the organization's overall risk management.	Organizations should describe how their processes for identifying, assessing, and managing climate-related risks are integrated into their overall risk management.

Tab. 5: FSB-TCFD Recommendations: Risk Management (Quelle: in Anlehnung an FSB-TCFD)

Die Empfehlungen der TCFD zur Offenlegung im Bereich Risikomanagement enthalten drei Bereiche.

PRAXISHINWEIS

Offenlegung zu Risikomanagement
- Beschreibung der Prozesse zur Identifizierung und Beurteilung klimabezogener Risiken
- Beschreibung der Prozesse zur Steuerung klimabezogener Risiken
- Beschreibung, wie die Prozesse zur Identifizierung, Beurteilung und Steuerung klimabezogener Risiken im Risikomanagementsystem des Unternehmens integriert sind

In Anlehnung an die Leitlinien der EU-Kommission für die Berichterstattung über nichtfinanzielle Informationen sollte sowohl die »Outside-in«-Perspektive – d. h. Risikomanagement in Bezug auf die Ereignisse, die von außen auf das Unternehmen einwirken – als auch die »Inside-out«-Perspektive – d. h. Risikomanagement in Bezug auf den Beitrag des Unternehmens zu den physischen und transitorischen Risiken – betrachtet werden[221].

4.4.2.2   Identifizierung und Beurteilung von Risiken

Unternehmen, die dem TCFD-Standard folgen, sollen die Prozesse beschreiben, mit denen sie klimabezogene Risiken identifizieren und bewerten bzw. beurteilen. Hierbei soll insbesondere dargestellt werden, wie die Bedeutung dieser Risiken im Vergleich zu den anderen Risiken bestimmt wird. Das erfordert eine Darstellung der Methoden zur Bewertung der Risiken aus dem Klimawandel wie z. B. angewandte Szenarioanalysen oder spezielle Portfolioanalysen. Zur besseren Vergleichbarkeit sollte die Darstellung der Methoden u. E. auch eine Beschreibung der

---

221 Vgl. hierzu EU-Kommission (2019a), S. 4 f.

zugrunde liegenden Annahmen beinhalten. Auch soll beschrieben werden, ob bestehende bzw. zu erwartende regulatorische Anforderungen berücksichtigt werden.

Grundlage für die Vergleichbarkeit über verschiedene Unternehmen hinweg ist auch, dass die verwendete Risikoterminologie beschrieben wird. Banken sollen im Speziellen darlegen, wie sie die Risiken aus dem Klimawandel in die bankspezifische Risikoterminologie einordnen, z. B. ob sie die physischen und transitorischen Risiken den bankspezifischen Risikokategorien – Kreditrisiken, Marktrisiken, Liquiditätsrisiken, operationellen Risiken, sonstigen Risiken – als Risikotreiber zuordnen oder ob sie einzelne klimawandelbedingte Risiken[222] als gesonderte Risiken betrachten. Ordnen Banken ihre Risiken einzelnen Risikoklassen zu (z. B. wesentliche/nicht wesentliche Risiken), sollte zudem das Klassifizierungssystem beschrieben werden.

4.4.2.3   Steuerung von Risiken

Unternehmen sollen die Prozesse zur Steuerung der klimabezogenen Risiken beschreiben. Hierbei sollen sie darlegen, wie sie einzelne Steuerungsentscheidungen – Risikoabsicherung, Risikoübertragung, Risikoakzeptanz – in Bezug auf die Risiken treffen. In diesem Zusammenhang soll auch aufgezeigt werden, anhand welcher Verfahren Risiken priorisiert werden bzw. wie die Wesentlichkeit einzelner Risiken festgelegt wird. Die Einschätzung der Wesentlichkeit einzelner Risiken erfolgt im Rahmen der Risikobewertung (»assess«) und müsste insoweit eigentlich oben unter Recommended Disclosure a) (Identifizierung und Beurteilung von Risiken) dargestellt werden. Gegebenenfalls ist dann unter Risikosteuerung darzustellen, ob und wie einzelne Geschäftsbereiche oder Entscheidungsträger eine von der Risikobewertung abweichende Wesentlichkeitseinschätzung speziell für Steuerungszwecke vornehmen. Der letzte Satz der Empfehlung verweist hinsichtlich der zu berücksichtigenden Risiken auf die Tabelle A1 und A2 in Anhang 1 der TCFD-Empfehlungen von 2017. Unseres Erachtens hat dieser Hinweis auch Gültigkeit für die Darstellung der Prozesse zur Identifizierung und Beurteilung der Risiken.

4.4.2.4   Integration in das übergeordnete Risikomanagement

Letztlich sollen Unternehmen, die den TCFD-Empfehlungen folgen, beschreiben, wie die Prozesse zur Identifizierung, Beurteilung und Steuerung von klimabezogenen Risiken in das übergeordnete Risikomanagement des Unternehmens einbezogen werden. Sind die Risiken im Zusammenhang mit dem Klimawandel bereits (vollumfänglich) in das bestehende Risikomanagementsystem für die industrietypischen Risiken integriert, so erübrigt sich u. E. die hier empfohlene Darstellung der Integration bzw. ist sie nur für solche Risiken erforderlich, die über separate Prozesse außerhalb des eigentlichen Risikomanagements gesteuert werden.

---

222 Zu den einzelnen physischen und transitorischen Risiken bzw. Risikotreiber vgl. ausführlich Kapitel 2.

4.4.3   Konkrete Maßnahmen und Praxishinweise

4.4.3.1   Vorbemerkung

Voraussetzung für die Offenlegung nach den TCFD-Empfehlungen ist, dass entsprechende Prozesse, Verfahren, Systeme und Funktionen zur Identifizierung, Beurteilung und Steuerung der im Zusammenhang mit dem Klimawandel stehenden Risiken (und ggf. weiterer Nachhaltigkeitsrisiken) implementiert wurden bzw. dass diese Risiken in bestehende Prozesse, Verfahren, Systeme und Funktionseinheiten integriert werden (vgl. Abb. 4.6).

R I S I K O M A N A G E M E N T	RTF und LTF	Integration der Nachhaltigkeitsrisiken in den ICAAP/in das Risikotragfähigkeitskonzept, ILAAP/Liquiditätstragfähigkeitskonzept, d.h. R-Identifikation, -Bewertung usw.
	Risikoinventur	Integration der Nachhaltigkeitsrisiken in die Risikoinventur
	Stresstest	Regelmäßig und anlassbezogen sind angemessene Stresstests für die wesentlichen Risiken durchzuführen, die Art, Umfang, Komplexität und Risikogehalt der Geschäftsaktivitäten widerspiegeln.
	Risikomessung und Risikomodelle	Berücksichtigung der ESG-Risiken in der Risikomessung; ggf. Anpassung der bestehenden Risikomodelle
	Risikostrategie	Erfassung der ESG-Risiken in der Risikostrategie unter Berücksichtigung der Aussagen in der Geschäftsstrategie (Konsistenz), Festlegung des Risikoappetits für die wesentlichen ESG-Risiken
	Risiko-Governance & Risikokultur	Nachhaltigkeit muss Teil der Risikokultur sein und »von oben« kommuniziert und vorgelebt werden. Eine starke interne/Risiko-Governancespiegelt die Nachhaltigkeit von der Vorstandsebene bis zum 3-LoD-Modell wider.

Abb. 4.6: ESG erfordert das transparente Management klimabedingter Risiken (Quelle: eigene Darstellung)

Berücksichtigt man, wie in Kapitel 2.3.3 dargestellt, dass die Folgen der mit dem Klimawandel einhergehenden physischen und transitorischen Risiken, zumindest im Rahmen der »Outside-in«-Betrachtung, den banktypischen Risiken zugeordnet werden können, ist es grundsätzlich sachgerecht und auch erforderlich, das Management dieser Risiken so weit als möglich in die bestehenden Risikomanagementprozesse einer Bank zu integrieren. Dies erscheint insbesondere vor dem Hintergrund wichtig, dass sowohl die Entscheidungsträger als auch die Aufsichtsbehörden einen holistischen Blick auf die Risiken einer Bank und deren Wirkung auf die Vermögens-, Ertrags- und Liquiditätslage benötigen[223].

---

223 Vgl. auch Richter, N./Meyer, Y. (2019), S. 1342.

4.4.3.2   Integration klimawandelbedingter Risiken in die Prozesse zur Risikoidentifizierung und Risikobeurteilung

Grundlage und Ausgangspunkt für ein wirksames Risikomanagement ist ein transparentes und vollständiges Gesamtrisikoprofil über das gesamte Unternehmen hinweg[224]. Die Ermittlung des Gesamtrisikoprofils erfolgt mithilfe einer ganzheitlichen Risikoinventur (vgl. hierzu AT 2.2, Tz. 1 der MaRisk). Da die Risikoinventur eine »Point-in-Time«-Betrachtung ist, muss sie regelmäßig, i. d. R. einmal jährlich, und anlassbezogen durchgeführt werden, z. B. wenn neue Geschäfte aufgenommen werden, sich die Organisationsstruktur ändert oder wenn sich externe Rahmenbedingungen ändern[225]. Es sind sämtliche für ein Institut relevante Risiken aufzunehmen, und zwar zunächst unabhängig davon, ob sie wesentlich sind oder nicht. Neben einem Risikoinventar ist ein zentrales Ergebnis der Risikoinventur auch die Identifizierung der wesentlichen Risiken. Ob ein Risiko wesentlich ist, soll daran beurteilt werden, ob es die Vermögenslage (einschließlich der Kapitalausstattung), die Ertragslage oder die Liquiditätslage wesentlich beeinträchtigt (vgl. AT 2.2, Tz. 2 MaRisk).

Vor dem Hintergrund, dass die Risikoinventur ganzheitlich erfolgen soll, ist es folgerichtig, dass die BaFin in ihrem Merkblatt zum Umgang mit Nachhaltigkeitsrisiken fordert, dass die Institute die Nachhaltigkeitsrisiken im Rahmen ihrer Risikoinventur berücksichtigen sollen. Dabei unterstellt die BaFin, dass sich die Nachhaltigkeitsrisiken, insbesondere die physischen und transitorischen Risiken aus dem Klimawandel, grundsätzlich als Unterarten den ohnehin bereits als wesentlich identifizierten, banktypischen Risiken zuordnen lassen[226].

Grundlagen

BaFin-Merkblatt zu Nachhaltigkeitsrisiken 6.6.1[227]
Die Institute sollten bei der turnusmäßigen Risikoinventur auch Nachhaltigkeitsrisiken, welche die Vermögenslage (inklusive Kapitalausstattung), die Ertragslage oder die Liquiditätslage signifikant beeinträchtigen können, in den Blick nehmen. In der Regel sollten solche Risiken aber unter den bereits identifizierten Risikoarten – namentlich Kreditrisiken, Marktrisiken, Spreadrisiken und operationelle Risiken (OpRisk) – erfasst werden können. Werden in diesem Rahmen noch weitere Risiken identifiziert, sollten die Vorgaben der MaRisk auch auf sie angewandt werden.

Bei der Durchführung der Risikoinventur sollten die in Kapitel 2 dieses Buches näher beschriebenen[228] verschiedenen Unterarten bzw. Treiber der physischen und transitorischen Risiken betrachtet werden und deren Relevanz und Wesentlichkeit für ein Institut analysiert werden. Damit erfolgt quasi eine Erweiterung des zu betrachtenden Risikouniversums. Gegebenenfalls

---

224 Vgl. auch Hannemann, R./Steinbrecher, I./Weigl, T. (2019), MaRisk, AT 2.2., Rz. 12 ff.
225 Vgl. Siegl, J./Weber, M. (2018), Rz. 66, sowie Hannemann, R./Steinbrecher, I./Weigl, T. (2019), MaRisk, AT 2.2., Rz. 8 ff.
226 Vgl. BaFin (2019a), S. 15.
227 Vgl. BaFin (2019a), S. 27.
228 Dort finden sich auch eine Reihe von Beispielen, wie einzelne physische und transitorische Risiken den banktypischen Risiken zugeordnet werden können.

müssen weitere Organisationseinheiten, die bislang nicht von der Risikoinventur betroffen waren, eingebunden werden. Ob die Risikotaxonomie erweitert werden muss, hängt davon ab, ob für ein Institut relevante physische und transitorische Risiken nicht den bekannten, banktypischen Risiken[229] zugeordnet werden können. Eine gesonderte Risikokategorie könnte ggf. aus einer »Inside-out«-Betrachtung resultieren, also für solche Risiken, die für die Gesellschaft entstehen, wenn eine Bank selbst mit ihrem Handeln und Tun zum Klimawandel bzw. nicht zu einer Eindämmung des Klimawandels beiträgt. Allerdings sollte auch im Rahmen der »Inside-out«-Betrachtung zunächst versucht werden, Einzelrisiken den banktypischen Risikokategorien zuzuordnen. Sollte eine Zuordnung von physischen und transitorischen Risiken im Einzelfall nicht möglich sein und hat das Institut in einer Kategorie »Sonstige Risiken« bereits weitere Risiken als wesentlich identifiziert, die sie nicht den banktypischen Risiken zuordnet, erscheint ein Ausweis der identifizierten nicht zuzuordnenden physischen oder transitorischen Risiken unter den sonstigen Risiken sinnvoll.

PRAXISHINWEIS

Beispiele für »Inside-out«-Risiken und mögliche Zuordnung zu den banktypischen Risiken
- Die Missachtung von ESG-Faktoren im Kreditgeschäft kann zu höheren Ausfällen führen (Adressenausfallrisiko).
- Die Nichtberücksichtigung von ESG-Faktoren im Rahmen der Anlageberatung, Finanzportfolioverwaltung oder anderen Wertpapierdienstleistungen kann zu einem Reputationsverlust führen (Reputationsrisiko) und zugleich ein strategisches Risiko darstellen.
- Die eigene CO_2-Intensität kann ein operationelles Risiko darstellen, da sie im Rahmen verschärfter Klimaschutzgesetze zu höheren Betriebskosten führt und damit die Ertragslage negativ beeinflusst. Eine hohe betriebsbedingte CO_2-Intensität, z. B. durch den eigenen Fuhrpark, kann zudem die Reputation einer Bank negativ beeinflussen.

Für wesentliche Risiken haben Institute Prozesse und Verfahren zur Risikofrüherkennung einzurichten. Gemäß AT 4.3.2, Tz. 2 MaRisk müssen geeignete Indikatoren für die frühzeitige Identifizierung von Risiken abgeleitet werden, die je nach Risikoart auf quantitativen und/oder qualitativen Risikomerkmalen basieren. Insoweit müssen für die im Risikoinventar als wesentlich gekennzeichneten Nachhaltigkeitsrisiken Indikatoren neu festgelegt werden, oder es muss untersucht werden, ob diese Risiken bereits implizit mit bestehenden Indikatoren erfasst werden[230].

---

229 Zu den banktypischen Risiken vgl. Kapitel 2.3.3.
230 Vgl. hierzu auch BaFin (2019a), S. 23.

PRAXISHINWEIS

Beispiele für Indikatoren für eine frühzeitige Identifizierung von Nachhaltigkeits-risiken

- CO_2-Intensität: Entwicklung der CO_2-Intensität der Kreditnehmer zur Beurteilung einer erhöhten Ausfallwahrscheinlichkeit aufgrund strengerer Klimaschutzge-setze mit entsprechend hoher CO_2-Bepreisung (Beispiel für einen neuen Früh-warnindikator)
- »Lage« einer als Sicherheit hereingenommenen Immobilie: Entwicklung der »Lage« von als Sicherheiten hereingenommenen Immobilien sollte ergänzt wer-den um potenzielle Zerstörungsrisiken aufgrund klimabedingter Extremwetter-verhältnisse oder eines Anstiegs des Meeresspiegels[231] (Beispiel für die Erweite-rung eines bestehenden Frühwarnindikators)
- Nachhaltigkeitsratings: Entwicklung von Nachhaltigkeitsratings und deren Aus-wirkung auf Aktien- und Anleihekurse (Beispiel für einen neuen Indikator)
- CO_2-Benchmarks: Entwicklung von CO_2-Benchmarks kann bei Kenntnis von Kor-relationen einzelner Portfolien (Kreditgeschäft und Handelsgeschäft) zum jewei-ligen Benchmark Hinweise auf sich ändernde Bonitäten oder Marktpreise geben (Beispiel für einen neuen Indikator)

Die Risikobeurteilung dient der Bestimmung des Gefährdungspotenzials der als wesentlich identifizierten Risiken. Sie kann auf quantitativen Messmethoden oder qualitativen Analyse-methoden beruhen, in Abhängigkeit der Quantifizierbarkeit der einzelnen Risiken[232]. Auch hier kann in einem ersten Schritt versucht werden, auf für die banktypischen Risiken entwickelten Methoden abzustellen bzw. diese entsprechend weiterzuentwickeln, um Nachhaltigkeitsrisi-ken abzubilden. Ohnehin fordert AT 4.3.2, Tz. 5, dass die zur Risikosteuerung und zum Risiko-controlling eingesetzten Verfahren inkl. der Methoden zur Quantifizierung regelmäßig sowie bei sich ändernden Bedingungen auf ihre Angemessenheit zu überprüfen und ggf. anzupassen sind. Entstehen aufgrund einer Änderung der äußerlichen (Rahmen-)Bedingungen neue oder zusätzliche Risikotreiber, wie z. B. durch den Klimawandel, müssen Institute also ihre Verfahren zur Risikobeurteilung auf Angemessenheit überprüfen und ggf. anpassen; die Anpassung bein-haltet auch eine komplette Neuentwicklung von Verfahren und Methoden. Zum Beispiel kann analysiert werden, inwieweit physische oder transitorische Risiken in bestehende PD- und LGD-Verfahren zur Beurteilung des Ausfallrisikos integriert werden können oder wie spezielle Nachhaltigkeitsratings mit herkömmlichen Bonitätsratings zur Beurteilung von Kreditnehmern verknüpft werden können[233]. Auch können sog. »Heatmaps« aufgestellt werden, die Nachhal-tigkeitsrisiken entsprechend ihrer Relevanz und Dringlichkeit für einzelne Branchen sichtbar

---

231 Vgl. hierzu auch BaFin (2019a), S. 28.
232 Vgl. Hannemann, R./Steinbrecher, I./Weigl, T. (2019), MaRisk, AT 4.3.2, Rz. 9 f.
233 Vgl. hierzu BaFin (2019a), S. 34.

machen[234]. Im Bereich der Marktrisiken kann analysiert werden, inwieweit Nachrichten über die CO_2-Intensität der Unternehmen mit der Kursentwicklung von Wertpapieren korrelieren und wie diese Korrelationen in internen Risikomodellen verarbeitet werden können. Physische Risiken, die den operationellen Risiken zugeordnet werden, können in Expertenworkshops hinsichtlich ihrer Eintrittswahrscheinlichkeit und Eintrittshäufigkeit eingeschätzt werden, so wie dies für andere operationelle Risiken eine übliche Methode darstellt.

Ein weiteres Instrument zur Identifizierung und Beurteilung von Risiken sind sog. Stresstests, mit denen die Auswirkungen einer erheblichen Veränderung von Risikofaktoren auf die Vermögens-, Ertrags- und Liquiditätslage analysiert werden sollen[235]. Stresstests dienen als Ergänzung zu Risikomodellen, sie sollen extreme (Markt-)Entwicklungen simulieren und insbesondere solche Risiken erfassen, die aufgrund der Datenlage oder in Ermangelung aussagekräftiger Modelle nur ungenügend erfasst werden können[236]. Die MaRisk fordern in AT 4.3.3 die regelmäßige und anlassbezogene Durchführung von Stresstests für alle wesentlichen Risiken (Tz. 1) und für das Gesamtrisikoprofil (Tz. 2). Unternehmensweite Stresstests, d. h. die Simulation verschiedener risikoarten- und portfolioübergreifender Szenarien, dienen dem Management nicht nur dazu, operative Entscheidungen zur Steuerung akuter Risiken zu treffen, sondern auch dazu, strategische Entscheidungen über das Nutzen von Marktopportunitäten vorzubereiten.

Verschiedene Aufsichtsbehörden und Standardsetzer betonen die Bedeutung von Stresstests zur Identifizierung und Beurteilung von Risiken aus dem Klimawandel[237]. Auch vor dem Hintergrund, dass die für die Risikomessung üblicherweise verwendeten statistischen und auf historischen Daten beruhenden Methoden wie Value-at-Risk-Ansätze oder Ratingverfahren nur eingeschränkt geeignet sind, die Auswirkungen physischer und transitorischer Risiken auf die Vermögens-, Ertrags- und Liquiditätslage ausreichend abzubilden[238], stellen Stresstests ein probates Instrument dar, Risiken aus dem Klimawandel einzuschätzen. Mit Transitionsszenarien kann simuliert werden, wie und in welchem Zeitraum einzelne Branchen und Unternehmen unter Druck geraten, wenn durch anziehende Klimaschutzgesetze der Ausstieg aus fossilen Brennstoffen forciert wird (Transitionsrisiko). Diese Art von Szenarien kann z. B. Risikobeurteilungen einzelner Unternehmen oder ganzer Branchen im Kreditgeschäft und in Handelsportfolien unterstützen. Mit Auswirkungsszenarien oder Physical Climate Scenarios hingegen werden die physischen Risiken aus einem voranschreitenden Klimawandel simuliert, wie z. B.

---

234 Vgl. BaFin (2019a), S. 23.

235 Zur Bedeutung und Ausprägungen von Stresstests vgl. Cremer L./Kramer, H. (2018), S. 108 ff.; Hannemann, R./Steinbrecher, I./Weigl, T. (2019), MaRisk, AT 4.3.3, Rz. 9 ff.

236 Vgl. Hannemann, R./Steinbrecher, I./Weigl, T. (2019), MaRisk, AT 4.3.3, Rz. 3.

237 Vgl. BaFin (2019a), S. 30 f., PRA (2019), S. 14 f., EBA (2019a), S. 17 f.

238 Für die physischen und transitorischen Risiken liegen derzeit nur in sehr eingeschränktem Maße historische Daten vor. Ferner muss von Extremszenarien ausgegangen werden, die nur durch die Simulation von Ereignissen bzw. mithilfe hypothetischer Szenarien abgebildet werden können. Des Weiteren muss von nicht linearen Abhängigkeiten und hohen Korrelationen zwischen einzelnen klimatisch bedingten Risiken ausgegangen werden. Vgl. auch BaFin (2019a), S. 14. Zu den Grenzen von auf historischen Daten beruhenden statistischen Methoden vgl. z. B. Hannemann, R./Steinbrecher, I./Weigl, T. (2019), AT 4.3.3, Rz. 2 ff.

Überschwemmungen, Dürre, Anstieg des Meeresspiegels oder extreme Wetterereignisse. Diese Szenarien können ebenfalls im Kreditrisiko angewendet werden, z. B. um Auswirkungen auf den Wert von Immobiliensicherheiten zu simulieren. Ein weiterer Anwendungsbereich sind die operationellen Risiken und die Analyse der Auswirkungen des Klimawandels auf Betriebssicherheit und Betriebsausfall[239].

Die praktische Herausforderung wird darin bestehen, auf der Basis der Risikosituation in einzelnen Geschäftsbereichen und der Gesamtrisikosituation die wesentlichen Risikofaktoren zu bestimmen und die klimabedingten Ereignisse zu identifizieren, die die Entwicklungen der Risikofaktoren treiben. Des Weiteren bedarf es solcher Modelle, mit denen die Auswirkungen einer (hypothetischen) Veränderung eines oder mehrerer Risikofaktoren auf die Vermögens-, Ertrags- und Liquiditätslage simuliert werden können[240]. Anders als bei Kreditrisiko- oder Marktpreisrisikostresstests gibt es für klimabedingte Stresstests keine historischen Ereignisse und damit auch keine historischen Daten, die für die Entwicklung von Szenarien herangezogen werden können. Gegebenenfalls kann für die Simulation bestimmter Extremwetterereignisse auf historische Daten abgestellt werden. Es ist aber aufgrund diverser Studien (IPCC u. a.) sehr wahrscheinlich, dass Extremwetterereignisse zukünftig noch viel gravierendere Schäden hervorrufen werden und die Häufigkeit solcher Ereignisse zunehmen wird. Auch für die bevorstehende Transformation der Wirtschaft hin zu einer CO_2-neutralen Kreislaufwirtschaft und die damit einhergehenden wirtschaftlichen Folgen für Unternehmen und Arbeitnehmer gibt es keine vergleichbaren Ereignisse in der Vergangenheit. Gegebenenfalls kann auf die Folgen früherer Strukturveränderungen, z. B. in den Bergbaugebieten im Saarland und im Ruhrgebiet, abgestellt werden. Diese Entwicklung betraf aber nur einzelne ausgewählte Branchen und Regionen, und es ist davon auszugehen, dass die klimawandelbedingte Transition verschiedene Branchen betrifft und auch nicht regional begrenzt werden kann.

Wenn keine validen historischen Daten vorhanden sind, müssen hypothetische, plausibel mögliche Ereignisse abgebildet werden[241]. Hierzu können Szenarien von internationalen Organisationen wie der International Energy Agency (IEA) oder dem Intergovernmental Panel on Climate Change (IPCC) herangezogen werden[242]. Auf der Basis dieser Szenarien über die Transformation (IEA) und über die Auswirkungen eines zunehmenden und ggf. sich beschleunigenden Klimawandels (IPCC) müssen Banken Wirkungszusammenhänge für die banktypischen Risiken aufstellen. Anhaltspunkte für unternehmensindividuelle Szenarien und Wirkungszusammenhänge können auch aufsichtliche Stresstests bieten[243]. Des Weiteren gibt es zahlreiche Studien,

---

239 Vgl. zu den Begriffen Transitionsszenarien und Auswirkungsszenarien BaFin (2019a), S. 30 f., TCFD (2017c), S. 12 f.
240 Vgl. Cremer, L./Kramer, H. (2018), Rz. 258.
241 Vgl. BaFin (2017a), MaRisk, AT 4.3.3.
242 Für eine ausführliche Darstellung dieser Szenarien vgl. TCFD (2017c), S. 15 ff.
243 Vgl. auch BaFin (2019a), S. 30. Einzelne nationale Aufsichtsbehörden führen bereits spezielle Stresstests für Klimarisiken bei ihren Finanzmarktakteuren durch. Die EBA plant die Berücksichtigung von Nachhaltigkeitsrisiken in aufsichtlichen Stresstests ab 2021, vgl. hierzu EBA (2019a).

die die Auswirkungen von Temperaturanstiegen bzw. eines Anstiegs von CO_2 in der Atmosphäre auf makroökonomische Größen projizieren[244].

4.4.3.3   Integration von klimawandelbedingten Risiken in die Risikosteuerungsprozesse

Der strategische Rahmen für die Risikosteuerung wird durch die Geschäfts- und Risikostrategie[245] und den Risikoappetit für die wesentlichen Risiken vorgegeben[246]. Mit den Aussagen zum Risikoappetit bringt die Geschäftsleitung zum Ausdruck, wie viel Risiko sie in den einzelnen wesentlichen Risiken oder Geschäftsbereichen einzugehen bereit ist[247]. Hat ein Institut (einzelne) Nachhaltigkeitsrisiken als wesentlich eingestuft, erscheint es aus unserer Sicht grundsätzlich erforderlich, auch für diese Risiken Aussagen zum Risikoappetit zu treffen. Dabei können einzelne Nachhaltigkeitsrisiken durchaus implizit im Risikoappetit für andere wesentliche Risiken oder Geschäftsbereiche enthalten sein[248]. Transitionsrisiken für einzelne Branchen können z.B. im Risikoappetit für das Kreditgeschäft bzw. für einzelne Kreditportfolien berücksichtigt werden. Physische Risiken können im Risikoappetit für bestimmte operationelle Risiken wie z.B. das Betriebsunterbrechungsrisiko erfasst werden. Die mit dem Risikoappetit zum Ausdruck gebrachten Vorgaben müssen klare Steuerungsimpulse für die Mitarbeiter/Bereiche setzen, damit diese ihr Handeln und Tun daran beurteilen und messen können[249]. Hierbei muss es sich nicht zwingend um quantitative Vorgaben (z.B. Globallimite oder Verlustobergrenzen) handeln. Der Risikoappetit kann auch durch qualitative Vorgaben zum Ausdruck gebracht werden, wie z.B. Vermeidung bestimmter Geschäfte oder Absicherung betrieblicher Risiken über Versicherungen[250]. Insbesondere für nicht oder nur in unzureichendem Maße quantifizierbare Risiken, wie z.B. das Reputationsrisiko und bestimmte operationelle Risiken, sind qualitative Aussagen zum Risikoappetit unerlässlich, um das Verhalten der Mitarbeiter und damit die Risiken einer Bank zu steuern.

Die strategischen Aussagen zum Risikoappetit – und die Steuerungsvorgaben aus den Strategiedokumenten – werden, unter Berücksichtigung der Risikotragfähigkeit, über Limit- oder Ampelsysteme für einzelne Risikoarten und/oder Geschäftsbereiche und Portfolien oder durch die Vorgabe konkreter Handlungsanweisungen für einzelne Geschäftsfelder, Bereiche oder Risikoarten operationalisiert. Die operative Risikosteuerung erfolgt dann im Rahmen dieser Limite und Vorgaben. Zur Steuerung von Transitionsrisiken können Negativlisten aufgestellt

---

244 Vgl. NGFS (2019), S. 8 ff.

245 Zu Geschäfts- und Risikostrategie vgl. Kapitel 4.3.

246 Hannemann, R./Steinbrecher, I./Weigl, T. (2019) (MaRisk, AT 4.3.2, Tz. 12) bezeichnen dies als »Strategische Ebene der Risikosteuerung«.

247 Vgl. hierzu auch BaFin (2017b), MaRisk, AT 4.2, Tz. 2.

248 Vgl. auch BaFin (2019a), S. 18.

249 Vgl. Jackson, P. (2014), S. 10 f.

250 Vgl. BaFin (2017b), MaRisk, AT 4.2, Erläuterungen zu Tz. 2.

oder Volumenlimite festgelegt werden, um bestimmte Branchen oder Unternehmen, die in besonderem Maße von einer Transformation betroffen sind bzw. eine hohe CO_2-Intensität aufweisen, von der Kreditvergabe oder als Geschäftspartner auszuschließen oder volumenmäßig zu begrenzen. Methodisch anspruchsvoller, aber unter Risiko- und Ertragsgesichtspunkten effektiver sind operative Vorgaben zur Berücksichtigung der transitorischen oder physischen Risiken bei der Festlegung der Kreditkonditionen oder der Bewertung der Sicherheiten. Zum Beispiel kann mit Kreditnehmern vereinbart werden, dass sich ein Erreichen bestimmter CO_2-Ziele günstig auf die Kreditkonditionen auswirkt.

Zentrales Element für die operative Begrenzung und Steuerung von Risiken ist das Risikotragfähigkeitskonzept. Mithilfe des Risikotragfähigkeitskonzepts bzw. der Risikotragfähigkeitsrechnung ermittelt ein Institut, ob es in der Lage ist, eintretende Verluste ohne Bestandsgefährdung und ohne schwerwiegende negative Auswirkungen auf seine Geschäftsaktivitäten auszugleichen. Hierfür stellt ein Institut das Risikodeckungspotenzial, d. h. das zum Ausgleich von Risiken intern zur Verfügung stehende Kapital, den wesentlichen Risiken gegenüber[251]. Risikoappetit und Risikotragfähigkeit müssen konsistent zueinander sein und die aus dem Risikoappetit abgeleiteten Vorgaben und Limite zur operativen Steuerung müssen als strikte Bedingung die jederzeitige Einhaltung der Risikotragfähigkeit gewährleisten. Insoweit erscheint es naheliegend, auch die wesentlichen Nachhaltigkeitsrisiken, denen eine Bank ausgesetzt ist, in das Risikotragfähigkeitskonzept zu integrieren[252]. Wie bei der Festlegung des Risikoappetits können einzelne Nachhaltigkeitsrisiken implizit im Risikotragfähigkeitskonzept erfasst werden, indem sie über die banktypischen Risiken Eingang in das Konzept finden[253]. Ist eine Quantifizierung einzelner Nachhaltigkeitsrisiken nicht möglich, ist für diese gemäß AT 4.1, Tz. 5 MaRisk ein plausibler, auf der Basis von Expertenschätzungen ermittelter Risikobetrag festzulegen.

Bei der Integration von Nachhaltigkeitsrisiken in die Risikotragfähigkeitsbetrachtung ist zu beachten, dass der Risikobetrachtungshorizont im Rahmen des Risikotragfähigkeitskonzepts üblicherweise ein Jahr beträgt, in der normativen Perspektive ergänzt um einen dreijährigen Kapitalplanungsprozess[254]. Nachhaltigkeitsrisiken zeichnen sich jedoch u. a. dadurch aus, dass der Zeithorizont, in dem sie schlagend werden, höchst unsicher ist und möglicherweise erst jenseits des einjährigen Betrachtungszeitraums liegt. Es erscheint aber sachgerecht, Nachhaltigkeitsrisiken im Rahmen sog. adverser Szenarien[255], z. B. des Eintritts von Extremwetterereignissen oder Überflutungen, zumindest für die Kapitalplanung in der normativen Perspektive anzunehmen, sofern dies für ein Institut relevant und wesentlich ist, um Schäden an den eigenen Betriebsstätten und die Auswirkungen auf Betriebsunterbrechungen zu simulieren. Im

---

251 Vgl. zum Begriff und zum Konzept z. B. Hannemann, R./Steinbrecher, I./Weigl, T. (2019), MaRisk, AT 4.1, Rz. 28 ff.
252 Vgl. hierzu auch BaFin (2019a), S. 27.
253 Vgl. oben Kapitel 4.3.3.3.
254 Vgl. hierzu Hannemann, R./Steinbrecher, I./Weigl, T. (2019), MaRisk, AT 4.1, Rz. 60; BaFin/Deutsche Bundesbank (2018), S. 8 ff.
255 Bei adversen oder inversen Stresstests wird untersucht, welche Ereignisse das Institut in seiner Überlebensfähigkeit gefährden könnten. Vgl. BaFin (2017b) MaRisk, AT 4.3.3, Erläuterungen zu Tz. 2.

Bereich der Transitionsrisiken können in einem adversen Szenario z. B. die Auswirkungen auf die Bonität und die Zahlungsfähigkeit von Unternehmen in der Automobilwirtschaft oder der Agrarwirtschaft unter der Annahme einer strikten und sofort in Kraft gesetzten Klimaschutz-gesetzgebung mit hohen CO_2-Preisen und Verboten bestimmter besonders klimaschädlicher Produkte simuliert werden.

Die Diskussion um die Berücksichtigung von Nachhaltigkeitsrisiken in der Risikotragfähigkeits-betrachtung macht aber auch deutlich, dass Banken, die in besonderem Maße Nachhaltigkeits-risiken ausgesetzt sind, neben der eher kurzfristigen Risikotragfähigkeitsbetrachtung einen um einen längerfristigen Zeithorizont ergänzten Steuerungskreis benötigen. Zwar lassen sich, wie oben dargelegt, mit adversen Szenarien auch weiter in der Zukunft liegende physische und transitorische Risiken im Risikotragfähigkeitskonzept abbilden. Die Steuerung allein auf solche adversen Szenarien abzustellen ist aber nicht zielführend bzw. kann zu falschen Steuerungs-impulsen führen. Gerade um ein nachhaltiges Geschäfts- und Organisationsmodell sicherzu-stellen, muss der zeitliche Betrachtungshorizont ausgeweitet werden und es muss mithilfe von längerfristigen Szenarien ermittelt werden, welche physischen Risiken z. B. ein moderater Tem-peraturanstieg in zehn Jahren hervorbringt und wie diese auf strategische Entscheidungen, z. B. Standortentscheidungen oder strategische Portfolioentscheidungen, wirken.

Gerade das Instrument des Risikoappetits eignet sich dafür, »Inside-out«-Risiken zu steuern und einen positiven Beitrag zur Eindämmung des Klimawandels (»positive impact«) zu liefern. So kann der Vorstand Vorgaben dazu machen, wie viel CO_2 der Bankbetrieb inkl. Fuhrpark in einem bestimmten Zeitraum verbrauchen darf. Dieses »Globallimit« ist dann auf einzelne Geschäfts- und Betriebsbereiche zu allokieren. Für das Kreditgeschäft und das Depot A kann die Geschäftsleitung z. B. Vorgaben dazu machen, wie hoch der CO_2-Fußabdruck der Kreditneh-mer sowie der Emittenten, deren Wertpapiere im Depot A gehalten werden, sein darf oder zu einem bestimmten Zeitpunkt in der Zukunft sein soll. Des Weiteren können Vorgaben darüber gemacht werden, wie hoch der Anteil von Unternehmen im Kreditportfolio oder im Depot A sein sollte, deren Wirtschaftsaktivitäten als nachhaltig i. S. d. Taxonomie gelten[256]. Auch können bestimmte Unternehmen, die in besonderem Maße negativ zum Klimawandel beitragen, als Kreditnehmer ausgeschlossen werden (Ausschlusslisten)[257].

4.4.3.4 Integration von Nachhaltigkeitsrisiken in die Gesamtbanksteuerung

Gemäß AT 4.3.2, Tz. 1 MaRisk sind die Prozesse zur Identifizierung, Beurteilung und Steue-rung von Risiken in eine gemeinsame Ertrags- und Risikosteuerung einzubinden. Des Wei-teren müssen die Verfahren zur Risikobegrenzung und Risikosteuerung, insbesondere das

---

256 Vgl. hierzu auch EU-Kommission (2019a), Anhang I, S. 26.
257 Vgl. hierzu und zu weiteren Steuerungsgrößen BaFin (2019a), S. 23 f.

Risikotragfähigkeitskonzept, in die Entscheidungsprozesse einer Bank eingebunden werden[258]. Da mit der zunehmenden Bedeutung von Nachhaltigkeit im Allgemeinen und Klimawandel im Besonderen nicht nur Risiken, sondern eben auch Chancen verbunden sind, erscheint eine Berücksichtigung der Risiken und Chancen aus dem Klimawandel in der Gesamtbanksteuerung und in den Entscheidungsprozessen einer Bank geboten.

Mithilfe der Gesamtbanksteuerung sollen namentlich auch Wechselwirkungen dargestellt und gesteuert werden. Zum einen sind dies Wechselwirkungen zwischen einzelnen Risiken und den Steuerungsmaßnahmen, zum anderen Wechselwirkungen zwischen einzelnen Risikoarten und Ertragsquellen. Gelingt eine schnelle Transformation der Wirtschaft hin zu einer CO_2-neutralen Kreislaufwirtschaft, ist davon auszugehen, dass der Temperaturanstieg moderater ausfällt und damit die physischen Risiken geringer sind. Dann sind aber die Transitionsrisiken hoch und bestimmte Branchen und Unternehmen sind stärker von strengen gesetzlichen Vorgaben zum Klimaschutz betroffen als andere. Das kann sich auf die Zahlungsfähigkeit dieser Unternehmen auswirken. Bei Kreditentscheidungen ist zu analysieren, inwieweit diese Unternehmen Anstrengungen unternehmen, die Transformation zu bewältigen. Gleichzeitig entstehen neue Unternehmen mit innovativen, einen »positive impact« generierenden Geschäftsmodellen. Dies kann zu einer anderen Asset-Allokation unter Risiko- und Ertragsgesichtspunkten führen. Verzögert sich hingegen die Transformation der Wirtschaft aufgrund mangelnder Klimaschutzvorgaben oder weil Technologien fehlen, um CO_2 einzusparen, ist zwar das Transitionsrisiko geringer. Gleichzeitig steigen aber die physischen Risiken, da aufgrund steigender Temperaturen von Extremwetterereignissen oder zunehmenden und anhaltenden Überschwemmungen auszugehen ist. Dies kann sich z. B. auf die Werthaltigkeit von Immobiliensicherheiten auswirken, und es muss ggf. entschieden werden, in bestimmten Regionen keine Immobilienfinanzierungen mehr durchzuführen oder das Risiko durch entsprechende Wertabschläge bei den Beleihungswerten vorwegzunehmen. Die physischen Risiken können die Deckungsbeiträge einzelner Produkte oder Kunden(gruppen) verändern und auch zu einer geänderten Asset-Allokation führen. In jedem Fall sind die aus dem Klimawandel resultierenden Risiken in der operativen Planung einzelner Geschäftsbereiche, Produktgruppen und Kundengruppen zu berücksichtigen.

4.3.4   Fazit

Die Implikationen, die aus den TCFD-Empfehlungen zum Risikomanagement resultieren, sind weitreichend und erfordern eine systematische Integration der physischen und transitorischen Risiken sowie der weiteren Nachhaltigkeitsrisiken in die bestehenden Risikomanagementpro-

---

258 Vgl. BaFin/Deutsche Bundesbank (2018), S. 5.

zesse. Zum einen beeinflussen sie die banktypischen Risiken und damit das aktuelle Risikoprofil einer Bank. Unter Berücksichtigung von notwendigen Szenariobetrachtungen können Nachhaltigkeitsrisiken und Chancen im Zusammenhang mit der Transformation der Wirtschaft aber auch zu einer erheblichen Veränderung des Risiko-/Chancenprofils einer Bank führen. Insoweit müssen die wesentlichen Nachhaltigkeitsrisiken nicht nur in die operativen Steuerungsprozesse in den einzelnen Geschäftsbereichen, sondern auch in die Entscheidungsprozesse auf Gesamtbankebene eingebunden werden.

Bei der Integration von Nachhaltigkeitsrisiken in bestehende Verfahren und Methoden sind die Charakteristika der Nachhaltigkeitsrisiken, insbesondere der Risiken aus dem Klimawandel, zu würdigen. Hervorzuheben ist hier der Zeithorizont, in dem Nachhaltigkeitsrisiken schlagend werden können. Dieser liegt für einzelne Nachhaltigkeitsrisiken jenseits des Zeithorizonts, der den Verfahren und Methoden für die Risikosteuerung, etwa für das Risikotragfähigkeitskonzept, üblicherweise zugrunde gelegt wird. Auch lassen sich, anders als bei Kredit- und Marktrisiken, keine historischen Daten aus in der Vergangenheit liegenden relevanten Ereignissen generieren, sodass z. B. für Stresstests hypothetische Szenarien zu entwickeln sind. Damit wird oftmals eine Quantifizierung nicht oder nur unter restriktiven und schwer validierbaren Annahmen möglich sein. Steuerung und Begrenzung der Risiken müssen dann über qualitative (Verhaltens-)Vorgaben erfolgen. Voraussetzung für eine sachgerechte Integration der Nachhaltigkeitsrisiken in die bestehenden Prozesse, Verfahren und Methoden ist zudem, dass in den Banken eine entsprechende Expertise zur Bedeutung und Wirkungsweise der Nachhaltigkeitsrisiken und deren Risikotreiber vorhanden ist.

Wie unter Kapitel 4.4.3 dargestellt, lässt sich der Handlungsbedarf entlang der schon bestehenden regulatorischen Anforderungen, insbesondere der Mindestanforderungen an das Risikomanagement und entsprechender europäischer Vorgaben wie den Anforderungen an den ICAAP, ableiten. Unabhängig davon hat die BaFin mit dem Merkblatt zum Umgang mit Nachhaltigkeitsrisiken bereits ihre Erwartungen an eine Integration von Nachhaltigkeitsrisiken in das Risikomanagement dargelegt. Im Rahmen der Maßnahme 8 des EU-Aktionsplans wurde in Art. 98 Abs. 8 der durch die Richtlinie (EU) 2019/878 neu gefassten Capital Requirement Directive (CRD) der EBA das Mandat erteilt, zu analysieren, wie Nachhaltigkeitsrisiken in den Supervisory Review Evaluation Process (SREP) integriert werden können. Das Mandat umfasst u. a.:

- die Entwicklung geeigneter Kriterien zur Bewertung der Auswirkungen von ESG-Risiken auf die kurzfristige, mittelfristige und langfristige finanzielle Stabilität von Instituten;
- die Entwicklung von Stresstestverfahren und Szenarioanalysen, mit denen die Auswirkungen von ESG-Risiken in Szenarien unterschiedlicher Schweregrade bewertet werden können;
- die Entwicklung von Regelungen, Verfahren, Mechanismen und Strategien, die die Institute zur Ermittlung, Bewertung und Bewältigung der ESG-Risiken einsetzen sollten.

Erste Überlegungen hierzu hat die EBA bereits in ihrem am 6. Dezember 2019 veröffentlichten Action Plan on Sustainable Finance formuliert[259].

Insbesondere um gesellschaftlichen Erwartungen nachzukommen, ist es wichtig, dass nicht nur die »Outside-in«-Risiken im Risikomanagement einer Bank berücksichtigt werden, also die Auswirkungen der sich aus dem Klimawandel ergebenden Nachhaltigkeitsrisiken auf die Vermögens-, Ertrags- und Liquiditätslage des Instituts. Ein Institut muss auch die »Inside-out«-Perspektive berücksichtigen, also wie sich das Handeln der Organisation, aber auch das Verhalten der Mitarbeiter auf den Klimawandel und andere gesellschaftlich formulierte Nachhaltigkeitsziele auswirkt. Wie unter Kapitel 4.4.3 dargelegt, bietet es sich an, »Inside-out«-Risiken über den Risikoappetit zu steuern und zu begrenzen. In diesem Zusammenhang ist auch die Maßnahme 10 des EU-Aktionsplans (Förderung einer nachhaltigen Unternehmensführung und Abbau von kurzfristigem Denken auf den Kapitalmärkten) zu beachten. Auf der Basis dieser Maßnahme hat die EBA das Mandat erhalten, zu prüfen, wie sich kurzfristiges Denken an den Kapitalmärkten auf Entscheidungsprozesse und auf solche Entscheidungssituationen auswirkt, in deren Rahmen Risiken und Chancen zu würdigen sind, die erst zu einem wesentlich späteren Zeitpunkt eintreten werden, so wie dies u.a. bei bestimmten Nachhaltigkeitsrisiken der Fall ist[260].

4.5   Kennzahlen und Zielvorgaben

4.5.1   Begriffsabgrenzung und wesentliche Inhalte

Das folgende Kapitel stellt die vom FSB-TCFD erarbeiteten Vorschläge zur Veröffentlichung von Angaben zum Thema Kennzahlen und Zielvorgaben dar. Am Anfang des Kapitels stehen die englischen Originalvorgaben zu den Recommended Disclosure a), b) und c) mit der Guidance for All Sectors. Ergänzend sind in Teil a) der Recommended Disclosures sektorspezifische Leitlinien in Form der Supplemental Guidance for Banks angeführt. Auf der Basis dieser sektorübergreifenden und sektorspezifischen Empfehlungen wird ein konkreter Handlungsrahmen entwickelt, wie Banken die mit den Offenlegungsempfehlungen verbundenen Anforderungen intern umsetzen können. Hierbei werden, soweit schon vorhanden, weitergehende gesetzliche und regulatorische Vorgaben miteinander verknüpft. Der formulierte Handlungsrahmen kann daher bereits als mögliche Vorbereitung auf weitere gesetzliche und regulatorische Vorgaben gesehen werden.

Wie oben erläutert, versteht man unter Zielen Aussagen über anzustrebende Zustände in der Zukunft. Die in einer Bank angestrebten Zustände werden entweder qualitativ formuliert oder

---

259 Vgl. EBA (2019a), S. 16 ff.
260 Vgl. EBA (2019a), S. 7.

anhand konkret messbarer Werte quantitativ definiert. Zur Beurteilung der Zielerreichung, bspw. durch einen Soll-Ist-Abgleich, wird auf Kennzahlen und Kennzahlensysteme (Metriken) abgestellt. Dabei müssen die Kennzahlen, je nach Funktion, z. B. Kontroll- oder Koordinationsfunktion, bestimmten Kriterien entsprechen. Kennzahlen werden nach Bereichs- oder Betrachtungsgegenstand zu Ordnungssystemen zusammen- oder durch mathematische Aggregation/ Kaskadierung als Rechensysteme dargestellt – man spricht dann von Kennzahlensystemen[261].

Grundlagen

Kriterien, die Kennzahlen erfüllen müssen

- Repräsentativität: Rückschlüsse auf Grundgesamtheit zulassen
- Aussagekraft: sinnvolle Aussagen über Sachverhalte wiedergeben
- Zielorientierung: einer konkreten Zielvorgabe zuordenbar sein
- Wirtschaftlichkeit: mit vertretbarem Aufwand ermittelbar sein
- Reversibilität: die Wiedergabe umgekehrter Verhältnisse zulassen
- Zweckneigung: einen Zweck erfüllen

Die empirische[262] oder hierarchische[263] Auswertung von Kennzahlen in Form von Abweichungsanalysen liefert relative oder absolute Informationen. Dies ermöglicht Aussagen bezüglich möglicher Risiken und Chancen in Bereichen einer Bank, die durch Kennzahlensysteme kontrolliert und gesteuert werden.

Die FSB-TCFD widmet sich dem Thema Metriken, d. h. Kennzahlen und Kennzahlensysteme im Sinne des weiter gefassten Performance Measurement, zu Deutsch: Verfahren zur Ermittlung der Zielerreichung. Darunter ist ein (mehrdimensionaler) Prozess der Leistungsmessung und Unternehmenssteuerung zu verstehen. In diesem Prozess werden Informationen über die Zielerreichung (Soll-Ist-Vergleiche) einzelner Betrachtungsobjekte ermittelt bzw. analysiert und dem Management zur Auswertung bereitgestellt. Der Vorteil der weiter gefassten Performanceanalyse gegenüber herkömmlichen Kennzahlensystemen besteht in der ganzheitlichen Betrachtung vieler Einflussgrößen. Sie unterstützt damit die Darstellung komplexer Sachverhalte, wie sie bei der Beurteilung des Einflusses klimabedingter Risiken und Chancen auf Banken zu beobachten sind.

Neben den traditionellen, rein finanziellen Liquiditätskennzahlen (z. B.: CR: Cash Ratio, WC: Working Capital) oder Rentabilitätskennzahlen (z. B.: RoI: Return on Investment, RAROC: Risk Adjusted Return on Capital) können zum Beispiel ESG-relevante Kennzahlen beobachtet und ausgewertet werden. Hierzu zählen bspw. die Mitarbeiter- und Kundenzufriedenheit, die Anzahl

---

261 In der betriebswirtschaftlichen Literatur gibt es eine Vielzahl von Kennzahlensystemen, vgl. weiterführend Sandt, J. (2005), S. 429 ff., oder auch Gladen, W (2001), S. 31–63.
262 Vgl. Gladen, W. (2001), S. 65–102.
263 Vgl. Gladen, W. (2001), S. 205–230.

der Neukunden für ESG-Produkte, die Leistung und das Verhalten von Mitarbeitern bzgl. der CO_2-Emissionsreduktion und Ressourcenoptimierung oder das soziale Engagement der Bank. Derartige wertorientierte Performance-Measurement-Systeme weisen in der Regel eine klar definierte Kennzahl für die Spitze des Kennzahlensystems aus, das Perfomancemaß (absolute/relative CO_2-Emissionen, bezogen auf Bezugspunkt). Dieses wird durch andere Kennzahlen erklärt, bspw. durch den Energieverbrauch der Bank (KWh/Jahr), die finanzierten Emissionen (Credit Carbon Exposure) oder die Anzahl der Kundenbeschwerden oder Gerichtsverfahren (Reputation Risk Issues).

Im Kern ist eine Kennzahl daher eine Zahl, die zur Beurteilung von Banken herangezogen und aus Bankdaten gewonnen wird. Sie wird im Rahmen von Kennzahlensystemen eingesetzt und hat die Aufgabe, aus der Flut der bankbetrieblichen Informationen das Wesentliche herauszufiltern. Die Geschäftsleitung und die Aufsichtsräte erhalten damit für zieloptimale Entscheidungen ein Instrumentarium, das ihnen übersichtlich und in konzentrierter Form entscheidungsrelevante Informationen über die klimabedingten Risiken und Chancen liefert.

4.5.2   TCFD-Empfehlungen zu Kennzahlen und Zielvorgaben

4.5.2.1   Überblick

Die FSB-TCFD hat zum Thema Kennzahlen und Zielvorgaben Leitlinien entwickelt, an denen sich alle Unternehmen aus dem Finanz- und Nicht-Finanzbereich bei der Offenlegung klimarelevanter Finanzinformationen orientieren können. Für das Thema Kennzahlen und Zielvorgaben hat die FSB-TCFD, ebenso wie für die beiden zuvor genannten Bereiche Strategie und Risiko, sektorspezifische Leitlinien für Banken entwickelt, die als Ergänzung zu den allgemeinen Leitlinien zu betrachten sind.

Grundsätzlich wird von der FSB-TCFD empfohlen, dass offengelegt wird, wie in Banken Kennzahlen und Zielvorgaben verwendet werden, um wesentliche klimabezogene Risiken und Chancen zu beurteilen und zu steuern.

Metrics and Targets
Disclose the metrics and targets used to assess and manage relevant climate-related risks and opportunities where such information is material

Recommended Disclosure a)	Guidance for All Sectors
Disclose the metrics used by the organization to assess climate-related risks and opportunities in line with its strategy and risk management process.	Organizations should provide the key metrics used to measure and manage climate-related risks and opportunities, as described in Table A1 and A2 (pp. 10–11 [TCFD]. Organizations should consider including metrics on climate-related risks associated with water, energy, land use, and waste management where relevant and applicable. Where climate-related issues are material, organizations should consider describing whether and how related performance metrics are incorporated into remuneration policies. Where relevant, organizations should provide their internal carbon prices as well as climate-related opportunity metrics such as revenue from products and services designed for a lower-carbon economy. Metrics should be provided for historical periods to allow for trend analysis. In addition, where not apparent, organizations should provide a description of the methodologies used to calculate or estimate climate-related metrics **Supplemental Guidance for Banks** Banks should provide the metrics used to assess the impact of (transition and physical) climate-related risks on their lending and other financial intermediary business activities in the short, medium, and long term. Metrics provided may relate to credit exposure, equity and debt holdings, or trading positions, broken down by: • Industry • Geography • Credit quality (e.g. investment grade or non-investment grade, internal rating systems) • Average tenor Banks should also provide the amount and percentage of carbon-related assets relative to total assets as well as the amount of lending and other financing connected with climate-related opportunities.
Recommended Disclosure b)	Guidance for All Sectors
Disclose Scope 1, Scope 2, and, if appropriate, Scope 3 greenhouse gas (GHG) emissions, and the related risks.	Organizations should provide their Scope 1 and Scope 2 GHG emissions and, if appropriate, Scope 3 GHG emissions and related risks. GHG emissions should be calculated in line with the GHG Protocol methodology to allow for aggregation and comparability across organizations and jurisdictions. As appropriate, organizations should consider providing related, generally accepted, industry-specific GHG efficiency ratios. GHG emissions and associated metrics should be provided for historical periods to allow for trend analysis. In addition, where not apparent, organizations should provide a description of the methodologies used to calculate or estimate the metrics.

Recommended Disclosure c)	Guidance for All Sectors
Describe the targets used by the organization to manage climate-related risks and opportunities and performance against targets.	Organizations should describe their key climate-related targets such as those related to GHG emissions, water usage, energy usage, etc., in line with anticipated regulatory requirements or market constraints or other goals. Other goals may include efficiency or financial goals, financial loss tolerances, avoided GHG emissions through the entire product life cycle, or net revenue goals for products and services designed for a lower carbon economy. In describing their targets, organizations should consider including the following: • whether the target is absolute or intensity based, • time frames over which the target applies, • base year from which progress is measured, and • key performance indicators used to assess progress against targets

Tab. 6: FSB-TCFD Recommendations: Metrics and Targets (Quelle: in Anlehnung an FSB-TCFD)

Grundlagen

Kennzahlen und Zielvorgaben
- Kennzahlensysteme, die die Bank zur Bewertung klimabezogener Risiken und Chancen gemäß ihrer Strategie und ihren Risikomanagementprozessen verwendet
- GHG-Emissionen nach Scope 1, Scope 2 und ggf. Scope 3 sowie die damit verbundenen Risiken[264]
- Ziele, mit denen die Bank die klimabezogenen Risiken und Chancen steuert und die Erreichung von Zielvorgaben überprüft

Zusammenfassend ist festzustellen, dass die TCFD-Empfehlungen zu Kennzahlen und Zielvorgaben die Festlegung der Kennzahlen vorgeben, die in der Strategie und im Risikomanagement verwendet werden. Dies schließt klimabezogene Angaben, d.h. die Offenlegung von GHG-Emissionen, ein und setzt die Beschreibung von Zielen für das Management klimabezogener Risiken und Chancen voraus.

4.5.2.2   Kennzahlen zu klimabedingten Veränderungen

Sektorübergreifend sollen Unternehmen Informationen zu den wesentlichen Verfahren der Messung und Steuerung klimabezogener Risiken und Chancen bereitstellen. Dabei sollen nach Möglichkeit Kennzahlen zu klimabezogenen Risiken einbezogen werden, die sich auf die Aspekte Wasser, Energie, Landnutzung und Abfallmanagement beziehen. Sofern diese klimabezogenen Aspekte wesentlich sind, sollen Unternehmen beschreiben, wie die zugrunde liegenden Verfahren zur Ermittlung der Zielerreichung in die Vergütungsregelungen/-politik einbezogen sind. Beispielsweise sollen Angaben zu den verwendeten internen CO_2-Preisen offengelegt

---

264 Vgl. hierzu Definition in Kapitel 4.5.2.2.

werden, um aufzuzeigen, welchen Einfluss die eigenen, klimasensitiven Produkte, z. B. Energie-
wendekredite, und Dienstleistungen, z. B. Förderberatung, auf die Wirtschaftstransformation
haben[265]. Dabei soll angegeben werden, mit welchen Verfahren bei den auf historischen Daten
basierenden Trendanalysen oder den zukunftsorientierten Szenarien gearbeitet wird. Explizit
für Banken gilt, dass sie diejenigen Verfahren angeben, die genutzt werden, um den Einfluss
transitorischer und physischer Risiken zu ermitteln, bspw. wenn sich die Risiken/Chancen auf
die kurz-, mittel- und langfristige Kreditvergabe beziehen. Die Informationen zu den Verfahren
sollen sich bspw. auf das Kredit-Exposure, Eigenkapital, Schuldscheine oder Handelspositionen beziehen und Angaben beinhalten zu

- Industrien (bspw. Sektoren, Wirtschaftszweige),
- Regionen (bspw. geografische Lage, Länder),
- Kreditqualität (bspw. Non-/Investment Grade, Ratingsysteme) und
- durchschnittlicher Haltedauer.

Banken sollen auch Angaben zu dem absoluten Betrag und dem prozentualen Anteil der Vermögenswerte machen, die am Gesamtbestand aller Vermögenswerte durch Klimaveränderungen betroffen sind. Hierzu zählen das Kreditvergabevolumen und andere Finanzierungsvolu-
mina, aus denen sich klimabezogene Chancen ergeben.

4.5.2.3   GHG-Emissionsermittlung

Mit Blick auf die Auswirkungen klimabedingter Risiken wird bei der Angabe der GHG-Emissionen eine deutliche Abgrenzung zwischen Scope 1, Scope 2 und Scope 3 empfohlen. Die GHG-
Emissionen sollen entsprechend dem GHG-Protokoll berechnet werden, um eine Aggregation
und Vergleichbarkeit über Banken und Jurisdiktion hinweg zu ermöglichen. Sofern angemessen, sollen Banken GHG-Effizienzkennzahlen (Ratios) angeben, die zu dem Geschäftsmodell
passen. Die Informationen zu den GHG-Emissionen und zu den angewendeten Verfahren sollen
herangezogen werden, um historische Datenreihen für Trendanalysen aufzubauen.

4.5.2.4   Zielvorgaben und Zielerreichung

Vor dem Hintergrund klimabedingter Kennzahlen, insbesondere der GHG-basierten Kennzahlen, sollen Banken – unter Berücksichtigung der zu antizipierenden regulatorischen Anforderungen sowie der Markt- und sonstiger Anforderungen – ihre klimabezogenen Kernziele
beschreiben (vgl. hierzu Kapitel 4.3, Strategie). Mögliche Ziele beziehen sich hierbei auf die
GHG-Emissionen, den Wasser- oder Energieverbrauch. Andere Ziele schließen möglicherweise ökologische, soziale oder ökonomische Aspekte und deren Beitrag zum Umbau zu einer

---

265 Daraus ist abzuleiten, in welchem Umfang die Banken durch ihre Geschäftstätigkeiten auf einzelne SDGs einzahlen.

kohlenstofffreien Wirtschaft ein. Daher sollen Banken in der Beschreibung ihrer Ziele die Einbeziehung der folgenden Aspekte erwägen:

- absoluter oder relativer Wert eines Zieles, bspw. angestrebte CO_2-Einsparung in % oder in t;
- zeitliche Relevanz des Zieles, bspw. kurz-/mittel-/langfristig;
- Bezugspunkt, auf den die Veränderung bezogen wird, bspw. ein bestimmtes Basisjahr;
- Kennzahlen oder Indikatoren, die verwendet werden, um den Fortschritt gegenüber der Zielgröße zu ermitteln, bspw. GHG-Scope 1/2/3.

Die Vorgaben zu den Zielen müssen aufeinander abgestimmt sein und die Interessen der Bank bezüglich ökologischer und sozialer sowie ökonomischer Aspekte in Ausgleich bringen.

4.5.3   Konkrete Maßnahmen und Praxishinweise

4.5.3.1   Kennzahlen

Die Wirkungen der transitorischen und physischen Risiken auf Banken führen dazu, dass Banken ihre Kreditportfolien anhand von Kennzahlen analysieren, um zu beurteilen, wie sich bspw. die GHG-Emissionen auf einzelne Portfolien auswirken. Hierfür wird auf unterschiedliche Erderwärmungsszenarien abgestellt, bspw. zu den Folgen einer globalen Erwärmung von 1,5 °C oder 2 °C. Für die Durchführung der Szenarien gibt es unterschiedliche Analyseansätze[266]. Das Ziel der Kreditportfolioanalysen muss für eine Bank sein, festzustellen, inwieweit sie den Zielen des Pariser Klimaabkommens zur Reduktion der Treibhausgasemissionen entspricht. Da es für diese Analyseverfahren noch keine etablierte Methodik gibt, besteht die Herausforderung aktuell darin, eigene Ansätze zu entwickeln oder Entwicklungen Dritter für die eigene Nutzung zu identifizieren. Es ist davon auszugehen, dass aufgrund der hohen Dringlichkeit, mit der der Umbau der Wirtschaft vorangetrieben wird, entsprechende quantitative Methoden kurz- bis mittelfristig vorliegen und die bisher noch vorherrschenden qualitativen Verfahren abgelöst werden. Der Nutzen der Analysen liegt grundsätzlich in dem Erarbeiten eines ganzheitlichen Verständnisses der Wirkung klimabedingter Risiken und Chancen auf das Geschäftsmodell einer Bank. Dies ist durch die bisherigen Angaben zu CO_2-Emission, z. B. relative Reduktion in Prozent gegenüber einem bestimmten Basiswert, in dieser Form nicht oder nur bedingt möglich. Eine weitere Herausforderung besteht in der Definition und Nutzung angemessener und geeigneter Kennzahlen, die sich ihrerseits aus den Besonderheiten des Geschäftsmodells herleiten lassen und gleichzeitig den Bezug zu den strategischen Prioritäten der Geschäftsstrategie einer Bank herstellen. Eine Möglichkeit für ein entsprechendes Kennzahlensystem ist das

---

266   Vgl. hierzu öffentlich zugängliche Instrumente zur Analyse von Szenarien des Klimawandels, bspw. Paris Agreement Capital Transition Assessment (PACTA) (https://www.transitionmonitor.com/ [Zuletzt abgerufen: 30. Januar 2020]); The Transition Pathway Initiative (TPI) (https://www.transitionpathwayinitiative.org/ [Zuletzt abgerufen: 30. Januar 2020]) oder Carbon Tracker's 2 Degrees of Separation (https://www.carbontracker.org/ [Zuletzt abgerufen: 30. Januar 2020]).

Heranziehen der Geldbeträge, die konkret in klimarelevante Anlagen investiert werden, bspw. Investments in erneuerbare Energien, in Maßnahmen zur Verbesserung der Wasserqualität und -erhaltung oder in nachhaltige Transportformen. Alternativ zu den reinen Finanzierungsbeträgen ist auch der Ausweis des gesamten Investitionswerts mit Eigen- und Fremdkapital als Kennzahl denkbar. Insbesondere für Banken sind hierbei Kennzahlen zu etablieren, die eine Aussage zum individuellen Exposure in sog. Carbon Assets erlauben. Diese Kennzahlen sind entweder in absoluten Beträgen oder als prozentualer Anteil am Gesamtportfolio denkbar. Was eine Bank dabei als kohlenstoffbezogene Anlagen definiert, hängt wiederum vom jeweiligen Geschäftsmodell ab. Um den Aussagegehalt des Kennzahlenwerts zu erhöhen, empfiehlt sich der Bezug auf Standards bzw. Normen wie bspw. den Global Industry Classification Standard (GICS), eine globale Normung des MSCI zur Branchenklassifizierung[267][268].

Zur Illustration enthält die folgende Übersicht Beschreibungen zu gängigen Verfahren zur Berechnung des CO_2-Fußabdrucks. Die Übersicht enthält die gewichtete durchschnittliche Kohlenstoffintensität sowie andere Kennzahlen, die Banken in Betracht ziehen sollten[269].

PRAXISHINWEIS

Übersicht zu CO_2-Kennzahlen (nicht abschließend)
- Gesamte CO_2-Emissionen: die mit einem Portfolio verbundenen absoluten Treibhausgasemissionen, ausgedrückt in Tonnen CO_{2e}
- CO_2-Fußabdruck: die gesamten Kohlenstoffemissionen für ein Portfolio, normalisiert durch den Marktwert des Portfolios, ausgedrückt in Tonnen CO_{2e}/Millionen Dollar ($M) investiert
- Exposition gegenüber CO_2-bezogenen Vermögenswerten: die Menge oder der Prozentsatz der kohlenstoffbezogenen Vermögenswerte im Portfolio, ausgedrückt in $M oder Prozentsatz des aktuellen Portfoliowerts
- CO_2-Intensität: Volumen der Kohlenstoffemissionen pro $M Umsatz (Kohlenstoffeffizienz eines Portfolios), ausgedrückt in Tonnen CO_{2e}/$M Umsatz
- CO_2-Intensität (gewichteter Durchschnitt): das Engagement des Portfolios in kohlenstoffintensiven Unternehmen, ausgedrückt in Tonnen CO_{2e}/$M Umsatz

---

267 Vgl. hierzu https://www.msci.com/gics.
268 Grundsätzlich ist auch eine Anlehnung an die EU-Taxonomie denkbar, obwohl die Nutzung der Taxonomie durch Banken aktuell nicht vorgesehen ist.
269 Vgl. TCFD (2017b), Tab. 2, S. 42.

4.5.3.2   GHG-Ermittlung

Ein wesentlicher Aspekt bei der Beurteilung der klimabedingten Risiken ist die Ermittlung der Emission von Treibhausgasen (THG; engl.: GHG Greenhouse gas)[270]. Die großen, global agierenden Banken ermitteln bereits seit Jahren die GHG-Emissionen, die sie im eigenen Betrieb verursachen, nach dem sog. GHG-Protokoll[271]. Hintergrund dafür ist die freiwillige Verpflichtung, diese Werte an das CDP, ehemals Carbon Disclosure Project, zu berichten. Die Emissionsermittlungen nach GHG sind wesentlich, um darzulegen, wie Banken direkt oder indirekt Einfluss auf das Klima nehmen. Banken müssen daher Prozesse und Verfahren etablieren, um die Scope-1-, Scope-2- und Scope-3-Emission bestimmen zu können[272].

Grundlagen

GHG Scope Level 1/2/3

- Scope 1 bezieht sich auf alle direkten GHG-Emissionen.
- Scope 2 bezieht sich auf die indirekten GHG-Emissionen durch den Verbrauch von zugekaufter Elektrizität und Wärme oder zugekauftem Dampf.
- Scope 3 bezieht sich auf andere, nicht in Scope 2 erfasste indirekte Emissionen, die in der Wertschöpfungskette des berichtenden Unternehmens entstehen, einschließlich vor- und nachgelagerter Emissionen. Scope-3-Emissionen können Folgendes umfassen: die Gewinnung und Herstellung von eingekauften Materialien und Brennstoffen, verkehrsbezogene Tätigkeiten in Fahrzeugen, die sich nicht im Besitz oder unter der Kontrolle des berichtenden Unternehmens befinden, strombezogene Tätigkeiten (z. B. Übertragungs- und Verteilungsverluste), ausgelagerte Tätigkeiten und die Abfallentsorgung.

Je nach Art und Umfang des Geschäftsmodells ist die Bereitstellung der Datengrundlage für die Berechnung der Emissionen mehr oder weniger komplex. Auch wenn in der Betriebsorganisation einer Bank grundsätzlich bekannt ist, wo welche Energiemengen bezogen und verbraucht werden, so sind diese Informationen nicht zwingend für das Risikomanagement in verarbeitbarer Form verfügbar. Informationstechnologische Systembrüche, bspw. bedingt durch eine unzureichende Systemintegration historisch nebeneinander entwickelter Anwendungen und Technologien, müssen überwunden werden, um eine transparente und konsistente Datenverarbeitung zu ermöglichen. Vor diesem Hintergrund ist zu beobachten, dass einzelne Banken mit Scope-1- und Scope-2-Berechnungen beginnen und erst später Scope 3 einbeziehen. Es ist hierbei darauf hinzuweisen, dass es neben dem GHG-Protokoll auch andere CO_2-Berechnungs-

---

270 Die wichtigsten Treibhausgase sind Kohlendioxid (CO_2), Methan (CH_4), Distickstoffoxid (N_2O), teilhalogenierte Fluorkohlenwasserstoffe (H-FKW, engl.: HFC), perfluorierte Kohlenwasserstoffe (FKW, engl.: PFC) und Schwefelhexafluorid (SF6). Siehe weiterführend https://www.umweltbundesamt.de/themen/klima-energie/klimaschutz-energiepolitik-in-deutschland/treibhausgas-emissionen/die-treibhausgase [Zuletzt abgerufen: 30. Januar 2020].

271 Vgl. WRI/WBCSD (2004).

272 Vgl. WRI/WBCSD (2004).

verfahren gibt, die je nach Zielsetzung angewendet werden können[273]. Allerdings ist auch dann wieder auf die Transparenz und Vergleichbarkeit der Daten zu achten. Banken haben in jedem Fall die Möglichkeit, GHG-Effizienzkennzahlen zu ermitteln, die es ermöglichen, zu verstehen, in welchem Ausmaß die Aktivitäten einer Bank die Umwelt auf vergleichbare Weise beeinflussen, wie z. B. Kohlendioxidemissionen in Tonnen pro Mitarbeiter oder CO_2-Emissionen pro Mitarbeiter. Es ist dabei insbesondere auf die Vergleichbarkeit in Bezug auf die Kennzeichnung, die Definitionen und den Umfang zu achten. So kann beurteilt werden, wie Banken die Grundsätze des Carbon Accounting umsetzen[274] bzw. im Hinblick auf das GHG-Protokoll anwenden. Einer Bank sollte dabei klar sein, dass die Entwicklung und Implementierung derartiger Verfahren zur Ermittlung eines bankspezifischen Kohlenstofffußabdrucks nicht unbedingt als Risikomanagementverfahren interpretiert wird. Vielmehr ist es ein erster Schritt, um über die gewichtete durchschnittliche Kohlenstoffintensität auf entscheidungsrelevante klimabezogene Risiken zurückzuschließen. Dass diese Verfahren aktuell noch sehr stark durch die Datenverfügbarkeit und grundsätzliche methodische Fragen geprägt sind, hängt auch damit zusammen, dass bisher nur wenige Banken in der Lage sind, die gewichtete durchschnittliche Kohlenstoffintensität zu ermitteln.

4.5.3.3 Zielvereinbarungen

Banken müssen Zielvereinbarungen bzw. Zielvorgaben bestimmen, um mithilfe von Kennzahlen ermitteln zu können, inwieweit das Erreichte mit den spezifischen Anforderungen, Einschränkungen oder Zielen aus der Geschäfts- und Risikostrategie übereinstimmt. Die Herausforderung besteht, wie in Kapitel 4.3 zur Strategie und in Kapitel 4.4 zum Risikomanagement ausgeführt, darin, dass die verschiedenen Zieldimensionen aufeinander abgestimmt sind, um das übergeordnete Leitbild oder die Unternehmensvision zu unterstützen. Es bietet sich daher an, sich bei der Betrachtung der Auswirkungen klimabedingter Risiken und Chancen bspw. an den übergeordneten SDGs der UN zu orientieren. So können einerseits Engagements von der Ebene des Einzelgeschäfts bis hin zum Kreditportfolio konsistent aggregiert und einem bzw. mehreren Zielen zugeordnet werden. Andererseits können alle flankierenden Maßnahmen wie bspw. die Unterzeichnung bestimmter Standards, z. B. PRB, den Geschäftszielen zugeordnet und ebenfalls mit Kennzahlen, z. B. dem Prozentsatz der in regenerative Energie investierten Mittel, unterlegt werden. Im Ergebnis ist damit der Zielerreichungsgrad bezogen auf ein Ziel/ mehrere Ziele durch das Kennzahlensystem für interne Bankreporting- und Controllingzwecke, aber auch für externe Kommunikations- und Berichtszwecke transparent und konsistent verfügbar.

---

273 Das Umweltbundesamt bietet bspw. einen CO_2-Rechner zur Ermittlung der individuellen CO_2-Emissionen. Siehe hierzu https://uba.co2-rechner.de/de_DE/ [Zuletzt abgerufen: 30 Januar 2020]. Bei myClimate sind Ermittlungsmethoden für Privathaushalte wie auch für Unternehmen möglich. Siehe hierzu https://www.myclimate.org/ [Zuletzt abgerufen: 30. Januar 2020]).

274 Vgl. Schaltegger, S./Csutora, M. (2012), S. 1–16.

4.5.4   Fazit

Die Bestimmung von Kennzahlen sowie die Festlegung von Zielvorgaben erfolgt grundsätzlich auf der Basis der Geschäfts- und Risikostrategie der Bank. Vor dem Hintergrund der Beurteilung klimabedingter Veränderungen aus transitorischen und physischen Risiken und Chancen sind Kennzahlen erforderlich, die auf soziale, ökologische und ökonomische Aspekte eingehen. Im Rahmen der aktuellen Diskussion liegt der Fokus auf dem ökologischen Aspekt und damit auf der Emission von Treibhausgasen. Die GHG-basierte Ermittlung der CO_2-Emissionen macht deutlich, wie Emissionen auf eine Bank einwirken (»outside-in«) und wie die Bank ihrerseits (»inside-out«) auf die Umwelt einwirkt. Die aktuelle Herausforderung für Banken besteht sowohl in der Verfügbarkeit der Daten ganz allgemein, wie auch in der Verarbeitung quantitativer Daten im Speziellen. Im Kern gilt aber die Prämisse, dass Kennzahlen derart ausgestaltet sein müssen, dass sie eine Beurteilung des aktuellen Niveaus und des Fortschritts bezogen auf eine bestimmte Zielvorgabe ermöglichen.

5 Zusammenfassung und Ausblick

Der globale Klimawandel hinterlässt bereits heute deutliche Spuren in den ökologischen, ökonomischen und sozialen Rahmenbedingungen. Klimatische Veränderungen zeigen sich nicht nur in Form akut auftretender Unwetter und Katastrophen, bspw. den Bränden von 2019/2020 in Australien, sondern auch in chronischen Veränderungen, wie bspw. der Erhöhung der globalen Durchschnittstemperaturen, dem Anstieg des Meeresspiegels oder den trockenen Sommern in Mitteleuropa. Diese klimatisch bedingten Veränderungen führen ihrerseits zu Veränderungen in den ökonomischen und sozialen Rahmenbedingungen und beeinflussen die politische und gesellschaftliche Diskussion. Die ökonomischen Rahmenbedingungen ändern sich insbesondere durch die zur Vermeidung eines weiter voranschreitenden Klimawandels notwendige Transformation der Wirtschaft hin zu einer ressourcenschonenden, CO_2-neutralen Kreislaufwirtschaft. Auch ändert sich das Konsumverhalten, indem z. B. die Nachfrage nach regionalen Produkten steigt oder weniger Fleischprodukte konsumiert werden. Gleichzeitig hat sich eine politische und gesellschaftliche Diskussion, u. a. angetrieben durch Bewegungen wie »Fridays for Future« entwickelt, die durch die Forderung nach verschärften Umwelt- und Klimagesetzen sowie durch einen Erwartungsdruck auf die Unternehmen die Rahmenbedingungen ebenfalls beeinflusst.

Der Finanzindustrie kommt als Intermediär und Risikokapitalgeber eine wesentliche Rolle bei der Finanzierung der Transformation hin zu einer CO_2-neutralen, nachhaltigen Kreislaufwirtschaft zu. Benötigt werden innerhalb der EU immerhin etwa 180–250 Mrd. Euro pro Jahr, um die CO_2-Einsparziele bis 2030 zu erreichen. Dies bringt zunächst einmal Ertragschancen[275], die Banken und andere Finanzmarktakteure bei der Überprüfung ihres Geschäftsmodells und Formulierung ihrer Strategie berücksichtigen müssen. Die mit dem Klimawandel, seinen Folgen und den zur Begrenzung des Klimawandels erforderlichen Transformationsmaßnahmen verbundenen ökonomischen, ökologischen und z. T. sozialen Veränderungen bergen existenzgefährdende Risiken für die Finanzindustrie. In Anlehnung an die Empfehlungen der TCFD können dabei physische Risiken und transitorische Risiken unterschieden werden. Diese Risiken sind zwar im Vergleich zu Umweltrisiken, die lokal begrenzt auftreten, durchaus neuartig in ihren Ursachen. Ihre Wirkungen und Folgen auf die Vermögens-, Ertrags- und Liquiditätslage lassen sich aber i. d. R. den banktypischen Risiken zuordnen. Die Aufarbeitung der definitorischen Grundlagen und die kritische Beurteilung der Chancen und Risiken aus dem Klimawandel für Banken haben in Kapitel 2 ein differenziertes Bild der aktuellen Diskussion ergeben.

Die anstehenden Veränderungen durch den Klimawandel erfordern entsprechende Strukturen und Prozesse, um einen geordneten Übergang zu einer kohlenstofffreien Wirtschaft zu ermöglichen. Die EU-Kommission hat mit dem von ihr entwickelten EU-Aktionsplan eine Grundlage

---

275 Vgl. EY/IIF (2019), S. 40 f.

gelegt, mit der die europäischen und nationalen Gesetzgeber, Aufsichtsbehörden und Standardsetzer steuernd und kontrollierend auf die Finanzindustrie einwirken können. Für die Aufsichtsbehörden ist dies ein neues und herausforderndes Thema, dessen sie sich aber im Rahmen ihrer Aufgaben und zur Sicherstellung der bankaufsichtlichen Ziele Funktionssicherung, Gläubigerschutz und Verbraucherschutz annehmen müssen. Physische und transitorische Risiken beeinflussen die Risikopositionen der Banken und bedürfen einer entsprechenden Berücksichtigung in den aufsichtlichen Risikobegrenzungsregeln. Die Ziele der Bankenaufsicht können aber auch dadurch gefährdet werden, dass sich Banken in ihrer Strategie und damit der Nutzung von Chancen nicht an Veränderungen anpassen. Banken, die diese Chance erkennen und aktiv aufnehmen, sind widerstandsfähiger und mit einem nachhaltigen Geschäftsmodell rentabler aufgestellt als Banken, die nur reagieren. Letzteres wiederum muss die Bankenaufsicht im Rahmen ihrer Prüfungen und der Festlegung von möglichen zusätzlichen Kapitalpuffern oder sonstigen Maßnahmen gegenüber den betroffenen Banken berücksichtigen (vgl. Kapitel 3.1).

Eine wesentliche Voraussetzung für die Entwicklung standardisierter nachhaltiger Finanzprodukte und einer transparenten Berücksichtigung von ESG-Faktoren bei Anlageentscheidungen ist eine Verständigung darauf, welche Wirtschaftsaktivitäten als nachhaltig gelten. Auf der Basis der Maßnahme 1 des EU-Aktionsplans hat die EU-Kommission eine Rahmenverordnung entwickelt, die die Grundlagen für eine Taxonomie legt. Auf der Basis dieser Verordnung entwickelt eine Expertengruppe Kriterien, mit deren Hilfe Wirtschaftsaktivitäten als nachhaltig oder nicht nachhaltig klassifiziert werden können. Aus bankaufsichtlicher Sicht ist Maßnahme 8 hervorzuheben, mit der die Ziele des EU-Aktionsplans in den prudenziellen Aufsichtsvorschriften verankert werden sollen. Hier sind insbesondere die der EBA erteilten Mandate zur Integration von ESG-Risiken in den Supervisory Review Evaluation Process (SREP) und in die Capital Requirement Regulation (CRR) richtungsweisend. Aus wertpapieraufsichtlicher Sicht sind die Maßnahmen 4 und 7 hervorzuheben, die zu einer Berücksichtigung von Nachhaltigkeitskriterien in den Wertpapierdienstleistungen und Prozessen führen werden. Entsprechende Vorschläge für eine Anpassung bestehender Regelwerke wie MiFID II sowie weitere Transparenzregelungen sind bereits ausgearbeitet (vgl. Kapitel 3.2).

Die mit dem Klimawandel verbundenen Veränderungen stellen für Banken eine große Herausforderung dar. Einerseits gilt es, klimabedingte Risiken in der Aufbau- und Ablauforganisation sachgerecht zu verorten, andererseits sind Rollen und Aufgaben für Mitarbeiter und Leitungssowie Aufsichtsorgane anzupassen. Betroffen sind vor allem das Risikocontrolling, die Compliance und die das Risiko steuernden Markteinheiten. Aber auch weitere Bankprozesse wie das Rechnungswesen, das Controlling und das Personalwesen müssen in die Veränderungsprozesse eingebunden werden. Bereits bestehenden Nachhaltigkeitsbereichen bzw. Nachhaltigkeitsbeauftragten kommt die Rolle zu, diese Veränderungsprozesse zu begleiten und zu gestalten.

Der sich ergebende Handlungsbedarf geht damit über die gesamte Wertschöpfungskette von der Governance über die Strategie und das Risikomanagement bis hin zu den Daten- und IT-basierten Metriken und Kennzahlen. Entlang dieser Handlungsfelder müssen Prozesse und Kontrollen modifiziert oder komplett ersetzt werden, sodass die Bank auf der einen Seite für ihre Kunden mit Produkten und Dienstleistungen relevant bleibt und auf der anderen Seite durch die regulatorische Compliance gegenüber der Aufsicht ihre Licence-to-operate behält. Die in Kapitel 4 ausgearbeiteten und präsentierten Praxishinweise wurden dergestalt konzipiert, dass eine Offenlegung entsprechend den FSB-TCFD-Empfehlungen als logische Konsequenz ermöglicht wird. Zugleich wurde versucht, den Handlungsbedarf so darzustellen, dass er sich in bestehende oder auf der Basis des EU-Aktionsplans zu erwartende aufsichtsrechtliche Vorgaben einfügt.

Zusammenfassend ist festzustellen, dass der Klimawandel als Risiko, wohl aber mehr noch als Chance für Banken gesehen werden muss. Um diese Chancen in einem sich ökonomisch, ökologisch und gesellschaftlich schnell und grundlegend verändernden Umfeld zu nutzen, bedarf es der unmittelbaren Auseinandersetzung mit den konzeptionellen Grundlagen zu ESG, dem Pariser Klimaabkommen, der Agenda 2030 oder den SDGs. Auch mit den sich ungewöhnlich schnell und dynamisch entwickelnden Gesetzgebungsinitiativen und weiteren Vorgaben der EU – die ihrerseits ebenso schnell über Verordnungen oder delegierte Rechtsakte in nationale Vorgaben übergehen – müssen sich die Banken und hier explizit die Geschäftsleitung und die Aufsichtsorgane unmittelbar auseinandersetzen. Dabei ist ein Ab- und Erwarten regulatorischer Vorgaben zu kurz gedacht. Vielmehr bedarf es eines aktiven und positiven »Hineintragens« der Veränderungen und der sich daraus ergebenden Herausforderungen in den Bankbetrieb und in die Geschäftsfelder (»tone from the top«). Nachhaltigkeit und der Umgang mit Nachhaltigkeit müssen in die Unternehmens- und Risikokultur integriert werden. Eine proaktive Ausrichtung des Geschäftsmodells auf die mit den Veränderungen einhergehenden Chancen kann nicht nur zu einem Wettbewerbsvorteil und einer positiven Wahrnehmung der Bank in der Gesellschaft führen, sie trägt auch maßgeblich zur Widerstandsfähigkeit und Überlebensfähigkeit des Instituts bei. Damit ist auch den bankaufsichtlichen Zielen der Funktionssicherung und des Gläubigerschutzes Genüge getan.

Literatur

Acemoglu, D./Ozdaglar, A./Tahbaz-Salehi, A. (2015): Systemic Risk and Stability. Financial Networks. In: American Economic Review, 105(2), S. 564–608.

Ademmer, M./Jannsen, N./Kooths, S./Mösle, S. (2019): Niedrigwasser bremst Produktion. In: Wirtschaftsdienst, Heidelberg. Vol. 99, Iss. 1, S. 79–80.

Arnold, M. (2019): Christine Lagarde wants key role for climate change in ECB review. Financial Times, 27. November 2019. https://www.ft.com/content/61ef385a-1129-11ea-a225-db2f231cfeae [Zuletzt abgerufen: 10. Februar 2020].

BaFin (2017a): Geeignetheitsprüfung und Geeignetheitserklärung; Angemessenheitsprüfung. Umsetzung der MiFID-II-Vorgaben im Bereich Wohlverhaltensregeln. Frankfurt, 27. Oktober 2017. https://www.bafin.de/SharedDocs/Downloads/DE/Veranstaltung/dl_171027_mifid_II_4_geeignetheitspruefung.pdf?__blob=publicationFile&v=1 [Zuletzt abgerufen: 10. Februar 2020].

BaFin (2017b): Rundschreiben 09/2017 (BA) – Mindestanforderungen an das Risikomanagement – MaRisk. Frankfurt, 27. Oktober 2019. https://www.bafin.de/SharedDocs/Veroeffentlichungen/DE/Rundschreiben/2017/rs_1709_marisk_ba.html [Zuletzt abgerufen: 10. Februar 2020].

BaFin (2017c): Rundschreiben 10/2017 (BA) – Bankaufsichtliche Anforderungen an die IT (BAIT). Frankfurt, 6. November 2017, i. d. F. vom 14. September 2018. https://www.bafin.de/SharedDocs/Veroeffentlichungen/DE/Meldung/2017/meldung_171106_BAIT.htm [Zuletzt abgerufen: 10. Februar 2020].

BaFin (2019a): Merkblatt zum Umgang mit Nachhaltigkeitsrisiken. Frankfurt, 20. Dezember 2019, i. d. F. vom 13. Januar 2020. https://www.bafin.de/SharedDocs/Downloads/DE/Merkblatt/dl_mb_Nachhaltigkeitsrisiken.html [Zuletzt abgerufen: 10. Februar 2020]. https://www.bafin.de/SharedDocs/Veroeffentlichungen/DE/Konsultation/2019/kon_16_19_Merkblatt_Nachhaltigkeit.htm [Zuletzt abgerufen: 10. Februar 2020].

BaFin (2019b): BaFin Perspektiven Ausgabe 2/2019, Nachhaltigkeit. Bonn, Mai 2019. https://www.bafin.de/SharedDocs/Downloads/DE/BaFinPerspektiven/2019/bp_19-2_sustainable_finance.pdf?__blob=publicationFile&v=8 [Zuletzt abgerufen: 10. Februar 2020].

BaFin/Deutsche Bundesbank (2018): Aufsichtliche Beurteilung bankinterner Risikotragfähigkeitskonzepte und deren prozessualer Einbindung in die Gesamtbanksteuerung (ICAAP) – Neuausrichtung, Stand 24. Mai 2018.

Bach, V./Schneider, L./Berger, M./Finkbeiner, M. (2014): Methoden und Indikatoren zur Messung von Ressourceneffizienz im Kontext der Nachhaltigkeit. In: Thomé-Kozmiensky, K. J./Goldmann, D. (Hrsg.): Recycling und Rohstoffe. Neuruppin, S. 87–101.

Bank of England (2015): Speech by Mark Carney. Breaking the Tragedy of the Horizon – climate change and financial stability, 29. September 2015, London. https://www.bis.org/review/r151009a.pdf [Zuletzt abgerufen: 10. Februar 2020].

Bank of England (2016): Speech by Mark Carney. Resolving the climate paradox, 22. September 2016, Berlin. https://www.bankofengland.co.uk/speech/2016/resolving-the-climate-paradox [Zuletzt abgerufen: 10. Februar 2020].

Beck, M./Rivers, N./Wigle, R./Yonezawa, H. (2015): Carbon tax and revenue recycling: Impacts on households in British Columbia. In: Resource and Energy Economics, 41, S. 40–69.

Becker, A. (2018): AT 4 Allgemeine Anforderungen an das Risikomanagement. In: M. Berndt/J. Klein (Hrsg.): Neue MaRisk. 4. Aufl., Heidelberg, Rz. 384–403.

Behnke N./Wulf, I. (2019): Offenlegung von klimabezogenen Informationen und Implikationen für die Corporate Governance. Empfohlene klimabezogene Einzelangaben und deren Bedeutung für die Steuerung (Teil B). In: ZCG 6/2019, S. 272–276.

BMWi (2018): Zahlen und Fakten. Energiedaten. Zeitreihen zur Entwicklung der erneuerbaren Energien in Deutschland unter Verwendung von Daten der AGEE-Stat, Bundesministerium für Wirtschaft und Energie, Berlin, Dezember 2019. http://www.erneuerbare-energien.de/EE/Navigation/DE/Service/Erneuerbare_Energien_in_Zahlen/Zeitreihen/zeitreihen.html [Zuletzt abgerufen: 10. Februar 2020].

Bolton, P./Despres-Luiz, M./Pereira, A./Silva, D./Samama, F./Svartzman, R. (2020): The green swan Central banking and financial stability in the age of climate change. https://www.bis.org/publ/othp31.pdf [Zuletzt abgerufen: 10. Februar 2020].

Bopp, R./Weber, M. (2019a): Wie die Finanzaufsicht auf den Klimawandel reagiert. In: Börsen Zeitung, Frankfurt, 11. Oktober 2019. https://www.boersen-zeitung.de/index.php?li=1&artid=2019195026 [Zuletzt abgerufen: 10. Februar 2020].

Bopp, R./Weber, M. (2019b): Wie ESG die Reputation der Finanzbranche beeinflusst – Reputationsrisiken gewinnen in einem stärker auf Nachhaltigkeit ausgerichteten Finanzmarkt immer mehr an Bedeutung. In: Börsen Zeitung, Frankfurt, 9. November 2019, S. B9. https://www.boersen-zeitung.de/index.php?li=1&artid=2019216828 [Zuletzt abgerufen: 10. Februar 2020].

Bradler, A. (2004): Immobilienspezifisches Riskmanagement in der Kommune — ein Ansatz zur Bewältigung anstehender öffentlicher Aufgaben im Spannungsfeld zwischen Versorgungsauftrag und sinkenden Kassen. In: Lutz, U./Klaproth, T. (Hrsg.): Riskmanagement im Immobilienbereich. Wiesbaden, S. 241–255.

Braun, S./Ruhwedel, P. (2019): Verankerung von ESG im Aufsichtsrat. In: Der Aufsichtsrat, 10/2019, S. 141–143.

Brauneck, J. (2019): Neues EU-Öko-Label für Finanzprodukte nach Vorgaben der EU-Kommission? In: WM 33/2019, S. 1530–1537.

Bueren, E. (2019): Sustainable Finance. In: Zeitschrift für Unternehmens- und Gesellschaftsrecht, 48(5), S. 813–875.

Büschgen, H.-E. (1999): Bankbetriebslehre. Bankgeschäfte und Bankmanagement. 5. Aufl., Wiesbaden.

Cansier, D. (1993): Umweltökonomie. Stuttgart.

Cleff, T. (2019): Angewandte Induktive Statistik und Statistische Testverfahren. Wiesbaden.

Condos, J./Sorrell, W. H./Donegan, S. L. (2016): Blockchain Technology: Opportunities and Risks. http://legislature.vermont.gov/assets/LegislativeReports/blockchain-technology-report-final.pdf [Zuletzt abgerufen: 10. Februar 2020].

Cremer, L./Kramer, H. (2018): AT 4 Allgemeine Anforderungen an das Risikomanagement. In: Berndt, M./Klein, J. (Hrsg.): Neue MaRisk. 4. Aufl., Heidelberg, Rz. 142–276.

Dahlmann, H. (2019): Nachhaltigkeit ist Pflicht und Kür im Aufsichtsrat zugleich. In: BOARD, 2/2019, S. 70–72.

DCGK (2017): Deutscher Corporate Governance Kodex i. d. F. vom 7. Februar 2017. https://dcgk.de/de/kommission/die-kommission-im-dialog/deteilansicht/kodexaenderungen-2017-beschlossen-vorsitzwechsel-zum-1-maerz.html?file=files/dcgk/usercontent/de/download/kodex/170214%20Kodex%20D%20Mark%20up%20vorlaeufige%20Version.pdf [Zuletzt abgerufen: 10. Februar 2020].

Deutschlandfunk (2017): Nach Selbstmord-Serie bei Foxconn – Arbeitsbedingungen nicht grundlegend verbessert, 19. Juli 2017. https://www.deutschlandfunk.de/nach-selbstmord-serie-bei-foxconn-arbeitsbedingungen-nicht.766.de.html?dram:article_id=391484 [Zuletzt abgerufen: 10. Februar 2020].

Didier, V. C. (2017): Cum-/Ex-Geschäfte: FG Hamburg zur Zahlungsverjährung, in Der Betrieb. 14. Februar 2017. https://www.der-betrieb.de/meldungen/cum-ex-geschaefte-fg-hamburg-zur-zahlungsverjaehrung/ [Zuletzt abgerufen: 10. Februar 2020].

Dillerup, R./Stoi, R. (2013): Unternehmensführung. 4. Aufl., München.

Dombret, A. (2018): Greener finance – better finance? Wie grün sollte die Finanzwelt sein? In: Bankenaufsicht im Dialog, Band 4, Schriftenreihe zum Bundesbank Symposium, hrsg. v. Andreas Dombret. Frankfurt.

Dombret, A./Thiede, J. (2001): Risikomanagement in Kreditinstituten. In: Gerke, W./Steiner, M. (Hrsg.): Handwörterbuch des Bank- und Finanzwesens. 3. Aufl., Stuttgart, Sp. 1856–1868.

Drucker, P. (2009): Management. Neu strukturierte und erw. Ausgabe, Heidelberg.

EBA (2014): Leitlinien zu gemeinsamen Verfahren und Methoden für den aufsichtlichen Überprüfungs- und Bewertungsprozess, EBA/GL/2014/13 vom 19. Dezember 2014. https://eba.europa.eu/sites/default/documents/files/documents/10180/935249/4b842c7e-3294-4947-94cd-ad7f94405d66/EBA-GL-2014-13%20%28Guidelines%20on%20SREP%20methodologies%20and%20processes%29.pdf?retry=1 [Zuletzt abgerufen: 10. Februar 2020].

EBA (2017a): Guidelines on internal governance under Directive 2013/36/EU, EBA/GL/2017/11, 26. September 2017. https://eba.europa.eu/sites/default/documents/files/documents/10180/1972987/eb859955-614a-4afb-bdcd-aaa664994889/Final%20Guidelines%20on%20Internal%20Governance%20(EBA-GL-2017-11).pdf [Zuletzt abgerufen: 10. Februar 2020].

EBA (2017b): Joint ESMA and EBA Guidelines on the assessment of the suitability of members of the management body and the key function holders under Directive 2013/36/EU and Directive 2014/65/EU. https://eba.europa.eu/regulation-and-policy/internal-governance/joint-esma-and-eba-guidelines-on-the-assessment-of-the-suitability-of-members-of-the-management-body [Zuletzt abgerufen: 10. Februar 2020].

EBA (2019a): Action Plan on Sustainable Finance, 6. Dezember 2019. https://eba.europa.eu/file/376050/download?token=oMDnkR18 [Zuletzt abgerufen: 10. Februar 2020].

EBA (2019b): Consultation Paper, Draft Guidelines on loan origination and monitoring, EBA/CP/2019/04, 19. Juni 2019. https://eba.europa.eu/sites/default/documents/files/documents/10180/2831176/3bc64e01-a4d1-4c7e-92d4-1dd84f4b234c/CP%20on%20GLs%20on%20loan%20origination%20and%20monitoring.pdf [Zuletzt abgerufen: 10. Februar 2020].

Ebel, N. (2007): PRINCE2-Projektmanagement mit Methode: Grundlagenwissen und Vorbereitung für die Zertifizierungsprüfungen. München.

EDTF (2012): Report. Enhancing the Risk Disclosures of Banks, 29. Oktober 2012. https://www.fsb.org/wp-content/uploads/r_121029.pdf [Zuletzt abgerufen: 10. Februar 2020].

Eisenegger, M./Küstle, D. (2003): Reputation und Wirtschaft im Medienzeitalter. In Die Volkswirtschaft 11/2003, S. 58–62.

ESMA (2019): Final Report: ESMA's technical advice to the European Commission on integrating sustainability risks and factors in the UCITS Directive and AIFMD. https://www.esma.europa.eu/sites/default/files/library/esma34-45-688_final_report_on_integrating_sustainability_risks_and_factors_in_the_ucits_directive_and_the_aifmd.pdf [Zuletzt abgerufen: 10. Februar 2020].

ESMA (2019): Pressemitteilung. ESMA proposes strengthened rules to address undue short-termism in securities markets, 18. Dezember 2019. https://www.esma.europa.eu/press-news/esma-news/esma-proposes-strengthened-rules-address-undue-short-termism-in-securities [Zuletzt abgerufen: 10. Februar 2020].

EU (2019): Verordnung 2019/2088 des Europäischen Parlamentes und Rates über nachhaltigkeitsbezogene Offenlegungspflichten im Finanzdienstleistungssektor. 27. November 2019. https://eur-lex.europa.eu/legal-content/DE/TXT/PDF/?uri=CELEX:32019R2088 [Zuletzt abgerufen: 10. Februar 2020].

EU HLEG (2018): Final Report, 31. Januar 2018. https://ec.europa.eu/info/publications/180131-sustainable-finance-report_en [Zuletzt abgerufen: 10. Februar 2020].

EU TEG (2019a): Taxonomy Technical Report. Juni 2019. https://ec.europa.eu/info/sites/info/files/business_economy_euro/banking_and_finance/documents/190618-sustainable-finance-teg-report-taxonomy_en.pdf [Zuletzt abgerufen: 10. Februar 2020].

EU TEG (2019b): Report on Climate-related Disclosures, Januar 2019. https://ec.europa.eu/info/sites/info/files/business_economy_euro/banking_and_finance/documents/190110-sustainable-finance-teg-report-climate-related-disclosures_en.pdf [Zuletzt abgerufen: 10. Februar 2020].

EU TEG (2019c): Report on EU Green Bond Standard. Juni 2019. https://ec.europa.eu/info/sites/info/files/business_economy_euro/banking_and_finance/documents/190618-sustainable-finance-teg-report-green-bond-standard_en.pdf [Zuletzt abgerufen: 10. Februar 2020]

EU-Kommission (2018a): Aktionsplan: Finanzierung nachhaltigen Wachstums. COM(2018) 97 final, 8. März 2018. https://eur-lex.europa.eu/legal-content/DE/TXT/PDF/?uri=CELEX:52018DC0097 [Zuletzt abgerufen: 10. Februar 2020].

EU-Kommission (2018b). Verordnung über die Einrichtung eines Rahmens zur Erleichterung nachhaltiger Investitionen. COM(2018) 353 final. 24. Mai 2018. https://ec.europa.eu/transparency/regdoc/rep/1/2018/DE/COM-2018-353-F1-DE-MAIN-PART-1.PDF [Zuletzt abgerufen: 10. Februar 2020].

EU-Kommission (2019a): Leitlinien für die Berichterstattung über nichtfinanzielle Informationen: Nachtrag zur klimabezogenen Berichterstattung, C(2019) 4490 final, 17. Juni 2019. https://ec.europa.eu/transparency/regdoc/rep/3/2019/DE/C-2019-4490-F1-DE-MAIN-PART-1.PDF [Zuletzt abgerufen: 10. Februar 2020].

EU-Kommission (2019b): Call for advice to the European Supervisory Authorities to collect evidence of undue short-term pressure from the financial sector on corporations. https://ec.europa.eu/info/publications/190201-call-for-advice-to-esas-short-term-pressure_en [Zuletzt abgerufen: 10. Februar 2020].

European Central Bank (2019): Speech by Benoît Cœuré: Monetary policy and climate change. 8. November 2018, Berlin. https://www.ecb.europa.eu/press/key/date/2018/html/ecb.sp181108.en.html [Zuletzt abgerufen: 10. Februar 2020].

European Central Bank (2020): Pressemitteilung. Geldpolitische Beschlüsse. 23. Januar 2020. https:// www.ecb.europa.eu/press/pr/date/2020/html/ecb.mp200123~ae33d37f6e.de.html [Zuletzt abgerufen: 10. Februar 2020].

EWK (2016): Stellungnahme zum sechsten Monitoring-Bericht der Bundesregierung für das Berichtsjahr 2016, Expertenkommission zum Monitoring-Prozess »Energie der Zukunft«, Berlin. https:// www.zsw-bw.de/fileadmin/user_upload/PDFs/Pressemitteilungen/2018/stellungnahme-der-expertenkommission-zum-sechsten-monitoring-bericht.pdf [Zuletzt abgerufen: 10. Februar 2020].

EY/Institute for International Finance (2019): An endurance course: surviving and thriving through 10 major risks over the next decade. Tenth annual EY/IIF global bank risk management survey, 2019. https://www.ey.com/Publication/vwLUAssets/ey-global-risk-survey-2019/$FILE/ey-global-risk-survey-2019.pdf [Zuletzt abgerufen: 10. Februar 2020].

Fathi, K. (2019): Resilienz im Spannungsfeld zwischen Entwicklung und Nachhaltigkeit: Anforderungen an gesellschaftliche Zukunftssicherung im 21. Jahrhundert. Wiesbaden.

FCA (2018): Financial Conduct Authority: Climate Change and Green Finance. Discussion Paper DP18/8, Oktober 2018.

Fey, G. (2006): Banken zwischen Wettbewerb, Selbstkontrolle und staatlicher Regulierung. Eine ordnungsökonomische Analyse. Schriften zu Ordnungsfragen der Wirtschaft, Band 80, hrsg. v. Gutmann, G. et al., Stuttgart.

FNG (2019): Forum Nachhaltige Geldanlagen e.V., Marktbericht Nachhaltige Geldanlagen 2019 – Deutschland, Österreich und die Schweiz. Frankfurt.

Freudenthaler-Mayrhofer, D./Sposato, T. (2017): Corporate Design Thinking. Wiesbaden.

Fürst, F. (2017): Klimaschutz in der Immobilienwirtschaft: Potenziale und Hindernisse. In: Rottke, N./ Voigtländer, M. (Hrsg.): Immobilienwirtschaftslehre – Ökonomie. Wiesbaden.

Geismar, U./Dillenberger, C. (2000): Innovative Finanzprodukte zur Schaffung von Wettbewerbsvorteilen. In: Swoboda, U. (Hrsg.): Direct Banking. Wiesbaden.

Gladen, W. (2001): Kennzahlen- und Berichtssysteme. Wiesbaden, S. 39–90.

Haller, R. (2017): Berühmte Aufgaben der Stochastik. Berlin.

Hannemann, R./Steinbrecher, I./Weigl, T. (2019): Mindestanforderungen an Risikomanagement (MaRisk). Kommentar. Stuttgart.

Häuser, W. (2019): Deutschlands Ausstieg aus der Kohleverstromung bis 2038: Notwendig, aber nicht hinreichend. In: WiSt – Wirtschaftswissenschaftliches Studium, 48 (2019), Heft 6, S. 54–58.

Hell, C./Weicht, J. (2019): Corporate Sustainability Governance. Erkenntnisse aus zwei Jahren CSR-Berichtspflicht: Mit welchen Fragestellungen sich Aufsichtsräte jetzt auseinandersetzen sollten. In: Der Aufsichtsrat, 10/2019, S. 138–140.

Helmke, H. (2018): Fehlende Transparenz: Versteckte Risiken der Klimaneutralität. In: Worms, M. J./ Radermacher, F. J. (Hrsg.): Klimaneutralität – Hessen 5 Jahre weiter. Wiesbaden.

Herenčić, L. (2019): Overview of the main challenges and threats for implementation of the advanced concept for decentralized trading. In: microgrids, *IEEE EUROCON 2019 – 18th International Conference on Smart* Technologies, Novi Sad, Serbia, S. 1–6.

Hinterhuber, H. (1984): Strategische Unternehmungsführung. 3. Aufl., Berlin.

Hirschi, S./Mäder, P. (2019): Nachhaltige Entwicklung im Finanzsektor. Sustainable Finance: Chancen und Opportunitäten einer zukünftig nachhaltigen Wirtschaft und Gesellschaft. In: Expert Focus, 8/2019, S. 570–575.

Holstenkamp, L./Radtke, J. (2018): Handbuch Energiewende und Partizipation. Wiesbaden.

Howson, P. (2019): Tackling climate change with blockchain. In: Nature Climate, Vol. 9, November 2019, S. 644–645.

IIF (2019): Climate-related Financial Disclosure: Examples of Leading Practices in TCFD Reporting by Financial Firms. August 2019. https://www.iif.com/Portals/0/Files/content/2_SFWG%20TCFD%20 Practices%20Report_vf.pdf [Zuletzt abgerufen: 14. Januar 2020].

ILO (2020): International Labour Organisation. https://www.ilo.org/berlin/ziele-aufgaben/lang--de/ index.htm [Zuletzt abgerufen: 14. Januar 2020].

IPCC (2019): Special Report on the Ocean and Cryosphere in a Changing Climate. https://www.ipcc. ch/site/assets/uploads/2019/09/SROCC-factsheet.pdf [Zuletzt abgerufen: 14. Januar 2020].

IPCC (2020): Special Report on Global warming of 1.5 C. https://www.ipcc.ch/sr15/ [Zuletzt abgerufen: 14. Januar 2020].

ISO (2018): ISO Norm 31000:2018, Kapitel 3: Begriffe. https://www.iso.org/obp/ ui#iso:std:iso:31000:ed-2:v1:en [Zuletzt abgerufen: 10. Februar 2020].

Jackson, P. (2014): Introduction: Understanding Risk Culture and what to do about it. In: Jackson, R. (Hrsg.): Risk Culture and Effective Risk Governance. London.

Jarzabkowski, P./Spee, A. (2009): Strategy as practice: A review and future directions for the field. In: International Journal of Management Reviews 11(1), S. 69–95.

Knops, K./Karabulut, S. (2019): § 6 Abgrenzung zwischen betriebswirtschaftlicher und rechtlicher Krise und die Konkretisierung der Krisenstadien. In: Knops, K./Bamberger, H./Lieser, J. (Hrsg.): Recht der Sanierungsfinanzierung. Berlin.

Knot, K. (2018): Vom Auftrag zur Aufsicht. In: Bankenaufsicht im Dialog, Band 4, Schriftenreihe zum Bundesbank-Symposium, hrsg. v. Andreas Dombret. Frankfurt.

Kruschev, W. (2019): EU-Pläne zur Nachhaltigkeit. Neue regulatorische Großbaustelle für die Finanzindustrie. In: Die Bank, 07/2019, S. 52–57.

Kuna, W. (Hrsg.) (2019): Stabile Banken in herausfordernden Zeiten, Schwerpunkte von Andreas Dombret in der Deutschen Bundesbank 2010–2018. Frankfurt.

Kuss, J./Thießen, A./Rademacher, L./Langen, R./Wreschniok, R. (2013): Strategieaufruf: Theoriegeleitete Neubestimmung des Strategiebegriffs. In: Zerfaß, A./Rademacher, L./Wehmeier, S. (Hrsg.): Organisationskommunikation und Public Relations. Wiesbaden.

Lamperti, F./Bosetti, V./Roventini, A./Tavoni, M. (2019): The public costs of climate-induced financial instability. In: Nature Climate Change, Vol. 9, November 2019, S. 829–833.

Lanfermann, G. (2019): EU-Aktionsplan zu Sustainable Finance: Wie weit ist der europäische Gesetzgeber mit der Umsetzung? In: Betriebs-Berater, 39/2019, S. 2219–2223.

Loa, J. (2019): Nachhaltige Finanzwirtschaft. In: FLF, 5/2019, S. 3.

Long, D. (1990): ›Utility‹ and the ›Utility Principle‹: Hume, Smith, Bentham, Mill. In: Utilitas, 2(1), S. 12–39.

Lotz, U./Weber, A./Hadinel, M. (2019): Green Finance: Status quo und Herausforderungen der geplanten EU-weiten Taxonomie. In: Recht der Finanzinstrumente, 3/2019, S. 180–187.

Mallinckrodt, J. von (2019): Nachhaltigkeit im Immobilienfondsmanagement. In: Rock, V./Schumacher, C./Bäumer, H./Pfeffer, T. (Hrsg.): Praxishandbuch Immobilienfondsmanagement und -investment. Wiesbaden.

Mauderer, S./Goulard, S. (2019): Mit gutem Beispiel vorangehen. In: Les Echos und Süddeutsche Zeitung. 8. Juli 2019. https://www.bundesbank.de/de/presse/gastbeitraege/mit-gutem-beispiel-vorangehen-800808 [Zuletzt abgerufen: 10. Februar 2020].

Neus, W. (2015): Einführung in KWG und CRR. In: Luz, G. et al. (Hrsg.): Kommentar zu KWG, CRR, FKAG, SolvV, WuSolvV, GroMiKV, LiqV und weiteren aufsichtsrechtlichen Vorschriften. Stuttgart.

NGFS (2018): First Progress Report. Oktober 2018. https://www.banque-france.fr/sites/default/files/media/2018/10/11/818366-ngfs-first-progress-report-20181011.pdf [Zuletzt abgerufen: 10. Februar 2020].

NGFS (2019): First Comprehensive Report. A call for action: Climate Change as a source of financial risk. April 2019. https://www.ngfs.net/sites/default/files/medias/documents/ngfs_first_comprehensive_report_-_17042019_0.pdf [Zuletzt abgerufen: 10. Februar 2020].

OHCHR (1948): UNIVERSAL DECLARATION OF HUMAN RIGHTS (art. 1), adopted by General Assembly resolution 217 A (III) of 10 December 1948. https://www.ohchr.org/Documents/Publications/FactSheet2Rev.1en.pdf [Zuletzt abgerufen: 10. Februar 2020].

PRA (2019): Supervisory Statement SS3/19, S. 2 f. Enhancing banks' and insurers' approaches to managing financial risks from climate change. April 2019. https://www.bankofengland.co.uk/-/media/boe/files/prudential-regulation/supervisory-statement/2019/ss319.pdf?la=en&hash=7BA9824BAC5FB313F42C00889D4E3A6104881C44 [Zuletzt abgerufen: 10. Februar 2020].

Ranke, U. (2019): Klima und Umweltpolitik. Berlin.

Richter, N./Meyer, Y. (2019): Green and more: ESG-Risiken in das Risikomanagementsystem! In: WPg, 24/2019, S. 1340–1342.

RNE (2019): RNE erarbeitet mit FinTech Arabesque innovative Lösungen für nachhaltiges Wirtschaften. Pressemitteilung 2. Oktober 2019. https://www.nachhaltigkeitsrat.de/aktuelles/rne-erarbeitet-mit-fintech-arabesque-innovative-loesungen-fuer-nachhaltiges-wirtschaften/ [Zuletzt abgerufen: 10. Februar 2020].

Röseler, R. (2019): Nachhaltigkeit – Herausforderung und Chance für die Kreditwirtschaft. In: BaFin Perspektiven, 2/2019 – Nachhaltigkeit, S. 19–28.

Rüdiger, A. (2014): Die Energiewende in Frankreich. Aufbruch zu einem neuen Energiemodell? In: Friedrich-Ebert-Stiftung: Internationale Politikanalyse. Bonn.

Rudolph, B./Johanning, L. (2000): Entwicklungslinien im Risikomanagement. In: Johanning, L./Rudolph, B. (Hrsg.): Handbuch Risikomanagement. Band 1, Bad Soden/Ts., S. 15–52.

Sandt, J. (2005): Performance Measurement. In: Controlling und Management. Vol. 49, 6/2005, S. 429 f.

Schäfer, P. (2016): Bedrohte Identität und Veränderungen im arabischen Sicherheitsdiskurs. Globale Gesellschaft und internationale Beziehungen. Wiesbaden.

Schaltegger S./Csutora, M. (2012): Carbon accounting for sustainability and management. Status quo and challenges. In: Journal of Cleaner Production, Vol. 36, November 2012, S. 1–16.

Schierenbeck, H. (2003): Ertragsorientiertes Bankmanagement, Band 2: Risiko-Controlling und integrierte Rendite-/Risikosteuerung. 8. Aufl., Wiesbaden.

Schierenbeck, H./Grüter, M./Kunz, M. (2004): Management von Reputationsrisiken in Banken. In: WWZ Forschungsbericht 03/2004, Basel.

Schuster, H./Hastenteufel, J. (2019): Die Bankenbranche im Wandel – Status quo und aktuelle Herausforderungen. 2. Aufl., Baden-Baden.

Schwaiger, M./Raithel, S. (2014): Reputation und Unternehmenserfolg. In: Management Review Quarterly (08/2014), Vol. 64, Issue 4, S. 225–259.

Schwarz, H. (2019): Energieverteilung. In: Zahoransky, R. (Hrsg.): Energietechnik. Wiesbaden.

Schweizer, P. J./Renn, O. (2019): Systemische Risiken und Transformationsprozesse auf dem Weg zu einer nachhaltigen Wirtschafts- und Gesellschaftsentwicklung. In: Englert, M./Ternès, A. (Hrsg.): Nachhaltiges Management. Berlin.

Serafimova, K./Vellacott, T. (2016): Gerüstet für die Zukunft? Umwelt als Kernthema für die Banken. In: Wendt, K. (Hrsg.): CSR und Investment Banking. Berlin.

Shah, D. (2019): Viewpoint: Extinction Rebellion: radical or rational? In: British Journal of General Practice (07/2019), Vol. 69, Issue 684, S. 345.

Siegl, J./Weber, M. (2018): AT 2 Anwendungsbereich. In: Berndt, M./Klein, J. (Hrsg.): Neue MaRisk. 4. Aufl. Heidelberg, S. 7–40.

Siyotula, S. (2019): Den Weg bereitet: eine südafrikanische Perspektive. In: Kirchhoff, K. (Hrsg.): Integrated Reporting für die Praxis. Wiesbaden.

Stibbe, R. (2019): CSR-Erfolgssteuerung. Wiesbaden.

Suchanek, A. (2007): Ökonomische Ethik. Tübingen.

Suchanek, A. (2019): Die Bedeutung eines ethischen Kompasses für das Nachhaltigkeitsmanagement. In: Arnold, C./Keppler, S./Knödler, H./Reckenfelderbäumer, M. (Hrsg.): Herausforderungen für das Nachhaltigkeitsmanagement. Wiesbaden.

TCFD (2017a): Final Report, Recommendation of the Task Force on Climate-related Financial Disclosures. Juni 2017. https://www.fsb-tcfd.org/wp-content/uploads/2017/06/FINAL-2017-TCFD-Report-11052018.pdf [Zuletzt abgerufen: 10. Februar 2020].

TCFD (2017b): Implementing the Recommendations of the Task Force on Climate-related Financial Disclosures. Juni 2017. https://www.fsb-tcfd.org/wp-content/uploads/2017/06/FINAL-TCFD-Annex-062817.pdf [Zuletzt abgerufen: 10. Februar 2020].

TCFD (2017c): Technical Supplement: The Use of Scenario Analysis in Disclosure of Climate-Related Risks and Opportunities. Juni 2017. https://www.fsb-tcfd.org/wp-content/uploads/2017/06/FINAL-TCFD-Technical-Supplement-062917.pdf [Zuletzt abgerufen: 10. Februar 2020].

Tegtmeier, R./Oppelt, N. (2019): Nachhaltigkeit als Fundament der Geschäftstätigkeit einer Sparkasse. In: Zeitschrift für das gesamte Kreditwesen 2019, S. 705–707.

Thallinger, G. (2018): Nachhaltigkeit in der Kapitalanlage: Verantwortung übernehmen und Chancen nutzen. In: Bankenaufsicht im Dialog, Band 4, Schriftenreihe zum Bundesbank Symposium, hrsg. v. Andreas Dombret, Frankfurt.

Thomas, S. (2019): Ein CO_2-Preis als Instrument der Klimapolitik: Notwendig, aber nur im Gesamtpaket wirkungsvoll und sozial gerecht. In: Wuppertal Papers, No. 195, Wuppertal Institut für Klima, Umwelt, Energie, Wuppertal, http://nbn-resolving.de/urn:nbn:de:bsz:wup4-opus-73407 [Zuletzt abgerufen: 10. Februar 2020].

TierSchNutztV (2017): Verordnung zum Schutz landwirtschaftlicher Nutztiere und anderer zur Erzeugung tierischer Produkte gehaltener Tiere bei ihrer Haltung (Tierschutz-Nutztierhaltungsverordnung – TierSchNutztV) vom 30. Juni 2017. https://www.gesetze-im-internet.de/tierschnutztv/TierSchNutztV.pdf [Zuletzt abgerufen: 10. Februar 2020].

Timinger, H. (2017): Modernes Projektmanagement: Mit traditionellem, agilem und hybridem Vorgehen zum Erfolg. Hoboken.

UN General Assembly (2015): Transforming our world: the 2030 Agenda for Sustainable Development. New York. (UN Dok. A/RES/70/1). Deutsche Version: Transformation unserer Welt: die Agenda 2030 für nachhaltige Entwicklung. https://sustainabledevelopment.un.org/post2015/transformingourworld [Zuletzt abgerufen: 10. Februar 2020].

UNEP Finance Initiative (2016): Guide to Banking and Sustainability – Edition 2. New York. https://www.unepfi.org/publications/banking-publications/guide-to-banking-and-sustainability-2/ [Zuletzt abgerufen: 10. Februar 2020].

Van Asselt, M./Renn, O. (2011): Risk Governance. In: Journal of Risk Research, 14 (April 2011) 4, S. 431–449.

Vanini, U. (2012): Risikomanagement Grundlagen – Instrumente – Unternehmenspraxis. Stuttgart.

Viehöver, W. (2011): Die Politisierung des globalen Klimawandels und die Konstitution des transnationalen Klimaregime. In: Groß, M. (Hrsg.): Handbuch Umweltsoziologie. Wiesbaden.

Wagner, R./Oestreicher, S./Rama, A./Reichle, H. (2019): Wie wichtig ist Nachhaltigkeit bei der Start-up-Finanzierung? In: DP, 05/2019, S. 79–83.

Wahlström, M./Sommer, M./Kocyba, P./de Vydt, M./De Moor, J./Davies, S./Wouters, R./Wennerhag, M./van Stekelenburg, J./Uba, K./Saunders, C./Rucht, D./Mickecz, D./Zamponi, L./Lorenzini, J./Kołczyńska, M./Haunss, S./Giugni, M./Gaidyte, T./Doherty, B./Buzogany, A. (2019): Protest for a future: Composition, mobilization and motives of the participants in Fridays For Future climate protests on 15 March, 2019 in 13 European cities. Project Report. Protest for a Future. Fridays for Future, http://eprints.keele.ac.uk/6571/ [Zuletzt abgerufen: 10. Februar 2020].

Wälder, K./Wälder, O. (2017): Methoden zur Risikomodellierung und des Risikomanagements. Wiesbaden.

Weber, M. (1999): Die bankaufsichtliche Erfassung der liquiditätsmäßig-finanziellen Risiken unbedingter Finanztermingeschäfte. Betriebswirtschaftliche Forschungsergebnisse, Bd. 114, Berlin.

Weeber, J. (2018): Klimarisiken im Bankensektor. In: Zeitschrift für das gesamte Kreditwesen 2018, S. 136–139.

Weeber, J. (2019): Klimawandel und Finanzmarktstabilität. In: WiSt – Wirtschaftswissenschaftliches Studium, Jahrgang 48, Heft 6, S. 26–31.

Weeber J. (2020): Klimawandel und Finanzmärkte. Wiesbaden.

WRI/WBCSD (2004): The Greenhouse Gas Protocol: A Corporate Accounting and Reporting Standard (Revised Edition). https://ghgprotocol.org/sites/default/files/standards/ghg-protocol-revised.pdf [Zuletzt abgerufen: 10. Februar 2020].

Zydra, M. (2019): EZB will Klimawandel ernster nehmen. Die neue Notenbankchefin Christine Lagarde plant eine Grundsatzdebatte über die künftige Geldpolitik. In: Süddeutsche Zeitung, 3. Dezember 2019.

Stichwortverzeichnis

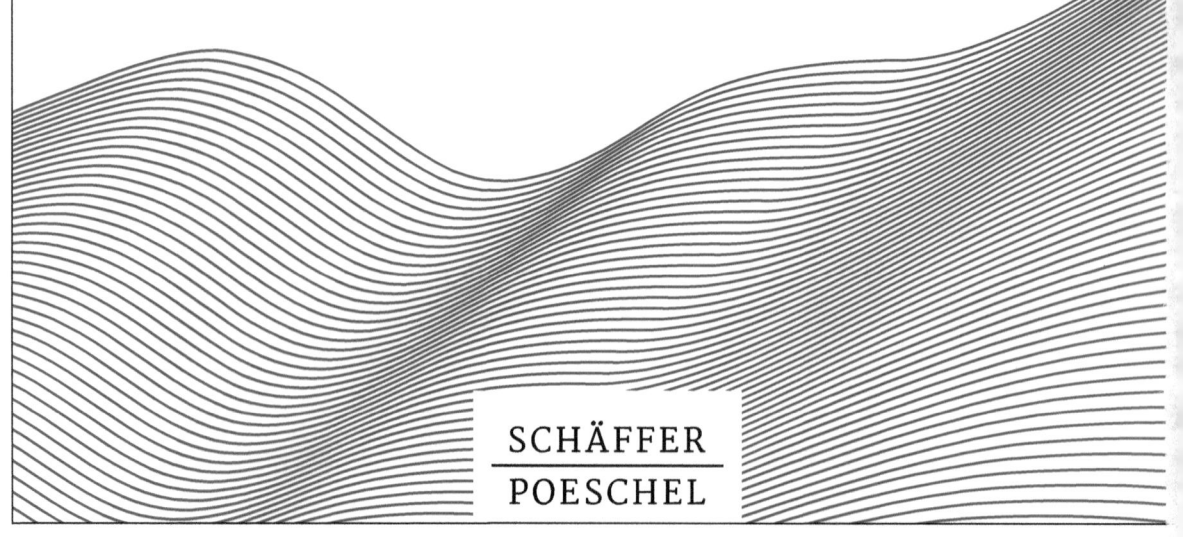

Ihr Feedback ist uns wichtig!
Bitte nehmen Sie sich eine
Minute Zeit:

www.schaeffer-poeschel.de/feedback

SCHÄFFER
POESCHEL